Hilde Spiel

Die hellen und die finsteren Zeiten

Erinnerungen
1911 – 1946

List Verlag

Umschlagentwurf: Bernd und Christel Kaselow, München.
Nach einem Photo von Christine de Grancy

ISBN: 3-471-78632-5

© 1989 Paul List Verlag
in der Südwest Verlag GmbH & Co KG München.
Alle Rechte vorbehalten. Printed in Austria.
Satz: Compusatz GmbH, München
Druck und Bindearbeit: Wiener Verlag, Himberg

Inhalt

In den finsteren Zeiten,
wird da noch gesungen werden?
Ja! da wird gesungen werden
von den finsteren Zeiten,
da wird gesungen werden
von den finsteren Zeiten.

BERTOLT BRECHT

La plus perdue de toutes les
journées est celle ou l'on n'a pas ri.

CHAMFORT

Ein Kind in Wien

In die Vororte der Stadt, Dörfer noch vor nicht allzu langer Zeit, lagen die letzten Jahre des großen Friedens eingebettet wie sie selbst in die letzten Mulden des Wienerwaldes. Pötzleinsdorf war der mit dem ersten Augenaufschlag geschaute, aber nicht wahrgenommene Anfang; Sievering, gekannt und sogleich wieder vergessen, mit dem zweiten Lebensjahr schon vorbei; Heiligenstadt, sein Pfarrplatz, ein Haus und Garten in der Probusgasse, die bereits unverlierbare Landschaft einer Kindheit, in die noch vor dem dritten Jahr der Krieg einbrach.

Die Wohnung lag ebenerdig. Auf dem verwilderten Rasen schienen die Sonne und der Sommer stillzustehen. Eine Jahreszeit floß in die andere. Immer tropften Goldregensträucher, roch es nach Jasmin. Ein Apfelbaum teilte sich, nicht weit vom Boden, in zwei Stämme. Oben in den Ästen baute man sich gegenüberliegende Zelte aus rauhen grauen Armeedecken, deren Zipfel an Zweige festgebunden waren. Zwei Mädchen und drei Buben kletterten hinauf, wenn sie den Erwachsenen entgehen wollten: wer ein einziges Kind war, merkte es hier nicht.

Der Krieg war weit. Er hatte den blutjungen Vater weggerufen. Die blutjunge Mutter, im langen Rohseidenkleid mit selbstgestickter Perlbrosche, saß träumerisch, die Frisur im Nacken schmachtend, am Klavier und sang dazu »Schad um das schöne grüne Band«, ein Lieblingslied der beiden. Die wogenden Wagnerklänge, zu denen sie einander auf der vierten Galerie gefunden hatten, waren längst verrauscht. Jetzt trat das echte, das eigene Gefühl zutage, und es bedurfte der Musik von Schubert, die vom Herzen und nicht von den Sinnen kam.

Die Mandoline mit den anderen bunten Bändern war mit dem Vater im Feld, und aus dem Feld brachte er, wenn er zu kurzem Urlaub heimkehrte, eine Schäferhündin mit, Vera, deren Herr bei Gorlice gefallen und die ihm zugelaufen war. Das blonde kluge Tier sprang mit an den Wildgrubenweg und jagte nach pfeifend geschnellten Haselruten. Weiter unten, vom Nußdorfer Platz, fuhr die Zahnradbahn auf den Kahlenberg. Nachmittags, im Oktober, stieg man durch die Weinberge ins bläulich dämmernde Tal hinab und sah im Osten, wo der Krieg war, tief dunkle Schatten sinken.

Fronleichnam war kaum vorbei – eben erst hatte man, von der kleinen Pfarrkirche des heiligen Jakob aus, den Gang durch die dörflichen, mit Birkenreis geschmückten Gassen angetreten, das Haar mit Zuckerwasser gekringelt und verklebt, die Augen verweint, weil man keine Statue, nur eine himmelblaue Schleife, die von ihr herabhing, tragen durfte –, da wurden Weidenkörbe und harte, metallfarbene Koffer in der Form einer romanischen Kapelle gepackt und Kinderkleider, ein Bär, ein Bilderbuch hineingetan. Man verreiste. Das Ziel war weit, aber keine Grenze zu überschreiten. Wann man ankam? Zu welcher Tageszeit? Die Nebel der Vergangenheit sind darüber gebreitet.

Flaches gelbes Land, flache Bauernhäuser, von denen der Mörtel fällt. Das Dorf heißt Krönau, im Mährischen. Ein Teil des Feldhaubitzenregiments, dessen Kader im nahen Olmütz liegt, ist dort untergebracht. In den staubigen oder lehmigen Gassen – dennoch scheint es nie zu regnen – vereinzelte Reiter, Soldaten, Karren, Geschütze. Der Offizier schwingt sich aufs Pferd, hechtgrau, mit roten Aufschlägen. Ist er davon, lümmelt sein Bursch schon blinzelnd an der warmen Wand, Sonnenkringel auf

Meine Eltern (Mitte) mit anderen Offizieren und deren Frauen
an Kaisers Geburtstag, Olmütz 1916

der Nase. Ringsum, so weit man blickt, Getreide, auf das
die Sonne brennt. Sie dörrt auch das Gemüse, Erbsen und
Bohnen aus dem Vorgarten, ständig neu aufschießende
Fisolen, von der Bäuerin gepflückt, schief geschnitten und
auf wackligen Holztischen und Steinbänken zum Trock-
nen hingestreut. Wenn die Heckenrosen am Waldsaum zu
roten Hagebutten werden, sammelt man auch sie. Für
Halsketten? Zum Kompott.

Der leichte Wagen rollt die Landstraße zur Kreisstadt
hinab. Das Kind fährt »Biskotterl«, sitzt zwischen den
kindischen Eltern im hechtgrauen Waffenrock und lila
getupften Voile, die Erwachsensein spielen, In-den-Krieg-
müssen spielen, Abschiednehmen und Wiedersehen spielen, sich lieben und es nicht spielen. Zigeuner lagern am
Wegrand. Sie rauben, so hört das Kind, Kinder aus den
Armen der Mutter, zerren sie aus den Wagen und stecken
sie in die ihren, zu den eigenen Blitzaugen und Zottelhaa-
ren. Welche Urangst! Man klammert sich an den goldbrau-

9

nen Fähnrich rechts, das grünäugige Mädchen links, zu denen man rätselhafter Weise, beruhigender Weise gehört.

Im kaisergelben Olmütz schläft die Zeit, dringt kein ferner Waffenlärm an die Ohren der sonntäglichen Familien, die spazieren gehen, auf der Caféterrasse sitzen, vor dem hohen Marienbild am Buckelpflasterplatz stehen und sinnend in den Himmel sehen. Die Musikkapelle bläst. Es wird Eis gegessen. Viel, aber lässig salutiert. Die kleine Mama errötet, wenn die Gattin des Kommandanten, hoch gewölbtes Leinenkostüm mit Ajoursaum, wippender Strohhut, sie huldvoll »adressiert«. Das Kind wiegt sich auf den Weisen des Walzertraumes. Der Strohhalm, aus dem es ein blondes Kracherl getrunken hat, wird zum Dirigentenstab.

Nie mehr kann vergessen werden, wie gelb dort alles war: die Häuser, die Sonne, der Sonntag, das Zitroneneis, die Limonade. Das Dorf ist fahler als die Stadt, staubig und bleich, aber die Felder liegen rapsfarben in der Sommerhitze. Die Tante ist aus Wien zu Besuch gekommen, so jung wie die Mama. Mimi und Lonny: zwei kichernde Mädchen, die Milieudeckchen netzen und sticken, die das Kind an- und auskleiden wie eine Puppe aus Porzellan. Eines Morgens erscheint der Vater, hat einen goldenen Stern am Kragen und wirbelt Frau und Schwester herum. Er zeigt das Patent. Das Kind gerät außer sich, springt auf dem Bett auf und ab wie ein Federfall, umarmt die Mama und ruft immerzu: »Frau Leutenant, Frau Leutenant!«

In Krakau war es Winter. Der Kader lag jetzt näher zur Front. Es war, als könnte man an den blauen glasklaren Tagen ein fernes Kanonenrollen hören. Im Blau zeichneten sich die grünen Zwiebeltürme ab, die hohen grauen scharfkantigen Häuser. Es kann zu Anfang nicht kalt gewesen sein, denn bei dem Fest im Offizierskasino gab es eine Tombola im Freien. Buden mit blauen und roten Holzketten, bemalten Figuren, kandiertem Obst. Es waren lebende Tiere unter den Preisen – Hühner, Kaninchen,

Singvögel, ein Täuberich. Das Kind begehrte nur ihn, den rosafarbenen Hals, das blaugrüne Rückengefieder. Nur die Taube! Doch die Tombola nahm ihren Fortgang, immer wieder hörte man: Tusch!, und alles entschwand vor dem Blick, zuletzt das über alles ersehnte rosarote, schillernd grüne, wippende, nickende Federnbündel. Das Fest war aus. Unter Tränen vernahm das Kind die Kaiserhymne, sah, wie die Damen in den Pleureusenhüten, die Herren mit entblößtem Haupt sich erhoben und kerzengrade dastanden, patriotisch durchschauert. Dahin, dahin Taube, Tombola und Tusch. Versunken mit der Stadt, dem Kaiser und seiner Hymne.

Glasgrün und schneeblau der polnische Januar. Das Kind trug kurze Söckchen, auch auf dem Eislaufplatz. Keine Großmutter weit und breit, um die junge Mama zu belehren. Die Schlittschuhe glitten knirschend dahin; wenn man fiel, wurden die rotgefrorenen Knie aufgeschunden. Wind knatterte. Der Himmel schneidend klar. Umso geborgener, wie im Inneren eines scharlachfarbenen Herzens, das Plüschgemach bei den Damen Krongold, in dem die Leutnantsfrau mit der kleinen Tochter einquartiert war. Scharlachen die Teppiche und Tapeten, die Portieren und Fauteuils. Die Damen Krongold, zwei Schwestern und ihre Mutter, waren üppig und weiß. Ihre weißen Leiber schwammen in der Badewanne. Dunst erfüllte den Waschraum, der von der Küche abgetrennt worden war. Das Kind, auf einem kleinen Korbstuhl, war zugelassen, denn die Eltern, beim Ball im Kasino, hatten es den Damen anvertraut. Kleinrock, der galizische Offiziersbursch, holte Würstchen aus der Kantine. Die Damen, süßlich parfümiert nach dem Bade, sahen mißbilligend, wie er das Kommißgefäß mit dem unreinen Essen trug.

Es ist zu berichten von der Angst des Kindes vor dem Mann mit der Pelerine. Er ging in jenem Kriegswinter in Krakau um, stand vielmehr stumm in dunklen Fluren und stach zu, wenn eine Frau das Stiegenhaus betrat. Die

Nächte waren voll unhörbarer Schreie. Immer näher, schon an der nächsten Straßenecke, hatte man seinen Schatten erblickt. Die Damen Krongold murmelten darüber vor dem Kinde. Im Scharlachherzen floß plötzlich Blut. Die rotgefrorenen Beine in den Söckchen fingen zu schlottern an, die Nase rann, abends hob sich ein Fieber. Furchtgeschüttelt, lag das Kind in seinem Bett und hörte, wie der Vater Mandoline spielte und russische Lieder, von der Front herübergeweht, dazu sang.

»Kleiiin-rock!« Wo bleibt der Pfeifendeckel? »Pshia krew!« Das Kind ist krank. Einen Arzt soll der Kleinrock holen. Den untersetzten bärtigen Mann sieht das Kind nicht mehr. Es geht durch das Tor ins dunkle Haus. Eine Pelerine wird aufgeschlagen, das Messer blitzt hervor. Dann ist es wieder eine der üppigen Schwestern, deren weißes Fleisch der Mann von oben bis unten schlitzt. Im Fiebertraum verrät das Kind, was die Damen Krongold ihm verraten haben. Getuschel vor der Portiere. Der Vater schreit im scharfen Leutnantston. Die Damen widersprechen empört. Langsam kann die Unruhe, kann das Fieber verhallen. Es ist März. Schnee tropft von den Dächern. Die Armee verläßt das Winterquartier. Am Abend, ehe es mit der Mama nach Wien zurückfährt, hört das Kind zum ersten Mal die Erwachsenen weinen.

Der Großvater ist tot, die Virginier-Zigarre wird nicht mehr gereicht, um den Strohhalm daraus zu ziehen und selbst zu schmauchen, die gebauchte Silberdose mit dem Brustzucker liegt unbenützt neben dem Zigarrenfutteral. Wer nennt das Kind jetzt sein »Sonnenscheinchen«? Es ist immer November. Auf dem Ring bewegt sich ein Leichenzug, doch es ist nicht der Großvater, den sie zu Grabe tragen. Ihn hat man schon vor Tagen, vor Wochen, unter die Erde gelegt. Aus seinem Erkerfenster in der Wollzeile, zwischen der schwarzgekleideten Tante Lonny und der schwarzgekleideten Großmama, sieht das Kind in der Ferne die Pompfüneber-Pferde vorbeischreiten. Federbüsche und Blasmusik. Im webenden Herbstnebel die blassen Schatten. Konnten es Schimmel sein? Es waren wohl Rappen. Als Schimmel aber gehen sie in die Erinnerung ein.

Der Kinderhimmel verfinstert sich immer mehr. Angst, Kälte und Hunger ziehen ein in das Haus in der Probusgasse. Gas brennt niedrig und selten. Wasser friert ein. Ach, hätte man nur das stachlige Dörrgemüse aus jenem gelben Sommer! Es gibt auch keine Hagebutten in Heiligenstadt, sie verschwinden über Nacht von den Sträuchern. Man ißt Wrucken – Rüben aus Holz. Man ißt graue Polenta. Mumps schwellt die Backen. Husten sticht. Schleim füllt die Brust und den Rachen. Aus den rauhen grauen Decken des Zeltes ist ein kleiner Mantel geschneidert worden, die Mama hat einen weißen Flaumkragen dran genäht. Den Vater, er ist längst Oberleutnant, hat man seit Ewigkeiten nicht gesehen. Ohne die Kiste Speck, die er mit dem Rühr, seinem neuen »Pfeifendeckel«, aus der Ukraine schickte, wäre man vielleicht schon sterbenskrank.

Wieder November. Dann stand eines Tages der Vater vor der Tür, feldgrün, den Pelzrock umgehängt, mit eingefallenen Wangen und flackernden Augen. Es schien, als sei er gar nicht glücklich, wieder da zu sein, als sei er in den Armen seiner Lieben unsäglich traurig. Die Hündin Vera schlich geduckt herum, in steter Furcht vor seinen Launen. Der Krieg war aus, aber was begann? Nicht mehr ganz jung, vom Pferd gestiegen, besiegt, entwürdigt, das großväterliche Erbe dahin, mußte der Mann im abgeschabten Waffenrock sich aus zersplittertem Holz eine Zukunft zimmern.

Das Kind kam aus der Schule heim und sang ein Lied:

Die noblichen Herr'n
mit die goldenen Stern'
die müssen jetzt d'Straßen aufkehr'n.

Die Tür sprang auf, der Vater stürmte herein und schlug das Kind ins Gesicht. Einmal, zweimal, links und rechts. Das Kind stand sprachlos, bis in den letzten Seelengrund erschreckt. Was war geschehen? *Es* war vorbei! Denn ich war ich. Und eine neue Zeit war angebrochen.

I.

Aura und Ursprung

In manchen Augenblicken, an einem Abend im Salzburger Mozarteum oder im Wiener Konzerthaus, im Wandelgang, spüre ich sie wieder und ganz nah: den Hauch, den Duft, die Aura meiner Kindheit. In den Kriegsjahren und noch eine Weile danach, bevor die hektischen Formen des Expressionismus sich auch im Alltag abzuzeichnen begonnen hatten, waren die Architektur, das Ameublement, die Kleider der Damen, ihr Schmuck, ihre Lampen und Vasen von einer beruhigenden, fast biedermeierlichen Einfachheit. Die üppigen Blüten des Jugendstils waren abgefallen. Zurück blieben bescheidene Kränze und Gewinde an den Wänden, in denen manchmal, so in den Appliken über der Eingangstür des Café Bazar, dicke Putten einander umschlangen wie in den Keramiken der Wally Wieselthier.

Hatte Otto Wagner einst den Historismus überwunden durch eine Hinwendung zu schlichter biedermeierlicher Harmonie, war nun in den Wiener Werkstätten, deren Geräte, Stoffmuster, Porzellan und Bucheinbände noch den Zeitgeschmack bestimmten, nichts mehr zu merken von dem oft monströsen Kitsch des Klimtschen Ornaments. In jenen beiden Musikinstituten, denen bis heute weder Art déco noch Funktionalismus noch Reichskanzlei-Empire etwas anhaben konnten, hängen noch immer die gläsernen Luster meiner jungen Jahre, weisen immer noch schwarze oder goldene Lettern in der geschwungenen Kursivschrift meiner Kinderbücher auf Buffets und Toiletten hin. Dort, und nur dort, fühle ich mich zurückversetzt in das Lebensgefühl der späten franzisco-josephinischen Ära, die mit den Schüssen von Sarajewo zu Ende gegangen war.

Schränke, Betten, Konsole, Nähtischchen und Stühle im Schlafzimmer meiner Eltern waren blond. Die großen Garderobekästen, auf umständliche Weise nach meiner Rückkehr wieder in meinen Besitz gelangt, stehen nun in meinem Keller in der Cottagegasse. Sie sind mit schlichten kannelierten Leisten und Messingbeschlägen geziert, im übrigen streng und sehr geräumig. Die langen Kleider und Kostüme, die meine Mutter bis zum Anfang der zwanziger Jahre trug, brauchten den Boden des Hängeschranks nicht anzustreifen. Für ihre bänderdurchflochtene Battistwäsche war im Liegeschrank Platz genug. An dem kleinen Nähtischchen saß ich oft über meiner Schularbeit, wenn sie ihre Nachmittagsruhe hielt. Das Kratzen meiner Feder, fand sie, begleite sie angenehm in den Schlummer.

Auch das übrige Mobiliar der Gartenwohnung in Heiligenstadt, in der alles, was dafür geeignet schien, weiß gestrichen oder lackiert war, wies die Spuren Josef Hoffmanns auf, dessen Entwürfe nun auch drittklassigen Manufakturen zum Vorbild dienten. Ich erinnere mich an den dunkel gebeizten Schreibtisch meines Vaters, an blumengemusterte Fauteuils. Die Abendrobe meiner Mutter, ihre spitzen Goldkäferschuhe waren dem Bild nachempfunden, das damals als Druck in vielen Bürgerhäusern hing: eine Dame im grünschillernden Stilkleid, träumerisch in Musik versunken. An den Maler erinnere ich mich nicht.

Meine Mutter hieß als Mädchen Marie Gutfeld und entstammte einer Familie, die für das Entstehen einer gebildeten Menschenschicht jüdischer Herkunft, ihren bereits vollzogenen Eingang in das Wiener Sozialgefüge, beispielhaft war. Ihr Urahn, der früheste, von dem ich Kenntnis habe, war ein gelehrter Mann, der es mit fünfunddreißig Jahren zum Haupt seiner Gemeinde im Städtchen Nikolsburg und nicht lange darauf zum Oberlandesrabbiner von Mähren brachte. Markus Benedict war 1753 im ungarischen Komitat Somogy geboren worden und hatte erst in Nikolsburg, dann in Fürth, zuletzt in Prag zu den Füßen großer Talmudisten gesessen, bevor sein Aufstieg in der religiösen Hierarchie begann.

Einem Geschichtswerk habe ich entnommen, daß er sich im weiteren Leben mit der hebräischen Grammatik befaßt hat, mit dem philosophischen Hauptwerk von Moses Maimonides und den Schriften Moses Mendelssohns. Der »Geistesheld«, wie der Historiker Hugo Gold ihn nennt, habe »bei der allerstrengsten Observanz in allen religiösen Dingen auch profane Bildung nicht verpönt. Er hatte sehr moderne Anschauungen und hielt es im Gegensatz zu vielen anderen Talmudgrößen jener Zeit durchaus nicht für unerlaubt, ein korrektes Deutsch zu sprechen und zu schreiben. Bezeichnend für seinen anerkennenswerten Liberalismus ist die Tatsache, daß er in seinem Entwurf einer Studienordnung für Rabbinatskandidaten nebst der streng rabbinischen Ausbildung der Regierung den Vorschlag unterbreitete, daß die Zöglinge nach dem 18. Lebensjahr alle Gymnasialgegenstände privat studieren, Latein und Deutsch lernen und eine öffentliche Prüfung ablegen sollten, um dann Philosophie zu studieren«. Auch daß ihm »zahlreiche Wunder, ja überirdische Kräfte zugeschrieben« wurden und er schon zu Lebzeiten »wie ein Heiliger verehrt wurde«, wird hier erwähnt.

In Karlsbad, wohin Markus Benedict sich sommers zur Kur begab, ist er 1829 gestorben. Sein Sohn Jakob, der sechs Jahre vor der Jahrhundertwende zur Welt gekommen war, zog nach Wien. Im Vormärz muß er sich dort als Kaufmann niedergelassen haben. Einer seiner Enkel, mein Großonkel Gustav Singer, Hofrat, Primarius und Vorstand des Wiener Rudolfspitals, hat mir mehr über diesen Jakob, vor allem aber über dessen Vater, den illustren Vorfahren, mitteilen können: »Er war ein Vertrauensmann des hochseligen Kaisers Franz, woran eine Inschrift in

Hofrat Prof. Gustav Singer

hebräischen Lettern auf einem Felsplateau in Karlsbad gegenüber Pupp erinnert hat. Kaiser Franz traf ihn in Karlsbad auf der Promenade, drückte ihm die Hand und ging eine Weile mit ihm spazieren. Diese Reliquie ist heute wahrscheinlich von den Nazis zerstört worden. Aber ich erinnere mich, als ich das erste Mal mit Erzherzog Eugen in Karlsbad war, ihn auf diese Inschrift aufmerksam gemacht zu haben... Ich glaube, ich bin damals in Würdigung dieser Ahnenreihe zu einer Art Kämmerer avanciert.«

Mitten im Zweiten Weltkrieg, im Januar 1941, als ich einen Roman über die letzten Dekaden des vorigen Jahrhunderts zu schreiben begann und den Großoheim um Familienerinnerungen gebeten hatte, erreichte mich seine Antwort aus dem Landhotel Selsdon Park. Das vormalige Schloß war zu einem luxuriösen Aufenthalt für Herrschaften geworden, die hofften, in den weichen Hügeln der Grafschaft Surrey den Bombenangriffen auf englische Städte zu entgehen. »Seine Eminenz«, wie mein Vater ihn nannte, der einstige Leibarzt jenes Erzherzogs Eugen, aber auch des sinistren Prälaten Seipel, langjährigen Bundeskanzlers der Ersten Republik Österreich, lebte im Exil mit der gleichen Eleganz und Würde, die ihm vordem als einer Leuchte der Wiener medizinischen Schule eigen gewesen war. Längst konvertiert und christlich verheiratet, kam er in seinem Brief nicht ohne Stolz auf die Altvordern zurück, deren Glauben und Lebensform er abgeschworen hatte:

»Der Großvater Kopel B. war ein angesehener Wiener Bürger, der einen großen Seidenhandel begründete. Er selbst, mehr Schriftgelehrter, berühmt durch seine lapidaren geistvollen Aussprüche, war ein Mann von vorbildlicher Lebenshaltung und besonders streng in seinen Anforderungen an die Correctheit in der Geschäftsgebahrung. Den Aufschwung seines Hauses verdankte er neben der guten Zeit besonders der werkthätigen Mithilfe seiner

Frau Luise (Deborah). Sie war in ihrer Jugend eine sehr schöne, ungewöhnlich kluge und energische Frau, die ihre Lebensarbeit zwischen Geschäftstisch und Wochenbett verbrachte. Trotz ihrer Kinderschaar führte sie administrativ das Geschäft, engagirte und controllirte das Personal, unternahm Geschäftsreisen.« Solch aktiver Anteil einer Frau, schrieb mein Großonkel, »war zu dieser Zeit – Mitte des vorigen Jahrhunderts – ganz ungewöhnlich«.

»Dennoch hat sie«, so fügte er hinzu, »die hochdeutsch sprach, sehr gebildet und belesen war und einen Freundeskreis namentlich von Politikern hatte, ihren Haushalt glänzend bestellt (die Küche war vornehm und berühmt), und ihre vielen Kinder modern erzogen. Sie hatte vorzügliche Lehrkräfte, französische, später englische Gouvernanten und hat auch der körperlichen Erziehung große Aufmerksamkeit geschenkt. Turnen, Eislaufen, Schwimmen und Tanzen konnten alle Kinder vorzüglich; meine Mutter war eine berühmte Schwimmerin und Springerin. Es war ein riesiges altes Patrizierhaus (auf der Wieden, Pressgasse), und der Geist, der im Hause herrschte, war der gute alte Wiener Frohsinn... Mit der Person des Großvaters verbinde ich die Erinnerung an eine prachtvolle Uhrensammlung und eine Lade voll schöner goldener Tabatièren. Auch die Großmutter schnupfte Tabak und hatte eine kostbare Spitzensammlung. Es war ein Familienbild von anheimelnder idyllischer Würde.«

Jene Schwimmerin und Springerin, meine Urgroßmutter, habe ich noch gekannt. Sie war eine der neun Töchter, die Luise Deborah geboren hatte. Deren Namen – Netti, Kathi, Fanny, Fevi, Tini, Gini, Rosy, Pauly, Eugenie – sind erhalten, die der sechs Brüder und der frühverstorbenen von insgesamt zwanzig Geschwistern nicht. Fanny, vermählte Singer, lebte als Witwe in Döbling, dem bevorzugten Bezirk meiner mütterlichen Verwandtschaft, und als uralte Dame im Hotel Elisabeth in Baden bei Wien. Dorthin wurde ich von meiner Mutter in der auch im

Großmutter Melanie

Kriege friedlichen, auf der Rückfahrt aber von Betrunkenen unsicher gemachten Badener Elektrischen zu Familientagen gebracht. Die Matrone, das Kapotthütchen auf dem Haar, thronte im wohlausgestatteten Hotelzimmer inmitten ihrer Nachkommen und ließ Kaffee und Torten servieren. Der Spaßmacher unter ihnen, Leo, ein Jurist, brachte sie immer wieder zum verjüngenden Lachen. Daß zwei ihrer Söhne, Gustav und Leo, sich zu Hofräten und Kapazitäten in ihren Berufen aufschwingen würden, ahnte sie vor ihrem Tod so wenig wie deren – zumindest bis Hitlers Einzug – völliges Aufgehen in der Christenheit.

Ihre Töchter hatte sie beizeiten unter die Haube gesteckt und dadurch eine ähnliche Verschmelzung mit der Umwelt um eine Generation hinausgeschoben. Irene heiratete nach Budapest. Melanie, die Mutter meiner Mutter, wurde nicht, wie erst erwogen, mit dem Kohlenbaron Gutmann vermählt, sondern mußte sich mit einem glücklosen Mann namens Adolf Gutfeld begnügen. Das ging übel aus. Sie lief ihm nach der im Grand Hotel verbrachten Hochzeitsnacht davon, wurde von den Eltern zu ihm zurückgeschickt, fügte sich, betrog ihn zuweilen, so mit dem Kapitän des Raddampfers »Franz Josef I.« auf dem Wolfgangsee, und trennte sich von ihm, sobald die Kinder Marie und Felix erwachsen waren. Eine romantische Natur, liebte sie rosafarbene und himmelblaue Bänder, spielte Schumann und Chopin auf dem Klavier und hütete all jene Nippsachen im Jugendstil, die wir verabscheuten und ihr wegzuwerfen rieten. Glücklos auch sie, schlug sie sich mit der unfreudig gewährten Hilfe »seiner Eminenz« und einigen eigenen Verdiensten durch. In ihrem traurigen Dasein hat sie gleichwohl oft Humor bewiesen.

Meine Mutter ging früh aus dem Haus. Doch Felix, nach langer Gefangenschaft in Rußland, weit über das Kriegsende hinaus, schließlich zum Doctor juris promoviert, fand keine Stelle als Konzipient und lebte weiter in einem Kämmerchen der Wohnung, in der er aufgewachsen war. Er las, schrieb und grübelte, wandte sich dem Sozialismus zu und forschte nach irdischer, religiöser und kosmischer Wahrheit. »Von meinem 17. Lebensjahr an«, bekannte er vor einem mißglückten Selbstmordversuch im Jahr 1925 seinem Freund Otto, »war ich unablässig und unermüdlich damit beschäftigt, mir ein Weltbild zurechtzuzimmern.« Er versenkte sich in viele, etwa auch in rhetorische Fragen, »indem ich den Deutero-Jesaias, Demosthenes und Cicero, sowie auch Reden von Bossuet, Bourdaloue und Mirabeau, Pitt, Burke, Macaulay und Brougham, Lassalle u. a. mit Eifer durchstudierte und auf mich wirken ließ«. Im russischen Lager verfaßte er »Abhandlungen über das Wesen der Rhetorik, über das Theatralische, über das Tragische, das Komische und Erhabene... über Klassizismus, Romantik und Dekadenz«. Er wollte eine Kunsttheorie finden, die philosophisch verankert war, und ihr den Titel *Phänomenologische Ästhetik* geben.

Seine Schrift an den mir unbekannten Freund, vierundzwanzig Seiten lang und durch Zufall nicht verschollen, ist ein herzzerreißendes Dokument ungenützten Talentes, fruchtloser Gedankentiefe, hochfliegender und nie verwirklichter Ideen. All die Vorträge, die er, in den Sog der Revolution geraten, noch in Rußland hielt – 1919 in Irkutsk-Ratarejnaja, später in Omsk und Moskau –, später dann in Wien in einer Döblinger Ordnerversammlung der kommunistischen Fraktion, etwa 1923, wie er meint, »verunglückt«, über »Spartakus oder Gracchus? Revolutionäre Massenbewegungen im alten Rom«, all die Übersetzungen von Lyrik »aus griechischen, lateinischen, französischen, englischen, ungarischen und mittelhochdeutschen Originalen« sind dahin, untergangen im Maëlstrom der Zwanziger-, der Hungerjahre.

Ein stiller, blasser Mann, besuchte er uns manchmal

Meine Mutter Mimi

für eine halbe Stunde, so lange sein Umsteig-Fahrschein der Tram es erlaubte, schenkte mir einen Gedichtband, etwa von Villon, strich mir über die Wange und entfernte sich wieder. Im Oktober 1935 sperrte ihn der Ständestaat für sechs Wochen in das Straflager Wöllersdorf. Gegen Ende des nächsten Jahres, ich war schon in England, verschwand er für immer. Er müsse »Gott in Spanien suchen«, hatte er jemandem anvertraut. Als Sanitäter im Bürgerkrieg fiel er am 20. Februar 1937 am Jamara, einem Fluß nahe von Madrid.

Meine Mutter, ein schönes dunkles Mädchen, blieb von solchen Wirren der Seele und der Zeitläufte unberührt. Sie hatte von ihren Vorfahren heiteren Witz, guten Geschmack, Musikalität und eine gewisse träumerische Lässigkeit geerbt, die manchmal, aber nicht in ihrem Fall, mit kontemplativer Innenschau einher- oder dieser vorangeht. Anders als ihr Bruder war sie leichtlebig, so lange sie vom Schicksal ungeschoren blieb. An Wien hing sie innig und sehnte sich von allen Reisen, allen Ferien in ihre Stadt zurück. Sie hatte ein feines Näschen, einen feinen Mund. Ihre Freundinnen riefen sie Mizzi; der Schnitzlersche Name entsprach ihrem Gemüt. Mein Vater nannte sie Mimi, das tat ich später auch.

Als sie meinen Vater kennenlernte, fügte sie sich in seine Neigungen ohne Widerspruch. Seine Neigungen waren: Naturwissenschaft, Hochtouristik, Musik, vor allem die Wagners, Schuberts, Mahlers, und die Freunde in der »Couleur«, einer freiheitlichen Burschenschaft. Wenn sie auch seine Kenntnis und eigene Bereicherung der Chemie und Technik nur respektierte, ohne sie mitzuvollziehen, wenn sie nicht den Dachstein, lediglich die milderen Spitzen der Alpen mit ihm erklomm, folgte sie ihm doch auf die vierte Galerie der Hofoper und zu den Abenden der »Suevia«, wann immer Damen zugelassen waren.

Meinen Vater muß man sich vorstellen als einen mittel-

Mein Vater als Corpsstudent

großen kraftvollen Mann, mit zwei tiefen Narben von jugendlichen Mensuren am linken Kinn des kühnen Gesichts. Er war unsäglich zarter Emotion Menschen, Tieren und Musik gegenüber fähig, aber auch plötzlicher Zornesausbrüche und, wenn es etwa eine Frau vor einem Rüpel zu schützen galt, der blanken Gewalt. Vor meiner Geburt hatte er ein Pistolenduell ausgefochten. Auf seiner Hochzeitsreise ertrank er um ein Haar, vor den Augen meiner Mutter, in einem Wirbel im Donaustrom. Im Gebirge wich er auf Hochtouren stets vom markierten Steig ab und rettete sich vor Abstürzen auf halsbrecherische Weise. Ein Corpsstudent, dem später die Uniform eines k. und k. Offiziers der Reserve wie angegossen saß; zugleich ein Denker, ein Forscher und Erfinder, der Tage und Nächte über seinen Experimenten und deren Auswertung verbrachte und sie in einer kleinen, wie gestochenen Schrift festhielt – ein Mann voll von Wissensdurst, doch ebenso ein Mann der Tat, seines Körpers und dessen Möglichkeiten sich nicht minder bewußt als jener seines Geistes. Seine »Schmisse«, die ihn auf den ersten Blick als Haudegen erscheinen ließen, bewahrten ihn später vor unverdienter Schmach.

Der Schmach seiner Abkunft war auch er ausgesetzt, als man manche Wiener von anderen Wienern zu unterscheiden begann. Wie es kam, daß aus seiner Ahnenschaft ein Mensch wie er herauswuchs, ist freilich nicht leicht erklärt – unter anderem, weil zu wenig über sie bekannt ist. Mit jenem Georg Heinrich Gerhard Spiel, der 1819 ein Vaterländisches Archiv des Königreichs Hannover herausgegeben hat, waren er und seine Schwester Leonie gewiß nicht verwandt. Auch nicht mit den Familien der wenigen heutigen Träger dieses Namens, darunter Werbeberater und Polizeibeamte, aber auch Ärzte und eminente Psychologen, in seiner Vaterstadt.

Drei Photographien aus dem Nachlaß der Tante Lonny, die man »Loni« aussprach, geben spärliche Aus-

Mein Vater als Offizier, Dezember 1914

kunft. Die eine, 1897 in Wien aufgenommen, zeigt einen eleganten Herrn im Stadtpelz und Zylinder, mit blondem oder weißlichem Schnauzbart: mein Urgroßvater Spiel, damals dreiundsechzig Jahre alt. Auf einer zweiten, vom September 1916 am Hallstätter See, sieht man seinen Sohn, meinen Großvater Jacques, neben seiner Ehefrau Laura und seiner Tochter Lonny im langen Dirndlkleid vor einer Kulisse des Dörfchens stehen. Zwei Monate vor seinem Tod blickt sein rundliches Gesicht mit dem dunklen Schnurrbart gelassen drein, er hält den Rest einer Virginier-Zigarre in Händen, die karierte Mütze zum Stadtanzug betont den ländlichen Aufenthalt.

Mehr nicht. Woher sie kamen, die Spiels, worauf ihre bürgerliche Existenz begründet war? Ich weiß es nicht. Der Großvater Jacques importierte Spitzen und andere Accessoires aus Paris und fuhr häufig hin, soviel war zu erfahren. Daher rührte wohl die französische Form seines Vornamens, der auf meinem Taufschein als Jakob angegeben ist. Vermutlich war auch dieser Zweig der Familie seit geraumer Zeit in Wien ansässig gewesen. Einzig und allein die Großmutter Laura stammte aus dem Osten, wenn auch nicht mehr auszumachen ist, woher. Mein Vater, der diesen Umstand ungern wahrhaben mochte, erzählte dennoch zuweilen davon, wie er als kleiner Junge auf dem Gut seines mütterlichen Großvaters in Kutschen gefahren und auf Pferden geritten sei. Wohlhabend, auf dem eigenen Landbesitz lebend, war man offenbar gewesen. Als ich die Memoiren der Salka Viertel las, in denen sie ihre Kindheit als Tochter des Großgrundbesitzers von Wychylowka in Galizien beschrieb, war ich an die wenigen, zögernd mitgeteilten Erinnerungen meines Vaters erinnert.

Die Familie im Osten hieß Birnbaum. Das klingt besser, wenn man es durch die sephardische Form des Namens, Pereira, ersetzt. Ob sie im Dunkel der Vorzeit aus Portugal dorthin gewandert war? Es liegt am Grund des

Mein Urgroßvater Spiel

Meine Großeltern Spiel und Tante Lonny

Vergessens. Ein drittes, vergilbtes Photo beschwört den Bruder meiner Großmutter herauf, Heinrich, von dem nur drei Fakten überliefert sind: er war Arzt, er war homosexuell, er nahm sich das Leben. Auf dem Bild sitzt er mit heiterer Miene, zeitunglesend, in einem Café. Auch an ihm sind jene Merkmale nicht zu entdecken, die Menschen seiner Herkunft angeblich eignen: er könnte ein Sektionsrat im Verkehrsministerium sein, der einen Bericht von der Eröffnung einer neuen Eisenbahnlinie im Kronland Kroatien liest.

Niemand in meiner Familie, soweit ich sie noch erlebt habe, war sichtbar religiös. Daß der Glaube meiner Vorväter nicht der meine war, blieb mir als Kind unbekannt. Mein Vater war, vielleicht als Student, katholisch geworden. Meine Mutter, deren beide Onkel ja bereits konvertiert hatten, folgte ihm ohne weiteres darin nach. Sie heirateten kirchlich – nur wenige Monate, wie ich nicht verhehlen kann, bevor ich geboren wurde. »Seine Eminenz«, als Chef des mütterlichen Clans, war gegen die Ehe seiner zwanzigjährigen Nichte mit dem erst kürzlich promovierten Doktor der Chemie und technischen Wissenschaften gewesen, der sie auch noch verführt zu haben schien. Als dies klar wurde, fand die Hochzeit statt.

Ich wuchs mit den anderen Kindern in der Heiligenstädter Volksschule im Ablauf der christlichen Feste auf, ging zur Weihnachtskrippe, zur ersten Kommunion, zu den Maiandachten, den Fronleichnamsprozessionen. Nur eines verstand ich nicht. Wenn ich mit meiner Großmutter Laura in der Inneren Stadt spazierte, schien es sie zu stören, daß ich vor jeder der vielen Kirchen das Kreuz schlug. Ob das sein müsse, hat sie mich einmal gefragt. Ja gewiß, warum nicht? Und dabei ließ sie es dann bewenden.

II.

Schule der Empfindsamkeit

Auf der kleinen Bühne im Tivoli, dem Kopenhagener Vergnügungspark, tummeln sich weißgeschminkte und vermummte Gestalten. Eine Kolumbine, ein Pantalone, ein Harlekin führen etwas vor, was ich nicht durchschaue und was mich deshalb unruhig macht. Ich bin sieben oder acht und sitze neben meiner Pflegemutter, der dänischen Oberstin, deren Sprache ich schon ein wenig beherrsche, die mich aber auch in einem sehr nordischen Hochdeutsch anzureden liebt. Vor mir kauern zwei Kinder auf der Bank, sie sind kaum älter als ich und tuscheln miteinander in einem Idiom, das ich höre, aber nicht verstehe. Mit einem Mal läuft mir ein Schauer über den Rücken, denn ich erkenne: sie sprechen wienerisch. Sie sprechen wie meine Mitschülerinnen in Heiligenstadt, doch ich gehöre nicht mehr zu ihnen, ich weiß mich auf dänisch und auf friesisch auszudrücken, die Urlaute meines Volkes sind mir fremd.

Vorahnung künftiger Schrecken – und für mich, die eines Tages freiwillig ins Exil gehen wird, vielleicht schlimmer als sie. Ich habe jenen Augenblick nie vergessen, obwohl ich, nach Hause zurückgekehrt, im Nu wieder daheim war in den Tönen der Wiener Vorstadt. Nach Dänemark war ich mit Hilfe einer »Offizierskinderaktion« gefahren, deshalb hatte man mich nicht wie andere Schützlinge aufs Land zu den Bauern mit ihren Milchkühen und Hühnerhöfen, sondern zu Militärs in die Hauptstadt gebracht, eben zu dem pensionierten Oberst Lundsteen und seiner Frau Agnes, Willemoesgade 23, Tür II.

In der Volksschule (1. Reihe, 3. von rechts)

Ein älteres Paar voller Güte, dessen erwachsene Söhne und Töchter sich zuweilen meiner annahmen; dennoch war ich allein, allein mit diesen hochgewachsenen, ergrauten, vornehmen und eher schweigsamen Menschen, die mir Rote Grütze zu essen gaben, mich abends den Kakao selbst anrühren lehrten, mich hegten und pflegten, doch nur Hilfe zu geben vermochten, keine Liebe, wie sie mir von meinen jungen Eltern so reichlich zuteil geworden war.

Im Zweiten Weltkrieg wurden Londoner Kinder für kürzere oder längere Zeit aus der Stadt entfernt, manche nach Amerika verschifft, andere in ruhigere Gegenden versetzt im eigenen Land. Es heißt, daß viele untilgbaren Schaden davongetragen haben. Unsere eigene Tochter hatten wir, nachdem unsere Wohnung ausgebombt war, mit vier Jahren einer kinderreichen Lehrersfamilie in Cambridge anvertraut. Sie blieb sechs Monate dort, in denen ich, selbst vorübergehend hingezogen, weil ein zweites Kind auf dem Weg war, sie oft besuchte oder zu mir nahm.

34

Dennoch meint sie, darum noch heute an Trennungsängsten zu leiden, an Scheu vor Fremden, Furcht vor Gruppen, denen sie nicht verbunden ist. Mir erging es besser: ich scheine stoisch hingenommen zu haben, daß für eine Weile, die mir als begrenzt versprochen war, meine Welt eine andere war.

Ich werde, in diesem Winter 1919/1920, zu Freunden der Lundsteens mitgenommen, in schöne holzgetäfelte Häuser, in denen Kaminfeuer flackern und man reichlich Fischgerichte und Meeresfrüchte aufgetischt bekommt. Einmal besuchen wir ein kinderloses Ehepaar in Charlottenlund, in dessen Räumen allenthalben Puppen auf Sofas und Stühlchen sitzen. Manche sind so groß wie Babys, andere in meinem Alter; auf ihren Porzellanköpfen sind die Wangen rosa angehaucht, können die Augen zwinkern, steht das Mündchen immer leicht offen, als setzten sie zum Sprechen an. Mein Pflegevater, der Oberst, verfällt darauf, einer der Puppen scherzhaft seinen Zigarrenstummel zwischen die Lippen zu schieben. Die Freunde sind entsetzt. Fast kommt es zu unserem hastigen Aufbruch, dann wird eingelenkt.

Im Karneval werde ich in ein Kostüm gesteckt und darf zur Straße hinuntergehen, wo Kinder und Erwachsene maskiert durcheinanderlaufen. Erschreckend auch dies; doch es hinterließ keine »Flecken auf dem Spiegel meiner Seele«, wie Marie Bashkirtseff es einmal nannte, sondern ist mir lediglich im Gedächtnis geblieben, wie sonst nicht viel aus diesem halben Jahr in Dänemark. Am stärksten haftet in mir die Erinnerung an die Ahne der Lundsteens auf einer höheren Etage der Willemoesgade, an die ich mich enger anschloß als an ihre Schwiegertochter und ihren Sohn. Sie muß eine gebildete alte Dame gewesen sein. Auf ihren Regalen standen Bücher in vielen Sprachen, auch deutsche, alle Bände von Hanns Heinz Ewers, *Alraune*, *Die Gred*, ich las darin, die Titel habe ich mir gemerkt. Die Ahne vergötterte Napoleon, und diese Leidenschaft übertrug sich auf mich. Ich stand immer wieder lange vor seinem Miniaturbild im ovalen Rahmen, einem Aquarell, das ihn noch als *petit caporal* im blauen Waffenrock zeigte, mit weißem Gesicht und vollem dunklem Haar. Auch ich betete ihn an. Dieses unglaubliche Gefühl machte mir den Abschied von Kopenhagen schwer und hat mich nach der Heimfahrt eine lange Weile begleitet.

In Wien ist noch Hungersnot. Ich bin, nicht so feist wie die »Wienerbørn«, die auf den fetten dänischen Weiden aufgefüttert worden waren, aber gut erholt zurückgekehrt. Das wird sich rasch verlieren. Und es beginnt sogleich mit einem scharfen Schmerz. Vera, die geliebte Hündin, ist gestohlen worden. Unser Mädchen Lisi flüstert mir zu, man raube die Tiere, um sie zu töten und zu essen. Ein ganz und gar unerträglicher Gedanke, viele Wochen lang. Dann geht mein Vater zu einem Züchter in der Nähe und kauft einen kleinen Schäferrüden, der »Diemo von der Wildgrube« heißt. Ihn haben wir bis zu seinem Ende im fünfzehnten Jahr behalten. Mein Vater hat Arbeit in der »Sachdemobilisierung« gefunden, einer Institution, die noch eine unbestimmte Zeit damit befaßt ist, nutzlos gewordener Kriegsmaterialien auf diese oder jene Weise ledig zu werden. Die naturwissenschaftliche Zeitschrift, deren Redakteur er vor dem »Einrücken« gewesen ist und die ihn zurückzunehmen versprach, gibt es längst nicht mehr.

Noch bin ich aus dem Paradies der Probusgasse nicht vertrieben. Doch es kommt der Tag, an dem der Hausherr uns, die wir freiwillig nicht ausziehen wollen, »delogieren« läßt. Lisi häuft unsere bewegliche Habe auf Schubkarren und schickt sich an, sie in den dritten Bezirk zu überführen. Mich bringt man für eine Weile in die Wollzeile, wo in der riesigen Wohnung die Großmama Laura, die Tante Lonny und die treue Anna Peterka, die schon meinen Vater auf den Knien gewiegt hat, zurückgeblieben sind. Zwei der vielen Räume sind vermietet. In dem

Anna Peterka

saalartigen Erkerzimmer, aus dem man das Begräbnis
Kaiser Franz Josephs gesehen hat, darf ich auf einer
Chaiselongue unter einem Aufsatz mit Nippfiguren
schlafen, vor dessen Absturz ich mich fürchte, was niemand ahnt. Die beiden Damen sitzen im Erker, netzen
und sticken und läuten nach der Anna, wenn ein Glas
Wasser gebracht werden soll. Ich hocke auf dem Perser-
teppich halb unter dem Klavier und blättere in den großen
grauen Bänden der Wiener Lieder und Tänze, die Eduard
Kremser im Jahr meiner Geburt herauszugeben begonnen
hat. Die Lieder kann ich bald singen, denn Tante Lonny
spielt mir, wenn ich sie darum bitte, die Begleitung vor.

Mit dem Einzug in den vierten Stock der Stanislausgasse 2 ist die Kindheit vorbei. Eine Hürde hat das kleine
Nervenbündel, ohne Geschwister aufwachsend, noch zu

überwinden. An einem Sommertag, auf der Eisenbahnfahrt zwischen Hallstatt und St. Gilgen, wo wir in befreundetem Hause eingeladen sind, gerät mir ein Bissen in die falsche Kehle und ich verfalle in eine Schluckhysterie, die mehr als ein halbes Jahr anhält. Nervenbehandlungen werden versucht, ein Professor der Logopädie versetzt mir Elektroschocks. Nichts hilft. Ich will und kann nur Breiiges schlucken. Schließlich steckt man mich in die Kinderklinik Pirquet. In der Menge der kleinen Patienten verschwindend, beginne ich mit ihnen die Nachkriegskost zu essen: Reis mit Kartoffelsalat. Geheilt, kehre ich in die Stanislausgasse zurück und verspeise, auf dem Balkon, zur Feier der Genesung ein Frankfurter Würstchen gleich jenem, an dem ich geglaubt hatte ersticken zu müssen.

Noch beginnt nicht das Erwachsensein, nur ein Schwebezustand des Übergangs. Ich werde, jung wie ich bin, von dem trügerischen Schwung dieser Nachkriegsjahre ergriffen. Meine Eltern, »neue Menschen«, die sie sein wollen, stürzen sich in den Anbruch, den Aufbruch in eine bessere, eine republikanische, eine demokratische Zeit. Eine Halbmonatsschrift heißt in der Tat *Musikblätter des Anbruch*; in ihr werden die Atonalen, noch nicht die Zwölftöner, vorgestellt. Ein »Bund der geistig Tätigen« wird gegründet, dem mein Vater beitritt. In den Cafés Museum und Pöchhacker sitzen die Maler und Bohémiens, mit denen er Freundschaft schließt, vor allem mit dem gewaltigen Kabarettisten, Karikaturisten, Bühnenbildner und Sammler historischer Waffen Carl Hollitzer, aus dem Kreis des jüngstverstorbenen Peter Altenberg. Hollitzer singt auch in der Reissbar mit mächtiger Stimme: »Ich bin der arme Konrad, nun komm ich mit dem Spieß.« Unter den Malern, mit denen man umgeht, sind Merkel, Harta, Jungnickel, Carry Hauser. Jungnickel wird – mit welchem Geld wohl? – ein Tigerkopf abgekauft. Von Carry Hauser erwirbt mein Vater eine Madonna, lieblich und leicht kubistisch, mit frostblauen Fingerspitzen. Sie hängt über meinem Bett, im weißlackierten Kinderzimmer, bis ich, fast fünfundzwanzig, die enge Bindung an meine Eltern aufzugeben imstande bin.

Nachts gehen sie auf Kostümfeste und Redouten. Die Inflation hat eingesetzt, Millionäre schießen aus dem Boden und Banken brechen zusammen, niemand hat mehr Vermögen, viele haben keine Arbeit, trotzdem tanzt man in Wien, man tanzt des Nachts umso wilder, je weniger man sicher sein kann, am nächsten Morgen noch sein Mittagmahl bezahlen zu können. Mein Vater hat sich auf dem Dachboden der Stanislausgasse ein Laboratorium eingerichtet, in dem er Experimente verschiedener Art durchführt. Bald wird er eine kleine »Elektrosynthese-Gesellschaft« gründen, um seine Patente auszuwerten. Doch weil er leben und uns erhalten muß, ist er Prokurist einer Chemikalienfirma geworden. Von der »Sachdemobilisierung« blieb ein Scherenfernrohr der Artillerie zurück, das ich später, von dem hochgelegenen Balkon unserer Wohnung aus, zu besonderen Zwecken nutzen werde. Meine Mutter flaniert jeden Vormittag, wie alle Damen ihres Kreises, auf dem Korso zwischen Sirkecke und Stephansdom. Auf der linken Straßenseite – denn rechts wandeln die wunderschönen Kokotten. Nachmittags spielt sie Bridge. Niemals reicht aus, was mein Vater verdient. Doch im Fasching werden alle Feste mitgefeiert.

Man geht, so ist es üblich, gemeinsam hin, aber die Eheleute trennen sich sogleich und verbringen die Ballnacht mit Unbekannten. Der Krieg hat alle bürgerlichen Sitten gelockert, man ist es sich schuldig, fremden Menschen begehrlich zu erscheinen, bis· an die Grenze zu gehen im hautnahen Tango, weiter zumeist nicht. Nach einer Redoute erhält Mimi anderntags ein Bouquet, dessen Pracht und Größe alles in den Schatten stellt, was es je an Blumen in unseren schillernden Vasen gegeben hat. Ein Herr von Doderer, Tanzpartner meiner Mutter in der vergangenen Nacht, hat sie von einem Dienstmann abliefern lassen. Der Neckerei ob des ungewöhnlichen Namens ist kein Ende. Im folgenden Sommer besucht meine Mutter mit mir das Döblinger Schwimmbad. Wir lagern auf der Wiese, als ein eckiger junger Herr im Badehöschen auf Mimi zutritt und sich zeremoniell verneigt. Ihr ist es peinlich, ihn im grellen Sonnenlicht wiederzusehen, noch peinlicher, ihm die zwölfjährige Tochter vorzustellen, die ihrer eigenen schlanken Schönheit nicht nachgeraten ist und überdies ihre Jugend in Frage stellt. Meine erste Begegnung mit Heimito steigt erst drei Jahrzehnte später wieder aus den Tiefen der Vergangenheit hervor.

Meine Mutter war leichtlebig, das sagte ich schon. Jeden Morgen erschien eine Friseurin mit dem Nestroyschen Namen Umlauf, die bei den Damen die Runde machte, um ihr Haar mit der Brennschere zu ondulieren. Die Lisi, später dann, und bis zum Auszug aus Österreich die Marie, besorgte als »Mädchen für alles« den gesamten Haushalt. Dennoch waren wir, nach Vorkriegsvorstellungen, arm. Zu Ende jedes Monats legte die Marie kleine Zettel mit den Worten »bite um den lohn« auf des Vaters Schreibtisch. Wie im, unter anderem, italianisierten Wien üblich, hatte Mimi einen *cicisbeo*, einen Hausfreund. Der hieß wiederum Otto Umlauft und war der Sohn eines berühmten Geographen, Kartographen und Astronomen, dessen Atlanten wir in der Schule benützten. Onkel Otto war ein hochgewachsener, sehr ansehnlicher Mann mit einem Löwenkopf, eine bestimmende Figur meiner Kindheit und Jugend. Er leitete den Rikola-Verlag, der in jenen ersten Nachkriegsjahren moderne Literatur herausgab. Auf den Bücherregalen im Herrenzimmer standen neben den Klassikern und Lieblingsschriftstellern meines Vaters, neben Heinrich Manns *Untertan* und Romain Rollands *Maître Breugnon* die Werke von Leo Perutz, Otto Soyka, Robert Müller, aber auch von Joris-Karl Huysmans und Joséphin Péladan. Ich las sie alle, im ehesten Augenblick.

In der Mittelschule – es ist zunächst der Frauener-werbverein – habe ich viele Freundinnen, muß aber bald ein neues Erlebnis des Ausgestoßenseins erleiden. Stella Werner, zierlich und zart, teilt meine ersten literarischen Freuden. Sie ist dabei, wenn ein leicht verwachsener Knabe unseres Alters einer kleinen Gruppe frühreifer Kinder in einem Kellerraum den gesamten *Cornet* von Rilke vorträgt. Und mit ihr lese ich, mit verteilten Rollen, Schnitzlers *Reigen* über das Telefon, meine Nummer U 12033, die ihre freilich vergessen, fast eine Stunde lang, das kostete nicht mehr als ein kurzes Gespräch. Die Eltern nicht zuhause: so kamen derlei endlose Dialoge zustande. Aber all das ist eines Tages vorbei. Eine andere Schulfreundin hat zur Geburtstagsfeier gebeten, sie wohnt in einem kleinen Palais hinter einem Zinshaus im noblen Bezirk Wieden, der Luxus ist unerhört. Mein Onkel Otto holt mich ab und sagt zu den Eltern, als wir daheim ankommen, mit der ganzen Verachtung des Intellektuellen: »Das Kind war bei Schiebern eingeladen.« Dies wiederhole ich arglos am nächsten Schultag und werde von der ganzen Klasse in Acht und Bann getan. Mein Tagebuch, in der Schublade des Pultes verborgen, wird herausgezerrt und laut vorgelesen. Zorn, Schmerz und tiefe Scham.

Erst im Jahr darauf eine neue Freundin: Eveline, Tochter des Großindustriellen und Kunstmäzens Carl Ritter von Taussig, dessen Frau jung gestorben und dessen Geliebte, wie den Zwölfjährigen wohlbekannt ist, die statiöse Betty Fischer ist: sie war einst Lehrmeisterin der Liebe des jungen Kaisers Karl und herrscht zur Zeit als Diva im Theater an der Wien. In der Loge meines Groß-onkels Leo habe ich sie dort in allen Operetten der »sil-bernen Ära« gesehen. Mit Eveline, einem schlanken, blonden, sehr weißhäutigen Mädchen, teile ich den nun erwachten Hang zum Theater. Sie, streng erzogen, darf nur in erwachsener Begleitung ins Schauspiel. Mir erlaubt man, allein auf den Stehplatz des Burgtheaters, des Deutschen Volkstheaters, des Theaters in der Josefstadt zu gehen. Dort hat eben Reinhardt die Leitung übernommen und führt mit allen Thimigs den *Kaufmann von Venedig* auf. Zum ersten Mal seit Napoleon in Kopenhagen erfaßt mich ein seltsames Gefühl, als Rudolf Forsters Antonio seine weiße Brust entblößt und Shylock zur Entnahme des Pfundes Fleisch auffordert.

Im Burgtheater noch große Namen aus der Vorkriegszeit, Reimers, Zeska, Devrient, Bleibtreu, dazu der näselnde junge Held Raoul Aslan und die über alle Maßen schöne Else Wohlgemuth. Die erhebende deutsche Dramatik, aber auch Raimund, der naiv und märchenhaft entzückt. Meine erste große Passion indes wird im Deutschen Volkstheater ausgelöst, von Alexander Moissi, der immer wieder in Wien gastiert. Er gilt als Nachfolger von Josef Kainz, dessen Tod meine Mutter, schon verlobt, im September 1910 mit schwärmerischer Trauer beweint hat: »Sonne und Stahl war in deinen Augen. Unfaßbar erscheint mir, daß du nicht mehr bist, deine Kunst war fest in mein Herz gegraben« – so lese ich's jetzt, mit blassem Bleistift geschrieben, auf einem Blatt, das sie bis zum Lebensende aufgehoben hat.

In mein Herz hatte Moissi sich eingegraben. Albanisch-italienischer Herkunft, ein lyrischer und heroischer Tenor der Sprechbühne, wie man ihn heute nicht mehr anhören könnte, war er unser Hamlet, unser Oswald in den *Gespenstern*, unser Lehrer Gottwald in *Hanneles Himmelfahrt*, war er der herzzerreißende Montezuma im *Weißen Heiland*, Shaws Dubedat, der Philipp in Beer-Hofmanns *Graf von Charolais* und jene großen Tolstoi-Figuren: der Fedja im *Lebenden Leichnam* und der Wanderbursche in *Er ist an allem schuld*. Mit Goethes »Mailied« hat er uns in den siebenten Himmel ver-

Alexander Moissi

setzt, mit Verhaerens »Novemberwind«, von Stefan Zweig übertragen, in tiefe Wehmut. Klabund nannte ihn den »bezauberndsten Singspieler deutscher Zunge«. Man verfiel ihm rettungslos.

Moissi traf den Nerv der Zeit, das Zerrissene, Leidende, das Soziale und Humane, das Russische in uns allen damals in Wien. Er war mit Tolstois Tochter und Enkelin befreundet, fuhr immer wieder nach Jasnaja Poljana, schon im zaristischen Rußland und jetzt im Sowjetstaat. Uns wurden die Erniedrigten und Beleidigten ebenso durch die kleine Wandertruppe »Der blaue Vogel« des Exilrussen Jushny nahegebracht, die einmal jährlich im Volkstheater auftrat. Unvergessen die Szene *Der Leiermann*, ein Drehorgelspieler und zwei ausgemergelte Gestalten, eine davon ein frierendes Mädchen, so alt wie wir. Die Kriegsinvaliden, die Arbeitslosen, die abgezehrten Bettler an allen Straßenecken haben wir erst auf dem Umweg über die Bühne wahrgenommen und zu bemitleiden gelernt.

Heftigen Widersprüchen, erschütternden, banalen und lächerlichen Empfindungen waren wir in jenen Jahren ausgesetzt wie einem steten Wechselbad. Vielerlei Welten öffneten sich uns. In der Ballettschule wurden wir, noch nicht zehn, in die ersten Positionen und das Trippeln auf Fußspitzen eingeübt. Später fanden wir uns zu Ausdruckstänzen ermuntert, wie sie die Schwestern Wiesenthal noch sanft und anmutsvoll, ihre Nachfolgerinnen Gertrud Bodenwieser und Gertrud Kraus aber mänadenhaft vollführten. Ekstatische Bewegungen wurden uns abverlangt, zu denen uns der innere Anlaß fehlte. Im Eislaufverein dagegen, neben dem Konzerthaus, schwebten wir mit einiger Grazie dahin, wenn wir nicht zwischendurch in einem Achter aus der Bahn gerieten. Die glitzernde Fläche, die Bogenlampen, der schwarze Himmel über uns gaben uns das Gefühl, an einem Spektakel mitzuwirken, Komparsen zu sein in einer Feerie, einem Ballett wie der *Puppenfee*. Zwei wunderschöne Schwestern und ihre noch schönere Mutter, alle blondhaarig und ganz in Weiß, dazu hießen sie auch noch Engel, erschienen mir als Hauptfiguren in diesem schimmernden Schaugepränge, das sich dauernd auf Schlittschuhen im Kreis drehte und in dem das Publikum zugleich die Darsteller war.

Die Stadt, im Herbst oder im Vorfrühling, atmete eine Wehmut aus, die nicht nur Halbwüchsige, diese aber am heftigsten ergriff. In den kleinen grauen Gassen, den

kahlen Parkanlagen, mehr noch auf den großen verwaisten Plätzen vor Palästen, in denen niemand mehr hauste, es wäre denn eine frierende Bürokratie, spürten wir die Vereinsamung, die Verelendung der einstigen Reichskapitale. Sommerwochen auf dem Land, an Kärntner Seen oder im Salzkammergut, hoben unser Lebensgefühl. In Hallstatt, ganz früh, hatte ich mein erstes Gedicht auf die Morgensonne, das Vogelgezwitscher, die Kirchenglokken gemacht. Jetzt, Jahr für Jahr in Pörtschach im Haus des Lehrers Grossl am Ortsrand untergebracht, lag ich, während meine Mutter ins Strandbad des mondänen Hotels Werzer gegangen war und mein Vater mit seinem Hund in den Lienzer Dolomiten herumstieg, viele Stunden lang lesend und träumend auf dem heißen Pappdach des Grosslschen Bootshauses und dachte mir Namen aus, die ich annehmen wollte, wenn ich eines Tages berühmt war. Hilla Spila. Hille Syla. Der Lehrer Grossl spielte auf dem verstimmten Klavier: »Servus du, flüstert sie ganz leise.« Und ein anderer Wohngast, ein junger Zöllner aus Gera in Thüringen, gab mir, auf die Wange, den ersten Kuß. Den zweiten gab, im Sommer darauf, der Dreizehnjährigen ein Mann von so außerordentlicher Schönheit, daß sie ihn nie vergessen sollte: der jugoslawische Konsulatsbeamte, bei dem sie ein Visum für die Reise nach Bled mit ihrer Großmama holte und der von ihrem bewundernden Blick zu dieser Geste hingerissen worden war.

Das Helle und das Dunkle hatten die gleiche Wirkkraft auf mein Gemüt. Einmal unterbrachen wir die Ferien im eigenen Land und fuhren nach Italien. In Viareggio wohnten wir in einer Pension zwei Straßen weit vom Meer. Dennoch: diese endlose Bläue, dem alpinen Kind zunächst Angst einflößend, dieser blendendweiße Sand! Die Wirtin hatte eine kleine Tochter, Fernanda, die mir ohne Unterlaß das mit der Zungenspitze gerollte r ihrer Muttersprache beibringen wollte. »Di buona sera. Sera.« Schließlich lernte ich es und verlor es nicht mehr. Und dann fuhr, am späten Nachmittag, ein langes schwarzes Automobil langsam durch die Straße. Die Leute liefen zusammen, Fernanda zerrte mich hinaus. »Il maestro!« wurde gerufen. Es war Puccini. Sekundenlang sah man das markige, männliche Profil, das hochgekämmte schwarze Haar. Ein einziger Tag in Venedig, auf der Heimreise, war so berauschend wie erschlaffend. Wilde

Haus des Lehrers Grossl in Pörtschach, Ferienwohnung aller Kindheitssommer

Augusthitze, Übelruch aus allen Kanälen, von Wäsche-
leinen tropft es herab, meine Mutter der Ohnmacht nahe,
unsere Füße vom Gehen wund. Und doch: welche Kulisse! Überall meine ich den Kaufmann Antonio und Shylock zu sehen, in dieser Bühnenszenerie.

Im kommenden Winter dann ein Nachterlebnis, das
die Seele zutiefst verstört. Ich wache auf, es ist Voll-
mond, auf den Dächern liegt Schnee. Zum Fenster gezogen durch unwiderstehlichen Zwang, glaube ich auf dem
gegenüberliegenden First einen Menschen zu erblicken.
Ja, es kann nicht anders sein. Er liegt halb ausgestreckt an
der Schieferschräge, scheint sich zu bewegen, vielleicht
dem Abgrund zu. Ein Mondsüchtiger gewiß, davon hatte ich gelesen. Ich öffne das Fenster, wage nicht, ihm
zuzurufen, kann auch nicht, obschon frierend im dünnen
Hemd, in mein Bett zurück. Das mag eine Stunde und
mehr gedauert haben, zuletzt muß ich schlaftrunken hin-
gesunken sein. Am anderen Morgen zeigt sich: es war ein
dunkler Fleck im Schnee, weggeschmolzen wohl durch
den Rauch eines Kamins. All dies womöglich noch über-
troffen von der Todesfurcht ein Jahr darauf, als ein kleines Erdbeben über Wien hinweggegangen ist und mein
Vater zwei unglaubliche Aussprüche macht: »Es ist doch
wunderbar, wenn die Natur zu uns ins Zimmer kommt«
und »Auf Nachbeben müssen wir jetzt gefaßt sein«; dann
in aller Ruhe schlafen geht, während ich die ganze Nacht
lang zitternd den nächsten Erdstoß erwarte.

Geisterhaft und grotesk tauchen aus der Erinnerung
drei Gestalten auf, wie von Herzmanovsky-Orlando er-
funden. »Die Dame mit der Wespentaille«, auf den Straßen zur Inneren Stadt promenierend, war zu jener Zeit
der »Garçonne-Mode« in die langen Gewänder der Jahrhundertwende gekleidet, hochrot geschminkt und auffri-
siert. Ihre Taille war so eng geschnürt, daß zwei Hände
sie hätten umspannen können – man begriff nicht, wo
ihre Organe Platz fanden, wie die Blutzufuhr in den

Unterkörper möglich war. Der alten Frau, die an Elefantiasis litt, konnte man nicht begegnen. Sie saß auf Parkbänken, eine solche nahezu ausfüllend. Trotz des ungeheuerlichen Umfangs ihres Leibes und ihrer Gliedmaßen war sie guten Mutes. Wie der schmächtige Ehemann neben ihr sie zu diesem Ort gebracht hatte, wie er sie wieder wegbringen wollte, war gleichfalls rätselhaft. Und schließlich gab es noch die Reichsgräfin Triangi, nur angeheiratet an den Adel wohl, die sich in billigen Sälen, skurril gekleidet, als unfreiwillig komische Alleinunterhalterin produzierte. Welche Scham für die Familie. Die hätte sich am liebsten umbenannt.

In Wien, wie in Venedig, brach immer wieder Theatralik ins Leben ein. Und doch bestanden Spannungen zwischen der vorgetäuschten und der alltäglichen Wirklichkeit. Im Schauspiel wurde ich durchgerüttelt; am Realgymnasium des Frauenerwerbvereins von den Lehrern zutiefst gelangweilt; daheim immer wieder durch die verschiedenartigen Erscheinungsformen verwirrt, in denen meine Eltern sich gefielen. Meine Mutter, die sich sonst wenig um mich kümmerte, saß gleichwohl täglich eine Stunde lang streng neben mir am Klavier, um meine Übungen zu überwachen. Meinen Vater, der mir, wenn er sich abends an demselben Flügel dem Vorspiel zum dritten Akt *Tristan* oder dem Wahnmonolog des Hans Sachs hingab, überaus gefühlvoll und verinnerlicht erschien, konnte ich nicht ganz ernst nehmen in seiner Rolle als »Alter Herr« der Suevia. All das Gerede von Mensuren, von »Leibfüchsen« und »Burschen«, von Quodlibet-Abenden, an denen man »Salamander rieb«. All die deutschtümelnde Romantik, die sich auf die schwarzrotgoldenen Fahnen der 48er berief und doch nationaler war als liberal – was ich damals nur ahnen konnte.

Zu gewissen Zeiten wohnten ein paar Tage, wenn sie in Fechtduellen verwundet worden waren und sich nicht nach Hause wagten, der »Leibfuchs« Grabner und der »Leibfuchs« Haas bei uns. Kürzlich habe ich von dem Ableben des »Dipl. Ing. Otto Freiherr Haas von Hagenfels, wirkl. Hofrat i. R.« in einer Wiener Zeitung gelesen. Dabei fiel mir ein, wie er mir, während seine Schmisse verheilten, bei den Hausaufgaben in Mathematik half. Der gebieterische Onkel Otto, Akademiker zwar, doch der Couleur nicht zugehörig, begegnete den infantilen Riten der ihr verbundenen Ärzte, Rechtsanwälte, Architekten mit merklicher Ironie.

In der Musik habe ich es nicht weit gebracht, obschon ich in einem Schülerkonzert meines Lehrers Moriz Lampel – er hatte schon meinem Vater und der Tante Lonny mit dem Lineal auf die Finger geklopft – im Verein mit drei anderen kleinen Mädchen eine Polonaise von Spohr achthändig spielen durfte. Kaum hatte ich eine Mozartsonate mit einiger Perfektion beherrscht, da wurde die Decke unserer baufälligen Wohnung auf Jahre hinaus durch riesige Pfähle gestützt, und der Flügel mußte weichen. In jenen immer schwieriger werdenden Jahren hätte mein Vater auch wenig Zeit zum abendlichen Rausch am Klavier gehabt. Zwar versuchte er, der Rundfunk war in seinen Anfängen, mit Hilfe einer beweglichen Nadel einem Quarzklumpen Musik zu entlocken. Das war jedoch unergiebig, und wir hatten noch kein Grammophon. Mir blieben Bücher und die Bühne. Aber wer viel liest, fängt eines Tages zu schreiben an.

Noch im Frauenerwerbverein überraschte ich die Deutschlehrerin Czerwenka durch eigenwillige Auslegungen ihrer Aufsatzthemen. Einmal sollten wir Spitzwegs berühmtes Genrebild schildern. Doch der langnäsige Dichter in der Dachstube, der im Bett den roten Regenschirm aufgespannt hält, weil es von oben auf ihn heruntertropft, reizte mich wenig. Ich dachte mir lieber ein paar Skizzen aus, Augenblicksbilder, die ich seiner Phantasie zuschrieb. Eines hieß »Ein Schloß in der Vendée«, die Staffage waren Menschen in Rokokogewändern. Dem Spitzwegpoeten wäre dergleichen kaum eingefallen. Obwohl meine Arbeit das Thema verfehlt habe, sagte die Frau Professor Czerwenka, dürfe ich sie der Klasse vorlesen. Die Mitschülerinnen horchten, zum Großteil verdutzt. Das war, ohne daß ich es wußte, vielleicht der Anfang.

Die Liebe zu Moissi führte in ein Verhängnis, das sich in der Folge als segensreich erwies. Nicht genug daran, daß ich dem Bewunderten nach jeder Gastvorstellung an der Bühnentür zugejubelt hatte, wollte ich ihn auch einmal bei der Ankunft in seiner Dornbacher Villa sehen. Mit Eveline blieb ich eines Morgens, als sein Eintreffen aus dem Ausland angesagt war, dem Unterricht fern; wir fuhren in den Vorort und warteten dort stundenlang, ohne daß er gekommen wäre. Daheim empfing mich mein Vater mit einem Strafgericht, so milde freilich und sichtlich amüsiert, daß ich unter Tränen gleich wieder lachen mußte. Die Tränen weinte ich um Eveline, denn der Ritter von Taussig, noch am Vormittag von unserer Untat verständigt, hatte sogleich meinen Vater angerufen, am Telefon getobt und erklärt, er werde meinen schädlichen Umgang mit seiner Tochter nicht mehr dulden. Dann zertrampelte er vor Evelines Augen alle Schallplatten, die sie von Moissi besaß. Dem Stifter und Mäzen des Frauenerwerbvereins zuliebe legte man meinen Eltern nahe, mich aus der Schule zu nehmen, was auch geschah.

Eveline habe ich nicht für immer verloren. Während des Krieges traf ich sie in London in britischer ATS-Uniform, die der großen, schmalen und silberblonden jungen Frau gut zu Gesicht stand, danach zuweilen noch mit ihrem Mann, einem englischen Oberst von größerer und bescheidenerer Vornehmheit als der ihres Vaters. Damals aber entschwand sie mir für Jahre. Ich wollte nicht in eine neue Schule gehen, sondern auf die Akademie für darstellende Kunst. Noch nicht fünfzehn, hager, überspannt und alles andere als hübsch, trat ich auf ein Podium, um Monologe der Schillerschen Jungfrau und der Hebbelschen Klara vorzutragen. »Zu! Zu, mein Herz! Quetsch dich in dich ein, daß auch kein Blutstropfe mehr heraus kann.« Es war zum Gotterbarmen. Rudolf Beer, Direktor des Volkstheaters und einer der Prüfer, rief mich ins Auditorium herab. »Liebes Kind«, fragte er, »was würden Sie tun, wenn Sie bei uns nicht aufgenommen würden?« Anstatt mit Selbstmord zu drohen, erwiderte ich kleinlaut: »Weiter lernen und dann vielleicht studieren.« »Gut so, nur zu«, sagte er und entließ mich. Die erleichterten Eltern schrieben mich in die Schule der Frau Doktor Eugenie Schwarzwald ein.

III.

Menschwerdung

Im Frauenerwerbverein hatten wir, an jedem 12. November, die Volkshymne der Republik gesungen: »Deutsch-Österreich, du herrliches Land, wir lieben dich.« Bei Eugenie Schwarzwald, in den von Adolf Loos entworfenen Räumen in der Wallnerstraße, sangen wir aus jedem Anlaß ein Lied, mit dem die »Fraudoktor« ihren Schülerinnen Vertrauen in die Zukunft dieses neuen, armen Staates einflößen wollte:

»Grünet die Hoffnung, halb hab ich gewonnen, / Blühet die Freude, so hab ich gesiegt, / Ist mir mein Glücke nicht gänzlich zerronnen, / wahrlich, so bin von Herzen vergnügt. / Kummer und Plagen / will ich verjagen, / wer mich wird fragen, / dem will ich sagen: / Grünet die Hoffnung –« Und so fort. Es ist heute üblich, die Erste Republik als ein unseliges Gebilde zu betrachten, vom Beginn an zum Untergang verurteilt, bevor sie zu einem eigenen Selbstbewußtsein fand. Wir empfanden es anders, eine ganze Weile lang. Der Monarchie trauerten wir nicht nach, da die Erwachsenen es nicht taten. Daß wir ein Kaiserreich verloren hatten, störte uns nicht, denn wir meinten in jenen Zwanzigerjahren, Europa dafür eingetauscht zu haben, ja die ganze Welt.

»Indianer, Japaner und Eskimos / Die Welt gehört uns allen und die Welt ist groß / Die Grenzen für die Alten, / Wir lassen uns nicht halten, / Wir gehn für Freiheit und Freundschaft los.« Auch dies wurde in der Schwarzwaldschule gelehrt. Für uns fielen die Grenzen in den

Liedern der Wandervögel, in der Sammlung des *Zupfgei-genhansl* oder im Jugendrotkreuz, dessen bunte Monats-hefte, oft mit fröhlichen Malereien des Jugendstilkünstlers Cizek geschmückt, uns mit Kindern aller möglichen Län-der in Verbindung brachten. Die schlimmsten Jahre schie-nen ja vorbei. Jung und frisch, keineswegs todgeweiht erschien uns jetzt dieses republikanische Österreich. Auch unsere Väter, die vor nicht allzu langer Zeit noch kaiser-treu in den Krieg gezogen waren, hatten es inzwischen angenommen, hielten die noch andauernde Armut, die jüngstvergangene Inflation, die unveränderte Arbeitslo-sigkeit für Geburtswehen, hofften auf die Solidarität ande-rer demokratischer Länder, auf den Völkerbund in Genf, auf den Friedenswillen allerorten und die europäische Ei-nigkeit.

1926 berief Richard Coudenhove-Calergi den ersten Paneuropa-Kongreß nach Wien. Wir Kinder saßen auf den Rängen des Konzerthauses und glaubten den Rednern jedes Wort. Ich selbst durfte in meinem letzten Schuljahr, in unserem eigenen großen lichten Festsaal, am Natio-nalfeiertag im November die »Republikrede« halten, vor der gesamten Schule, und schwang mich sicherlich, auch wenn ich mich an keinen Satz mehr entsinne, zu einem Bekenntnis der Treue und Liebe zu diesem Staatswesen auf. Das war ein Jahr nach dem Brand des Justizpalastes, ein Jahr nach jenem 15. Juli 1927, an dem die Republik, zum ersten Mal seit ihrer Gründung, durch einen blutigen Zusammenstoß zwischen dem Volk von Wien und der Exekutive erschüttert wurde. Ein Freispruch rechtsge-richteter Mörder hatte die empörten Arbeiter, vermehrt durch einen unkontrollierbaren Mob und gegen den Wil-len ihrer besonneneren Anführer, zum Angriff auf den Sitz der österreichischen Rechtsprechung entflammt, und der Polizeipräsident ließ sie niederkartätschen. Neunundacht-zig Menschen starben, hunderte wurden verletzt.

Gewiß waren wir ahnungslos. Gewiß wußten wir viel

Ignaz Seipel (österr. Bundeskanzler)

zu wenig von dem dauernden Tauziehen zwischen den
beiden großen Lagern im Land, zwischen dem sozialistischen der Karl Renner, Otto Bauer, Theodor Körner, und
dem der Christlichsozialen, deren Haupt ein Prälat, der
Priester Dr. Ignaz Seipel war. Dieser Seipel, den mein
Großonkel Gustav nach dem im Juni 1924 auf ihn verüb-
ten Attentat der Genesung zugeführt hatte, war Bundeskanzler von Österreich. In der Hauptstadt regierten die
Roten, an der Spitze Karl Seitz, ein Mann von großer
Würde, als Bürgermeister von Wien. Nichts drang zu uns
vom täglichen politischen Kleinkampf zwischen den Ideologien und den Ideologen, von versuchten und gescheiter-
ten Annäherungen, an deren endgültigem Mißlingen die

Nachwelt, je nach ihrer eigenen Geschichtsbetrachtung, der oder jener Partei die Schuld zuschiebt.

Wir bewegten uns auf den obersten Etagen jenes Hauses in der Wallnerstraße, an dessen Vorderseite in der Herrengasse das Literatencafé Herrenhof lag, ziemlich lange noch in einem Klima der Reinheit, der Güte und Humanität, einem Klima der schönen Illusionen. Die »Fraudoktor«, einer der tatkräftigsten Menschen der Epoche, hätte die illusorische Seite ihrer Person und ihres Wirkens sicherlich von sich gewiesen und auf ihrer stets grünenden Hoffnung beharrt. Doch die Wahrheit war: sie durfte die Zeichen der Zeit nicht völlig wahrnehmen, sonst hätte sie ihr philanthropisches und pädagogisches Werk nicht zu leisten vermocht. Erst im Augenblick des Anschlusses an Deutschland mußte sie sich die Binde von den Augen reißen. 1939 schrieb sie aus Ascona an den Dichter Felix Braun in London, der ihre vergangenen Leistungen gerühmt hatte: »Was ist das, wenn zehntausend Wiener, deren Kindern ich das Leben gerettet habe: Heil Hitler! rufen, wenn Felix Braun: Evoë Genia! sagt. Es macht mir Mut zu neuer Arbeit.« Nur in diesem Nebensatz verriet sie ihre Bitterkeit. Und gab sich zuversichtlich. Und starb, an Krebs und tödlicher Enttäuschung, im nächsten Jahr.

1895 hatte sie, die in Polupanowka an der russischen Grenze der Monarchie geboren und in Czernowitz aufgewachsen war, im Westen Germanistik studieren wollen. An der Universität der österreichischen Haupt- und Residenzstadt waren Frauen noch nicht zugelassen, darum ging sie nach Zürich und saß dort als einer von drei weiblichen Studenten im Hörsaal unter hundertfünfzig männlichen Geschlechts. Nach ihrer Promotion eröffnete sie in Wien ihr erstes Bildungsinstitut – »alles sollten da die Mädchen lernen, was die Männer wußten, und dabei lieb, bescheiden, mädchenhaft, hausfraulich bleiben«, wie sie es noch Jahrzehnte später, ohne es zu widerrufen, in einem Rückblick beschrieb. Gleich den meisten wahrhaft eman-

Eugenie Schwarzwald

zipierten Frauen hatte sie wenig übrig für Feministinnen schriller Art. In einer einzigen ihrer Klassen saßen die späteren Frauen dreier berühmter Männer und selbst nicht ohne Ruhm: Helene Weigel-Brecht, Alice Herdan-Zuckmayer und Elisabeth Neumann-Viertel. Doch die fortschrittliche Schule allein genügte Genia Schwarzwald nicht. Im ersten Krieg rief sie eine Fülle von Wohlfahrtswerken ins Leben, eine Aktion »Kinder aufs Land«, Gemeinschaftsküchen, »Freundeshilfen«, »Greisenhilfen«. Ihre engsten Freunde, Sozialreformer wie sie, saßen in Skandinavien – Karin Michaelis, Elsa Bjoerkman, Anna Lene Elgstrom. Aber sie war in Verbindung mit Menschen guten Willens überall in der Welt.

Die Fraudoktor erkannte auch geniale Künstler, bevor alle anderen es taten, rief Schönberg, Egon Wellesz, Adolf Loos und dessen Schützling Kokoschka als Lehrer in ihre Schule, sammelte in ihrer Stadtwohnung und sommers an verschiedenen Orten des Salzkammerguts bedeutende oder zumindest liebenswerte Menschen um sich. Ihren Schülerinnen, auch wenn sie wie ich nicht mehr von ihr selbst unterrichtet wurden, war sie trotz ihrer zuweilen penetranten Rührigkeit ein Vorbild an Nächstenliebe und Mut. Was sie besaß, was sie sich erhielt angesichts der zunehmenden Verdunkelung der Lage, war in ihren Worten ein »schwarzer Optimismus... eine mühsam aufgebaute Heiterkeit, wozu man selbst unter Tränen die Steine hat schleppen müssen; denn die Welt liefert kein Material dazu«.

In ihrer Schule beginnt denn meine Menschwerdung, spinnen sich lebensbestimmende Freundschaften an. Aus Furcht, ich könnte allzu gelehrt, allzu versponnen, allzu sehr ein Blaustrumpf werden, haben mich meine Eltern nicht ins Gymnasium, sondern in die gleichlaufende »Frauen-Oberschule« gesteckt. Dort lerne ich neben den Bildungsfächern und modernen Sprachen auch Kochen, Nähen und Kinderpflege. Und da ich in den letzten Jahren freiwillig Latein hinzunehme, reicht meine Matura für das Universitätsstudium aus. Vorerst aber bin ich mit zwei Mädchen befreundet, die meine verfrühte Geistigkeit nicht fördern, doch mir dafür helfen, mir meiner Physis bewußt zu werden, und dies auf ganz verschiedene Art.

Maria, ein reizendes, knabenhaftes Geschöpf, ist schon mit fünfzehn angehende Meisterschwimmerin und wird später auch leichtathletische Rekorde erreichen. Sie nimmt mich mit ins Dianabad, wo man nicht nur selber schwimmt, sondern auch Wettbewerben und Wasserball-spielen zusieht. Dort werden eines Tages zwei Mitglieder des jüdischen Sportklubs Hakoah auftauchen, zwei stäm-mige Burschen des Namens Fritz Thorn und Fritz Kantor, deren einer mein Freund, der andere mein Feind fürs Leben wird. Als Wasserballer kämpfen sie wacker gegen Schwimmklubs wie »Vienna«, »WAC«, »Danubia« an, am heftigsten aber gegen den »EWASC«, der als Nazi-Klub gilt. Sie wollen ihre Ebenbürtigkeit im Sport bewei-sen, da man ihnen bestenfalls Überlegenheit in Kaffee-hausdebatten zugesteht. Dennoch werden die beiden in wenigen Jahren ebenso gern an den Marmortischen des Café Herrenhof sitzen wie sich in den Bädern tummeln. Und der mein Freund wird, geht auf die sonntäglichen Skitouren mit.

Maria verdanke ich nicht allein gemeinsame Unterneh-mungen athletischer Natur, sondern den eigenen Impuls, mich auf solche einzulassen. Im Schwimmklub »Au-stria«, der nicht der ihre ist, gewinne ich einen kleinen Wettbewerb, etwa auf der Höhe der perfekt gespielten Mozartsonate. Bald treibe ich mit anderen Gefährten, die Kleider im Gummisack an den Arm gebunden, in der Mitte der Donau, wo sie am tiefsten und ohne Wirbel strömt, von Zeiselmauer bis Kritzendorf hinab. Winters stehen wir frühzeitig auf, um mit dem ersten Zug der Aspangbahn um fünf Uhr in die Skigebiete um den Sem-mering zu fahren. Man steigt, die Brettln auf den Schul-

Meine Freundin Maria

Mit Freundinnen in Kritzendorf

tern, zwei Stunden lang, oft in Schneestürmen, aufs
Stuhleck, um die Abfahrt vom Bettelbauer zu machen.
Wer weiß noch, der sich heute achtmal täglich mit dem
Skilift auf eine Spitze befördern läßt und dann die wim-
melnde Piste hinunterrast, von den Herrlichkeiten men-
schenleerer, verschneiter Wälder, die man auf Skiern
durchwandert, von den Herausforderungen enger Hohl-
wege steil ins Tal.

Allzu oft habe ich schon das Wort »schön« gebraucht,

habe meine Mutter so genannt, die Schauspielerin Wohlgemuth, die Eisläuferinnen Engel. Es hilft nichts, auch von Hansi Mahler muß ich sagen: sie war schön. Als sie Jahrzehnte später, äußerlich fast unverändert, in einem meiner Romane auftaucht, wird sich ein bedeutender Kritiker über ihre Attribute »hinreißend und lasziv« mokieren, über ihr »viereckiges, diamantumrandetes Einglas«, ihr Zimmer, in dem es »nach Parfum, schalem Zigarettenrauch, verwelkten Blumen und benützten Laken riecht«. Wie hätte er sich erst über sie lustig gemacht, hätte ich sie als junges Mädchen beschrieben, das so exzentrisch, so verrucht, so manieristisch stilisiert war, wie es dem Zeitgeist der Wiener Zwanzigerjahre unter anderem auch entsprach. Das Einglas schon damals, wenn auch ohne Diamanten. Ein ebenmäßiges Gesicht, tiefblaue, sehr kurzsichtige Augen, das schwarze Haar im Eton-Schnitt. Outrierte Kleider, die ihre weniger hübsche Schwester Grete entwarf. Mit fünfzehn schlief sie schon herum, was wir anderen noch lange nicht taten. In ihrem luxuriösen Zimmer der elterlichen Wohnung – ihr Vater, ein Rechtsanwalt, beriet und vertrat die Operettenwelt – gingen gleichzeitig mehrere Liebhaber aus und ein, darunter ein gräflicher Monsignore, mit dem Kaiserhaus verwandt.

Manchmal gab sie sich lesbisch, nannte sich Hans und rühmte sich, das hübsche Stubenmädchen des Hauses verführt zu haben. Auch ihren jüngeren Bruder Fritz ließ sie nicht unverschont – er beging Selbstmord mit siebzehn Jahren. Niemand, ich wohl auch nicht, blieb von ihrem erotischen Fluidum unberührt. Ihr Leben spielte sich so gut wie nie im Freien, immer in Innenräumen ab, inmitten weicher Kissen, gedämpften Lichts, kleiner Tische, auf denen Cocktailgläser standen. Schon dem Schulkind und seinen Freundinnen servierte ihre töricte, ganz in sie verliebte Mutter Bananenscheiben in Cherry Brandy, Hansis Lieblingsdessert. Ein größerer Ge-

Meine Freundin Hansi

gensatz zu unserer Klassenkameradin Maria läßt sich
nicht denken. Und doch berührten sich ihre Kreise auch
außerhalb der Schule, wie denn das Leben in Wien seit je
aufs Eigentümlichste verflochten, eine geistige und ge-
sellschaftliche Inzucht gewesen ist.

Mit Hansi ging ich am 2. April 1927 um drei Uhr
nachmittags ins Theater an der Wien, um einer Schüler-
vorstellung des Bundesrealgymnasiums auf der Stuben-
bastei beizuwohnen. Vier Dramoletts standen auf dem
Programm: zwei von Courteline, eines von Awertschen-
ko, das letzte jener Einakter von Egon Friedell und Alfred Polgar, *Goethe*, in dem der alte Dichterfürst von
seinem eigenen Leben weit weniger weiß als ein Profes-

Von einem Ball, etwa 1927 (Mitte, 4. von links)

sor der deutschen Literaturgeschichte und dem Schüler, an dessen Stelle er die Prüfung bestehen will, einen Durchfall beschert. Im dritten Stück, nach der Pause, *Der gemütliche Kommissär* von Courteline in der Fassung des Shaw-Übersetzers Trebitsch, betrat ein hochaufgeschossener Knabe im Radmantel die Bühne und fing zu sprechen an. Die Selbstsicherheit des Sechzehnjährigen nahm uns den Atem. Im Programm fanden wir: die Rolle des Monsieur Floche spielte der Schüler Hans Békessy.

Wir lernten ihn kennen. Bald darauf war er Hansis Geliebter, im nächsten Jahr – der Begriff *demivierge* prägte jene Zeit – mein eher platonischer Freund. Mir ist immer unbegreiflich gewesen, was diesen jungen Menschen – für viele ein überheblicher Jüngling, für andere, erstaunlich, ein gestandener Mann – dazu bewog, die schöne Person aufzugeben und sich mir zuzuwenden. Ich hatte begonnen, mich ein wenig modischer herauszuputzen, hatte ein paar Verehrer, doch im Umkreis Hansis kam mir eine blasse, eine dienende, eine Zofenrolle zu.

Der Vorfrühling, in dem ich Verrat an ihr beging – denn Hans, ihr manchmal leicht verspottetes, aber doch eifersüchtig verteidigtes Eigentum, war ohne ihr Wissen das meine geworden –, dieser Vorfrühling war für mich der erste ohne Wehmut, der erste voller Glück.

Wer, der dies liest, kann ernst nehmen, was zwei halben Kindern von siebzehn und sechzehn Jahren widerfuhr? Calf-love heißt es auf englisch, doch nie wieder habe ich empfunden, wessen ich damals fähig war. Wir gingen im Wienerwald spazieren, das Eis brach auf, aus dem rieselnden Gras wuchsen Leberblümchen. Alles war Anfang, alles war Poesie. Auch ihn, den scheinbar bereits Abgebrühten, riß die Unbedingtheit meiner Neigung mit. Über die Posen, die Manieriertheiten des jugendlichen Herzensbrechers sah ich hinweg. Hans Békessy, den seine Mutter Jáncsi nannte, besaß schon in frühen Jahren jenen Charme, der später ölig werden sollte. Er hatte lange schlaksige Glieder, leicht vorquellende Augen und abstehende Ohren, die rechtzeitig korrigiert wurden, wenn auch für mich zu spät. Ich will nicht sagen, daß ich so blind war für seine Makel wie Titania gegenüber dem verwandelten Zettel. Ich sah die Makel, aber sie berührten mich nicht.

Sein Vater war im Jahr zuvor, mit Hilfe von Karl Kraus, aus Wien vertrieben worden und arbeitete danach in Budapest an seiner Rechtfertigung im Rahmen einer Zeitschrift betitelt *Békessys Panoptikum*. Sie ist nur einmal, im April 1928, mit Beiträgen von Franz Blei, Anton Kuh, Robert Müller und anderen erschienen. Hans wußte genau, daß Emmerich Békessy ein so geriebener Journalist wie ein skrupelloser Erpresser in Samthandschuhen gewesen war, doch er stand zu ihm und schrieb eine Maturaarbeit über Heine, in der er Kraus verhöhnte, was außer seinen Professoren niemand las. Mich nahm er zu einem Stegreifvortrag Anton Kuhs mit, einer Neufassung jener Rede über den »Affen Zarathustras«, die Kuh

Hans Habe-Békessy

1925 zum ersten Mal gehalten hatte. Wieder saßen Kraus-
Anhänger im Mozartsaal des Konzerthauses und störten
lärmend die brillante Improvisation.

Emmerich Békessy hatte Wiens *haute volée* hofiert
und sie dann denunziert oder auch nicht, je nachdem, ob
sie ihn für sein Schweigen bezahlte. Sein Sohn war, als
Gymnasialschüler, überzeugter oder doch vermeintli-
cher Kommunist. An jenem 12. November 1928, an dem
ich die Republikrede in dem von Loos entworfenen Festsaal hielt, tat er das gleiche in einer Arbeiterzelle, die sich
dem in Marx und Engels belesenen jungen Herrn willig

unterwarf. Und doch fuhr er aus seiner Wohnung bei Verwandten in Dornbach – Moissis Bezirk – häufig mit dem Taxi in die Schule. Und doch schlüpfte er zuweilen in die Rolle einer Schnitzler-Figur, etwa wenn er in Baden bei Wien einen Fiaker mietete und uns ins Helenental kutschieren ließ, ganz wie ein verspäteter Anatol seine noch umworbene, noch nicht errungene Geliebte. Fünf Jahre danach, bevor ich nach England ging, erlebte ich ihn in Heimwehruniform, den Hahnenschwanz am Hut, zeitweilig Chef der Photoabteilung des austrofaschistischen Bundespressedienstes. Ein Bündel von Gegensätzen. Dennoch war er in seiner Frühzeit kein Zyniker, sondern idealistisch angehaucht, vielleicht sogar ein Dichter. Seine erste Novelle *Rache der Scham*, schon mit dem Pseudonym Hans Habe gezeichnet und vermutlich nie gedruckt, war ein gewissenhafter Versuch der psychologischen Durchdringung einer scheinbar unerklärlichen Missetat.

Es war ein entscheidendes Jahr, in dessen Oktober mein siebzehnter Geburtstag fiel. Ein Jahr des raschen Reiferwerdens. Schon besuchte ich manchmal, von dem mir lieben der beiden Wasserballer dazu aufgefordert, jenes Café Herrenhof, das um die Ecke im Haus der Schwarzwaldschule, in der Herrengasse lag. Dort waren wir zum Tisch, oder zur »Loge«, wie die im großen Saal des Kaffeehauses entlang der Wände gelegenen Sitzrunden hießen, des so klugen wie witzigen Pragers Ernst Polak zugelassen, der drei Jahre zuvor von Kafkas Milena geschieden worden war. Die Nachwelt sollte dem fleißigen Bankmann und späten Schlick-Doktoranden, gestützt auf ein Fehlurteil Margarete Buber-Neumanns, immer wieder unrecht tun. Zu den übrigen Figuren dieser Gruppe gehörten der andere Privatphilosoph, zudem Zeichner und Ringer Ernst Stern, ein mächtiger junger Mensch, der mit Vorliebe verschlungene Arabesken auf die Marmorplatte zeichnete und sie benannte »Die Kunst

Ernst Polak

oder auch Das Schöne«; seine Freundin Susi Joachim,
eine reizvolle Tänzerin; oder der skurrile Dichter Peter
Hammerschlag, aus guter Arztensfamilie, der mir von
meinem kargen Taschengeld, fünf Schilling wöchentlich,
jeweils einen als Tribut abnahm. Von den Zelebritäten,
die in dieser »Loge« zuweilen auftauchten, nicht zu reden.

Der andere Wasserballer pendelte indessen zwischen
Prag und Wien. Bald sollte unter dem Decknamen Friedrich Torberg sein erster Roman *Der Schüler Gerber hat
absolviert* erscheinen. Noch herrschte Friede zwischen

uns, denn ich war niemand, jünger als er, eine angehende Maturantin, die zumeist bescheiden schwieg, er aber führte an Polaks Tisch bereits das große Wort. Während der nächsten Jahre trafen wir einander – zuweilen täglich – im Kaffeehaus, sahen uns gemeinsam Filme an, waren befreundet auf eine vorsichtige, wachsame und, von einem einzigen Silvesterabend abgesehen, unzärtliche Weise. Niemals trugen wir einander das Duwort an. Und als mein erstes Buch erschien, im selben Verlag, alsbald mit demselben Literaturpreis ausgezeichnet wie das seine, begann der lebenslange Krieg. »Ritze ratze, voller Tücke / für die Kati auf der Brücke« hieß, im Februar 1933, die Zueignung seines zweiten Romans an mich.

Ich habe vorgegriffen. Noch bin ich in der siebenten Klasse der weniger geachteten von den beiden Schwarzwaldschen Schulanstalten – manchmal diätkochend am Herd, manchmal Hüte oder Blusen nähend, manchmal auf dem Dachgarten die Kleinen hütend nach Montessori-Art, indes die stolzen Gymnasiastinnen, den Ovid unterm Arm, uns mitleidig belächeln. Unser Unterricht in den Naturwissenschaften, in Mathematik und den Sprachen ist freilich, wie könnte es unter der Fraudoktor anders sein, nicht minder exzellent. Sie selber lehrt längst nicht mehr. Ihre Sprechstunde suche ich nicht auf, weil ich Scheu davor habe, mich ihr zu besonderer Kenntnis zu bringen. Völlig aufgehend in meinem privaten Bereich, der Liebelei, den Freunden und Freundinnen, dem Sport und Büchern, weiß ich von dem Wiener Salon des Ehepaares Schwarzwald, von seinem sommerlichen Gästehaus am Grundlsee nur am Rande. Dem Kreis ihrer bevorzugten »Kinder« gehöre ich nicht an.

Dennoch ist sie täglich unter uns, wenn auch nur, um am späten Vormittag in ihrem Direktorium Bittsteller aus allen Schichten zu empfangen, gleich der Marschallin bei ihrem Lever. Ein Zimmer in der Wallnerstraße ist zeitweilig von dem jungen Grafen Helmuth James von Moltke bewohnt, einem der vielen Menschen humaner Denkart in ihrer Umgebung. Einmal durchwandert sie, mitten im Unterricht, sämtliche Klassen, gefolgt von dem strahlend schönen Moltke, der ein Tablett mit Bonbongläsern hinter ihr herträgt und jede Schülerin mit einem Praliné beschenkt. Das kleine Zwischenspiel wird von uns, aber auch von den Lehrern so empfunden, wie es ihre Absicht ist: als ein Zeichen, daß kein Vorgang zu ernst sein kann, um nicht durch einen Augenblick der Heiterkeit gewinnbringend unterbrochen zu werden. Der junge Deutsche macht gutwillig mit. Und doch zerreißt es jetzt das Herz, sich der harmlosen kleinen Szene zu erinnern. Denn Helmuth von Moltke, Haupt des Kreisauer Kreises, wurde im Januar 1945 hingerichtet, und nichts, nichts linderte diesen Tod und das vorhergegangene Jahr der Qual.

Sie war eine erste Leitfigur, Genia Schwarzwald, selbst aus der Distanz. Mit all den kleinen Listen und Eitelkeiten, die auch den edelsten Wohltätern eigen sind. Kurz nachdem ich die Schule verlassen habe, bestellt sie mich zu sich, weil der Publizist und Redakteur der *Neuen Freien Presse*, Emil Kläger, eine Absolventin für ein spontanes Rundfunkgespräch über Jugendprobleme sucht. Meine Lehrer haben mich ihr empfohlen. Die Fraudoktor läßt mich ein, erkennt mich nicht und geht rasch in den Vorraum, um von ihrer treuen Assistentin meinen Namen zu erfahren. Dann kehrt sie zurück, umarmt mich sogleich und spricht mich an, als wäre sie seit je innig mit mir vertraut gewesen. Die Sendung findet statt und wird viel beachtet, weil Kläger niemandem verrät, wer sich hinter der »unbekannten Achtzehnjährigen« verbirgt. Das geschieht bereits in einem anderen Leben. Nicht die Reifeprüfung war der Einschnitt, sondern ein Jahr davor, ein Jahr nach jenem beglückenden Vorfrühling, der Bruch mit Habe, ein Sturz aus allen Himmeln der Verblendung, ein Seelenriß, der niemals heilen wird, obschon sein Urheber bald entmythologisiert und unwichtig geworden ist.

Meine schöne Freundin Hansi hat späte Rache genommen und dem verführbaren Verführer eine kleine Salonschlange, Nichte der Chanteuse Mimi Kött, in die Arme getrieben. Ich bin es freilich, die ihm nach dem ersten Anzeichen der Untreue den Laufpaß gibt. Das ist vermutlich vorschnell, doch ich habe mehr Angst davor, meine Selbstachtung als den Freund zu verlieren: ein Muster, das sich zeitlebens als richtig erweisen wird. Gleichwohl: wie ich durch die nächsten Monate gekommen bin, weiß ich nicht mehr. Noch im Sommer, als Gast bei Marias Eltern auf dem Lande, in einem schönen, weitläufigen, barocken Bürgerhaus, schloßähnlich möbliert, weinte ich mich jede Nacht in den Schlaf über den schwungvoll und mit deutlich literarischem Anspruch verfaßten Liebesbriefen des jungen Békessy. Nicht um ihn, um mein eigenes vergeudetes Gefühl habe ich wohl getrauert. Wir alle lasen damals, neben Gide, Cocteau, Giono, den französischen Modepoeten Paul Géraldy. In seinem Band *Toi et moi* stand ein Gedicht, von dem wir uns alle betroffen fanden. Nicht in einen anderen Menschen, in die Liebe selbst, so hieß es da, sei man verliebt. Wir glaubten es und wollten es nicht glauben.

Ich badete in meinem Schmerz, doch auch dieser sollte sich literarisch überwinden lassen. Zunächst mußte ich mich der Maturaarbeit für meinen verehrten Deutschprofessor Alfred Nathansky widmen. *Die Jugendgestalten Wassermanns.* Ich finde sie noch heute so übel nicht. Später verkaufte ich das Manuskript einer Studentin, die mit seiner Hilfe in Bialystok ihren Doktor machte. Und wenn ich in diesen Erinnerungen, wo irgend möglich, meine gedruckten Bücher nicht nennen, geschweige denn auf sie eingehen will, so darf ich die vergessenen Kinder, die nie das Tageslicht erblickten, doch erwähnen. Mit Auszeichnung zu maturieren, schien daran zu

Fritz Thorn und ich

scheitern, daß meine Intelligenz der höheren Mathematik nicht gewachsen war. Dann bezahlte der wohlhabende Vater einer anderen Schulkollegin, Vetter des humoristischen Schriftstellers Roda Roda, seiner Tochter Maydie Nachhilfestunden in diesem Fach, denen ich beiwohnen durfte. Der sie erteilte, war ein adliger Kommunist namens Paqueni, ein großer, häßlicher, unbeholfener junger Mensch, der sogleich ein heftiges Gefühl für mich faßte. Sein schwer verdientes Geld gab er für teure Geschenke an mich aus – eine Kamera, ein Grammophon –, die ich, bei Androhung seines Selbstmords, nicht zurückweisen durfte. Das ging lange so. Aus irgendeinem Grund hieß er bei uns nicht anders als »der Mann«.

Im übrigen hatte sich meine Freundschaft mit jenem zweiten Wasserballer vertieft, den ich, wie er selbst in reifen Jahren seine Kulturberichte unterzeichnen sollte, fortan nur f.th. nennen will. Vorerst war er ein Farbchemiker und Graphiker. Nachdem meine Matura, dank der Bemühungen des »Mannes«, nach Wunsch abgelaufen war, begann ich im Herbst 1930 mein Studium in Wien. Sehr bald verwarf ich die anfangs erwählte Germanistik, hörte Vorlesungen über Kunst- und vergleichende Religionsgeschichte und schrieb mich schließlich in die Vorlesungen von Moritz Schlick und Karl Bühler ein.

IV.

Vorbild, Weltbild und blutige Politik

Ein Kind, von kosmischen Ängsten geplagt, eine junge Person, verstört von den widersprüchlichen Theorien und Ideologien, die ihr fortwährend angeboten werden, sieht sich mit einem Schlag aus der Wirrnis befreit. Frühmorgens, im großen Hörsaal der Philosophischen Fakultät, gehen tagtäglich von der Figur eines wahrhaft weisen, wahrhaft guten Menschen Erhellung, Beruhigung, Zuversicht, Lebenslenkung aus. Moritz Schlick liebt und wiederholt häufig das Wort von Kant, David Hume habe ihn aus seinem »dogmatischen Schlummer erweckt«. Nicht anders empfindet die Studentin im ersten Semester, was sich mit ihr begibt. Die Denknormen des logischen Positivismus, obschon mittlerweile gewiß in manchem überholt, insgesamt als platt, banal, einseitig abzuwerten, wie es die neuen Dunkelmänner und Verächter der kritischen Vernunft – nicht anders als die »Mythologen des zwanzigsten Jahrhunderts« zu Schlicks Lebzeiten – nun wieder tun, wird ihr im Alter als eine der traurigsten Entwicklungen der Epoche erscheinen.

Hätte sich der Mann, der das Haupt des »Wiener Kreises« war, nicht vom ersten Augenblick an als human, bescheiden, in der Darlegung seiner radikalen Ansichten von äußerster Behutsamkeit erwiesen – wäre man ihm dann weniger willig gefolgt? Das mag sein. Dennoch ist das Charisma eines Lehrers Teil seiner Lehre, erleichtert den Zugang zu ihr, der anders langwieriger verliefe, verleiht ihr aber auch, wenn es in einer Aura der Güte und

74

Menschenfreundlichkeit geschieht, erhöhte Glaubwürdigkeit. Ein Eiferer gegen Gott, gegen Plato, gegen Nietzsche oder Marx hätte uns zunächst mißtrauisch gemacht, wenn nicht abgestoßen. Dieser milde Mentor überzeugte uns durch seine eigene klare, aufrichtige Persönlichkeit von der Klarheit und Aufrichtigkeit seines Denkens. Daß er auf sanfteste Weise die metaphysischen Spinnweben vieler Jahrhunderte aus der Philosophie entfernte, daß er uns zu Vorsicht gegenüber jeder apriorischen Behauptung, zu genauer Prüfung aber auch jeder vermeintlichen politischen Patentlösung anhielt, hat uns viele Irrwege, wie sie die spätbekehrten Anhänger eines »Gottes, der versagte«, all die Koestler, Silone, Spender, gegangen waren, beizeiten erspart.

Obschon die Ethik der logischen Positivisten, von ihren Gegnern am meisten angefochten, keine Axiome aufstellte und moralisches Verhalten nur auf Grund von utilitaristischen Grundsätzen für möglich hielt, hat Schlick uns durch sein eigenes Beispiel gültige Lebensregeln des Anstands und der gegenseitigen Achtung vermittelt. Zu meinem eigenen Staunen hat es für mich nie mehr anderer, religiös oder ideologisch unterbauter, bedurft. Den frommen Menschen unter seinen Schülern wollte er diese Stütze keineswegs nehmen, er ließ Freiraum für ihren Glauben, wenn sie nur nicht darauf beharrten, es könne bewiesen werden, was nicht beweisbar ist. Und wenn die österreichischen Sozialisten jener Zeit auch, anders als etwa die britische Labour Party, marxistisch gesinnt und daher Anhänger eines von ihm abgelehnten, weil dogmatischen historischen Materialismus waren, erkannte er doch ihre großen Verdienste um die Volkswohlfahrt an.

Jeden Morgen, bevor er in die Vorlesung kam, machte Schlick einen Ausritt in den Prater. Es war das einzige Relikt einer aristokratischen Erziehung, die er, wie seine Verwandtschaft mit der gräflichen Familie, mit dem mütterlichen Ahnen Ernst Moritz Arndt, peinlichst ver-

Moritz Schlick

schwieg. Deutlicher sichtbar war seine Freundschaft mit Bertrand Russell und A. N. Whitehead, Männern nicht nur der gleichen Denkart, sondern der gleichen Wesensart. Mit der kritischen Haltung, von den großen Empiristen Locke, Hume und Berkeley erlernt, ging eine Toleranz einher, die John Milton als erster gefordert und vorgelebt hatte. In Berlin geboren, mit einer Amerikanerin verheiratet, glich Schlick seinen eigenen Landsleuten nicht so sehr wie den Sprößlingen von Englands großer alter Bildungsschicht.

Sein Seminar war der Ort, an dem die schärfsten und klügsten Geister Wiens versammelt waren und der keineswegs allen Studenten offenstand. Ernst Polak, im Herrenhof gleichsam Hausherr einer Stammtisch-Loge von ähnlicher Exklusivität, war zugelassen, ebenso ein jüngerer Bruder von Peter de Mendelssohn, Thomas, angehender Doktor der Physik. Polak hatte mit nahezu fünfzig Jahren bei Schlick mit einer *Kritik der Phänomenologie durch die Logik* promoviert. Thomas war ein Mann von außerordentlicher wissenschaftlicher Begabung. Mir wurden, sobald ich das Seminar zu besuchen begann, die Grenzen meines Verstandes nur allzu klar. Daß ich zu abstrakten Gedankengängen höheren Grades unfähig war, hatte ich bereits in der Schulmathematik erfahren. »Der Mann« war imstande gewesen, mir beizubringen, was ich nach der Prüfung wieder vergaß und verlor. Wenn im Schlick-Seminar mathematische Logik betrieben wurde, blieb ich zwar nicht auf der Strecke, sondern versuchte so weit wie möglich vorzustoßen, doch ich prallte dabei immer wieder heftig gegen die Wände meines Aufnahmevermögens: ein heilsamer Vorgang. Er hat mich vor geistigem Dünkel bewahrt.

Gewisse Gehirnzellen oder Gene meines Vaters hatten sich nicht auf mich vererbt. Trotzdem erschien mir die Welt der Formeln, in der er zu Hause war, als der reinste, purste, ungetrübteste Bereich. Ich beneidete ihn darum, sich so frei in ihm bewegen zu können. Aber ich war anmaßend genug, ihm in einem Brief nach Frankfurt, wohin man ihn für ein halbes Jahr zur Sanierung einiger chemischer Betriebe geholt hatte, meine neu erworbenen Ansichten aufzudrängen. Er muß mir geantwortet haben, daß es »ohne Metaphysik keine Begriffsbildung gibt«, worin ich ihm widersprach. Darauf erwiderte er mit Recht, wenn man philosophische Fragen ernsthaft diskutieren wolle, sei es notwendig, sich erst über die Definition der verwendeten Termini zu einigen. »Für mich ist Metaphysik«, fuhr er fort, »ich glaube im Einklang mit der herrschenden Auslegung, keine Religion oder Weltanschauung, sondern ein Denk- und Forschungsgebiet, das zwischen den exakten Naturwissenschaften – im folgenden kurz Physik genannt – und der reinen Philosophie liegt. Sie umfaßt jene Bezirke, die sich mit den heutigen Gesetzen und Methoden der Physik noch nicht erschließen lassen, mit denen man sich aber doch gedanklich befassen muß, um ihnen näherzukommen und sie langsam für die streng wissenschaftliche Bearbeitung reif zu machen. Alle neuen, großen Erkenntnisse beider Gebiete schlummern in ihr.«

Dieser letzte Satz schien mir verbohrter Person zu lapidar, und manches andere, das er mir vorhielt, wollte ich auch nicht gelten lassen: »Würden wir, statt in Worten zu denken, zu sprechen und zu schreiben, hierzu Ziffern oder algebraische Zeichen verwenden, so würde sich die Beziehung in Form exakter, zwingender Formeln, unabhängig vom Individuum, ergeben. Bedauerlicher- oder erfreulicherweise ist das nicht der Fall, das Denken der Menschen nicht objektiv, sondern – wenn sie sich auch noch so großer Objektivität befleißen – irgendwie affekt- oder zielbetont und durch die denkende Individualität beeinflußt, gefärbt.« Mit diesem Problem, meinte ich, hätten die logischen Positivisten in ihrer Unterscheidung sinnvoller und sinnloser Aussagen aufgeräumt. Immerhin wollte mir ein anderer Passus seines langen Briefes vom März 1931 beachtlich erscheinen:

»Eine der wichtigsten metaphysischen Fragen ist, ob nicht ein prinzipielles, sozusagen organisches oder physiologisches Hindernis besteht, den Vorgang des Philosophierens, oder sagen wir des Denkens überhaupt, naturwissenschaftlich klar zu erfassen. Kann der menschliche Intellekt sich selbst analysieren, gleichzeitig Werkzeug und Werkstück sein? Müßte er zu diesem Zweck nicht feiner, durchdringender, zeit- und raumbeherrschender werden, sich erst ent- und transsubstiieren? Vielleicht ist das, war wir Tod nennen, dieser Vorgang der Transsubstantiation, muß das Körperlich-sinnliche verschwinden, um dem Geist den Weg ins Übersinnliche, Absolute zu öffnen, womit dann freilich auch das uns liebgewordene Individuelle verloren ginge.« Dies letzte im Konjunktiv – von dem religiösen Konzept einer leiblichen Auferstehung, oder zumindest eines individuellen Weiterlebens nach dem Tode, hatte mein Vater sich offenbar noch nicht ganz getrennt.

Bald kehrte er, wieder einmal ohne gesicherte Zukunft, nach Wien zurück. Ob die weltanschaulichen Gespräche daheim fortgesetzt wurden, möchte ich bezweifeln. Vermutlich nicht. Im täglichen Umgang sind Eltern und Kinder scheuer als in Briefen. Auch war Schlicks Wirkung auf mich wenngleich der bedeutendste, so bei weitem nicht der einzige von den Einflüssen, denen ich nun ausgesetzt war. Die Frau Professor Charlotte Bühler hat in einer Disziplin, die sie Lebenspsychologie nannte, den Verlauf eines menschlichen Daseins graphisch dargestellt. Aus der geraden vertikalen Linie der Kindheit wachsen mit zunehmenden Alter Protuberanzen hinaus, Freunde, Beziehungen, Interessen darstellend, die sich immer mehr verzweigen und verdichten, bis in den reiferen Jahren wieder eine Verengung beginnt und zu Ende gleichsam ein fast entlaubter Baum dasteht. Ganz so verhält es sich, meiner jetzigen Erfahrung nach, freilich nicht. Doch die rasch zunehmende Verästelung habe ich von meinem neunzehnten Jahr an ebenso anregend wie manchmal überwältigend empfunden.

Die Frau Professor steht auf der Plattform und doziert. Charlotte Bühler – schmal und schwarz gekleidet, mit dunklem kurzgeschnittenem Haar – unterstreicht ihren Vortrag, der sehr norddeutsch klingt und etwas spitz, mit graziösen Bewegungen der Hände. Der Studentin in dem staubigen, seit 1884 nicht erneuerten Hörsaal fällt mit einem Mal auf, daß die langen weißen Finger der Professorin in blutrot lackierten Nägeln enden. Das ist einer der revolutionierendsten Eindrücke dieses ersten Semesters, ein so knappes und bildhaftes Signal der emanzipierten Frau, wie es uns die Fraudoktor mit ihrem Wunsch nach lieben, bescheidenen und hausfraulichen Schulmädchen nicht gegeben hat. Charlotte Bühler übt die Professur erst seit einem Jahr aus, doch sie ist selbstbewußt, als wäre ihr klar, daß sie die neue, die Nachkriegsfrau verkörpert. Den völkischen Kommilitoninnen, die in ihren Dirndlkleidern muffig herumsitzen, ist sie nicht geheuer. Bald wandern sie, in umgekehrter Richtung, zur Germanistik ab.

Im Kreis der Bühlers sich zu bewähren, ist leichter möglich als im Schlick-Seminar. Hier wird experimentelle Psychologie betrieben, es geht freundlich, sachlich und ein wenig simpel zu. Karl Bühler ist gewiß ein einfallsreicher und gescheiter, zudem liebenswürdig süddeutscher Mann, aus dem badischen Meckesheim. Und es ist unhübsch, was ein Studienfreund von einem Besuch bei Edmund Husserl berichtet: dieser habe Bühlers Werk *Die Krise der Psychologie* offen auf seinem Schreibtisch liegen gehabt und den breiten Rand der Blätter für Notizen benützt, die er dann abzureißen pflegte. Zu Recht hat Ernst Polak dem Phänomenologen mit Hilfe der Logik am Zeug geflickt. Bei Bühler zu studieren, ist ehrenvoll und bringt Gewinn. Karl Popper und Jean Améry sind, vor mir, seine wie die Hörer Schlicks gewesen.

Was Bühler, dem gütigen und vertrauensvollen Mann, verborgen bleibt, ist, daß nahezu alle seine Assistenten und Assistentinnen sich bei einem der großen Freud-Schüler wie Heinz Hartmann oder Siegfried Bernfeld in Analyse befinden. Zwar ist er bereit zur Diskussion, läßt etwa den Freudianer René Spitz in seinem Seminar sprechen, doch reichen nach seiner Meinung »die in der Funktionslust und Befriedigungslust enthaltenen Prinzipien von Freuds Grundannahmen« zum »Verständnis von fundamentalen Lebensprozessen nicht aus«. Er selbst, unterstützt von Charlotte, will das Leben »primär unter der Perspektive des Kreativitätsprinzips« verstehen. Doch er ist offen auch für Ideen, die aus dem Kreis der Individualpsychologie kommen, und fördert den Plan des jungen Paul Lazarsfeld – Sohn einer Freundin Alfred Adlers wie Victor Adlers –, ein Institut für Sozialpsychologie zu errichten. Mit Bühlers Hilfe und der einiger aufgeschlossener Industrieller wird dem Psychologischen Institut der Universität eine Forschungsstelle angegliedert, die nicht nur Probleme wie das der Arbeitslosigkeit untersucht, sondern auch, um sich selbst zu erhalten, Marktanalysen betreibt. Dort nehme ich im Verlauf meines Studiums einige Arbeit auf.

Lazarsfeld hat 1919, noch als Gymnasiast, mit seinem Freund Ludwig Wagner die »Vereinigung sozialistischer Mittelschüler« gegründet. Die »Wirtschaftspsychologische Forschungsstelle«, wie sie nun heißt, hat denn vorwiegend linksgerichtete Mitarbeiter. Hier lerne ich Marie Jahoda, Hans Zeisel, Gertrude Wagner kennen, hier komme ich in Berührung mit Jugendfunktionären wie mit dem Fußvolk der SDAP. Schon Jahre zuvor, am 30. Mai 1930, so lese ich staunend in meinem Vormerkkalender, bin ich abends um halb neun in einem sozialistischen Fackelzug auf der Ringstraße mitmarschiert.

Und aus Frankfurt schrieb mir mein Vater im November jenes Jahres: »Nicht sehr entzückt war ich primo loco davon, daß Du Mimi genötigt hast, die Sozi zu wählen. Ich weiß nicht, ob ichs nicht diesmal aus taktischen Gründen vielleicht sogar auch getan hätte, dazu kenn ich die Situation hier zu wenig, aber M. schrieb mir, daß Du Dich leidenschaftlich für die Roten eingesetzt hast, was mich auf die Befürchtung brachte, Du könntest Dich am Ende parteimäßig und agitatorisch weiter für sie einsetzen, was ich, angesichts der langen Aussprache, die wir szt. über diesen Punkt hatten und in der Du für meine Gegenargumente Verständnis zeigtest, sehr bedauern würde. Was Mimi betrifft, war es ein schwerer Stilfehler, ihr die Stimmenabgabe für die Soz. aufzuoktroyieren.«

Nein, in die Partei trat ich nicht ein, noch nicht. Aber ich war, wenngleich nicht »primo loco« ein politischer Mensch, doch bald schon ergriffen vom Geist der Zeit und von dem meiner Stadt, in der die Vorzüge der Schulreformen Otto Glöckels, der Fürsorgeeinrichtungen Julius Tandlers, der eine Fülle wohnbaulicher und kunstfördernder Aktivitäten ermöglichenden Finanzstrategie Hugo Breitners selbst für junge Menschen einsichtig waren. Dazu kam die Lektüre Dostojewskis und Tolstois, der unser Hang nicht nur zu Rußland selbst, sondern auch zu dessen vermeintlich geglückter Erlösung der Armen und Unterdrückten entsprang. Nichts begriffen wir von dem Mord an den Kulaken. Wir bewunderten den Volkskommissar für Kultur, Lunatscharsky, der zuweilen nach Wien kam, und vor allem Alexandra Kollontai, die Vordenkerin der russischen Frauenbewegung und Kämpferin gegen Sexualtabus, eine so rebellische wie mondäne Person, die wir für erfolgreich hielten, obwohl sie längst aus Stalins Gunst gefallen und auf verschiedene Botschafterposten abgeschoben worden war.

Emotionelle mehr als rationale Gründe haben uns nach links gerückt. Russische Lieder aus dem ersten Aufstand 1905: »Zar Nikolai erließ ein Manifest / Den Toten ihre Freiheit / Die Lebenden in Arrest.« Richard Dehmels »Arbeitsmann«, dem nur eines fehlt, »um so frei zu sein, wie die Vögel sind – nur Zeit«. Alfons Petzolds Gedicht vom toten Arbeiter, »Meine Not ist zu Ende und all meine Qual, köstliche Erde hüllt die ruhenden Hände, und mein Leib ist worden ein leuchtender Sonnenstrahl«, sehr bald auch die Songs von Bert Brecht, die wir in den *Versuche*-Heften lasen: »Da mußt du den ganzen Staat / Von unten bis oben umkehren / Bis du deine Suppe hast.« Wer dies nicht will in frühen Jahren, dem braucht man im Alter nicht zu trauen. Kommunisten wurden wir dennoch nicht. Auch der junge Maler Alescha, der meine Mutter porträtierte, danach oft zum Tee kam und auf der Gitarre Volkslieder aus allen Ländern, vor allem aber die der Slawen sang, fühlte sich bei aller Liebe zur russischen Seele den Sozialisten zugehörig. Und selbst »der Mann«, der sich als Bewunderer der Bolschewiken ausgab, hütete sich vor der kommunistischen Partei.

Dieser liebe, gütige und selbstlose Mensch sollte gemeinsam mit seiner Schwester, einer ebenso hageren und knochigen, zudem säuerlichen Figur, in späterer Zeit den Nazis in die Schlinge geraten. Ich habe es erfahren, als ich nach Kriegsende zum ersten Mal wieder nach Österreich kam. Ein anderer Freund meiner Jugend nahm den gleichen Weg. In meinem letzten Schuljahr hatte ich einen Briefwechsel mit dem deutschen Studenten Lutz Hannemann begonnen. Der tauchte dann eines Tages leibhaftig auf, sehr berlinisch, einigermaßen zackig, gleichwohl erklärter Sozialist, der anders als meine übrige Umgebung die Treue meines Vaters zu seiner »Couleur« durchaus lächerlich fand und mich in meinen linken Neigungen bestärkte. Was mir an diesem Lutz gefiel, was mich während seines Wiener Semesters dazu bewog, an ihn geklammert auf dem Rücksitz seines Motorrades durch die Landschaft zu rattern und dann in irgendeinem Gasthaus weltanschauliche Gespräche mit ihm zu führen? Ich weiß es nicht. Und mehr ging auch nicht vor. Das ganze mag, neben seinen ständigen, so karg formulierten wie heftig vorgebrachten Beteuerungen seiner Gefühle für mich, dem Reiz norddeutscher Vitalität und gestochener Prägnanz, norddeutschen Witzes und, ja, Charmes zuzuschreiben gewesen sein. Eine Vorahnung – freilich als Travestie – meines ersten Mannes, Peter. Hunderte von Briefen wurden nach seiner Abreise gewechselt. Die seinen habe ich vernichtet. Maria hatte den Lutz, bald nach 1933, in Berlin in SA-Uniform erblickt.

Ein anderer Sendbote Berlins war um 1930 bei meinen Eltern erschienen. Otto Schneider, ein Intellektueller der Weimarer Zeit kat'exochen, daher aus Wien gebürtig, einst Chefredakteur der *Musikblätter des Anbruch*, jetzt vom Geist des Hauses Ullstein, in dem er ein Magazin redigierte, und des Romanischen Cafés umweht, mit bleicher, intensiver Miene und messerscharfem Profil. Er hätte einer Zeichnung im *Querschnitt* entsprungen sein können, den ich damals manchmal zu Gesicht bekam. Ich beendete eben die Schule, er riet zu baldigem Ortswechsel in seine aufregende, zukunftsreiche Stadt, er blickte mich durchdringend an, er lockte mich, Möglichkeiten in mir witternd, mit Versprechungen aller Art, und um ein Haar wäre auch ich, wie die Wienerinnen Vicki Baum und Joe Lederer, wie angehende Literaten aus halb Europa, dem Ruf dieser magnetischen Metropole gefolgt – nur um die Jahre ihrer Agonie mitzuerleben. Irgend etwas bewahrte mich davor. Ich blieb, wie Peter es später nannte, »hinter meinem Kachelofen« und, sommers, auf meinem kleinen Balkon.

Der Balkon liegt fünf Stock hoch, er überragt die ohnedies entfernten Häuser gegenüber, dazwischen liegen Bäume, Gärten auch hier, obschon nicht mehr mein Revier. So steil die Flucht nach unten, so vorgeschoben in Nichts dieser Aufenthalt, daß der Sog, der pubertäre Todeswunsch, sich da hinunterzustürzen, mich immer wieder überfällt. Er erweist sich als widerstehbar. Der Ausblick lenkt ab. Einige hundert Meter zur rechten liegt ein großer Außenhof der Möbelfirma Portois & Fix, auf dem zuweilen exerziert – die Heimwehr, der Schutzbund? jedenfalls nicht das Heer – und abends die alte österreichische Retraite geblasen wird. In der Weite die gesamte Hügellinie des nordwestlichen Wienerwaldes, das kann sich sehen lassen, wiegt den Verlust der Heiligenstädter Idylle ein wenig auf. Der kleine Balkon, auf den die Sonne niederbrennt, so daß der Hund Diemo ihn lieber meidet, trägt nicht viel mehr als zwei, drei Stühle und ein Tischchen mit meiner Schreibmaschine. Hier wird viel getippt, seit meinem fünfzehnten Jahr. Hier wird viel gelesen, sitzend oder hingestreckt. Butterbrote mit Senf werden gegessen, mit zunehmendem Alter weniger derbe Kost. Und wenn es dunkel wird, lassen sich mit jenem Scherenfernrohr aus der »Sachdemobilisierung« Gestalten und Vorgänge in den erleuchteten Fenster vis-à-vis erspähen, nicht nach Art von Doderers Amtsrat Zihal, aber doch intimer Natur: Mädchen beim Ausziehen ihrer Blusen, Ehepaare beim Streit, bürgerliche Tragödien, die sich weiter im Zimmer schattenhaft abzeichnen. Neugierde, wie das Leben anderer Menschen verläuft.

Musik wird im Herrenzimmer gemacht, später dann, nachdem »der Mann« mir das kleine graue, mit einer Kurbel betriebene Grammophon geschenkt hat, auch in dem meinen. Das Klavier mußte eines Tages weichen und wurde durch Radioapparate ersetzt. Mein Vater hört vor allem Übertragungen klassischer Musik; mir, die ich im frühesten Alter in die Konzerte des Pianisten Alfred Grünfeld und des Geigers Bronislaw Hubermann gezerrt worden bin, liegt sie zu jener Zeit weniger am Herzen. Ich spiele mir, inmitten meiner weißen Kindermöbel, die rauhen und die weichen Seelenverführerinnen der zwanziger Jahre vor: Sophie Tucker und Lucienne Boyer – *The man I love* und *Parlez moi d'amour* –, aber auch, was wir für die wildesten Klänge der Gegenwart halten, *Forty Second Street*, *Big City Blues* und *Puttin' on the Ritz*. Mein Vater tritt ein und hört sich das mild lächelnd an. Er hat schon um die Mitte des Jahrzehnts den echten Dixieland Jazz kennengelernt und in einem, von der *Neuen Freien Presse* tatsächlich gedruckten Aufsatz den staunenden Wienern angepriesen.

Gelesen wird nachts – ach, was nicht alles! Als ich sie noch nicht entziffern konnte, hat mein Vater mich mit *Reineke Fuchs* und der *Versunkenen Glocke* vertraut gemacht. Das erste Buch, das er mir schenkte, war Faradays *Naturgeschichte einer Kerze*. In einem Band *Till Eulenspiegel*, den ich noch besitze, steht mit Kinderschrift »Hilde Spiel, 6 Jahre«, und, nach dem nochmals, aus einem Setzkasten gedruckten Namen, »No 15«; so viele Bücher hatte ich damals schon. Die erste Lektüre war eine Ollapotrida: *Lederstrumpf* und Nathalie von Eschstruth, Jules Verne und Karl May, der *Kampf um Rom* und Stuckens *Weiße Götter*, das *Deutsche Ferienbuch* und *Der gute Kamerad* mit ihren so fremdartig plattdeutschen oder wilhelminisch kolonial-patriotischen Erzählungen wie »Die Vollrads in Südwest« – die für kleine Mädchen gedachte Wochenschrift gleicher Herkunft, *Das Kränzchen*, verachtete ich. Bald auch schon Gustav Freytags *Soll und Haben*, dessen Gestalten ich zum Greifen vor mir sah, oder, mir rührend näher, Else Feldmanns Wiener Elendsroman *Löwenzahn*, ein geliebtes, verschollenes Buch.

All das neben den wahren, den großen Dichtern, von der Schule verordnet oder selbst entdeckt. Die heimische Bibliothek, von der schon die Rede war. Und dann geht es weiter, zu den Franzosen vorerst, die lange die jugendliche Gefühlswelt beherrschen. Balzac, Flaubert, Zola,

Anton Kuh

gewiß. Aber doch noch mehr die neuen, Gionos *Jean le Bleu*, die Bibel, so habe ich ihn genannt, meiner Empfindsamkeit. Gide. Cocteau. Carco. Radiguet. Charles-Louis Philippe. Eugène Dabit. Sie stehen heute noch auf meinen Regalen. Die Engländer kommen viel später. Davor noch, vom Café Herrenhof angeregt, Kafka und Herzmanovsky-Orlando, damals unser gemeinsamer Besitz.

Bei Karl Kraus scheiden sich die Geister. Die beiden Wasserballer vergöttern ihn, und alles, was er gutheißt. Den »Tibetteppich« der Else Lasker-Schüler sprechen sie wie ein Gebet. f.th. schenkt mir das Inselbüchlein von Albert Ehrensteins *Tubutsch*, illustriert von Kokoschka. Mit ihm besuche ich Kraus-Lesungen, so wie ich mit dem jungen Békessy zu Kuhs Rede gegen den »Affen Zara-

Karl Kraus

thustras« gegangen bin. Eine zwiespältige Haltung ist da
kaum zu vermeiden: Bewunderung mischt sich mit Skepsis, auch Spott. Wer könnte sich, als junge Zeitgenossin,
dem strengen sprachlichen Diktat von Karl Kraus entziehen – daß er mir heute noch über die Schulter schaut,
wenn ich etwas zu Papier bringe, habe ich längst bekannt –, wer den grandiosen Tücken seiner Polemiken,
der genialen Mimikry der *Letzten Tage*, dem Pathos der
Letzten Nacht? Aber Heine und Hofmannsthal, Bernard
Shaw und jede Zeile von Stefan Zweig oder Werfel abzu-
lehnen, nur weil Kraus sie verachtet, fällt mir nicht ein.
Die krächzend gesungenen Arien der *Großherzogin von
Gerolstein*, die er mit Vorliebe darbringt, anders als peinlich zu empfinden, gelingt mir nicht.

Aber was wird geschrieben? Gedichte – eins davon,

Robert Neumann

meine erste Veröffentlichung, im *Tag der Jugend* gedruckt. Die Erzählung »Der kleine Bub Desider«, ein
wenig im Altenberg-Ton: in der Jugendbeilage der *Neu-
en Freien Presse* erscheint sie in drei Fortsetzungen im
Oktober 1929, obschon sie, »da die Autorin bereits 18-
jährig ist«, in dem Wettbewerb der Zeitung nicht preisge-
krönt werden kann. Danach viele kurze Geschichten,
zumeist im Abendblatt der *Presse*, auch häufig unter den

Pseudonymen Grace Hanshaw und Jean Lenoir, wenn ich sie allzu leichtgewichtig fand. Nahezu dreißig sind auf einer alten Liste verzeichnet, die meisten davon verschollen. Und eine ernsthaft bemühte, psychologisch verquälte Novelle »Begegnung im Trüben«, die Robert Neumann zu Gesicht bekam und interessant genug fand, um mich zu einem Roman zu ermuntern. Als der beendet war, unter Qualen, setzte Neumann sich bei dem Verleger Paul Zsolnay für ihn ein und bestand darauf, bevor er in Satz ging, ihn gründlich zu straffen. Ich weinte bitterlich. Solches werde mir noch oft im Leben zustoßen, sagte Neumann mitleidlos. Wie wahr.

Zudem aber mußte Geld verdient werden, denn bei uns war nach wie vor die Kasse knapp. Ich melde mich bei einer Frau Dr. Kernegg, die eine Frauenzeitschrift herausgibt, *Der neuzeitliche Haushalt*. Dort arbeite ich stundenweise, schreibe, redigiere, erlerne den Umbruch des kindlich schlichten Blatts. Inserate dafür zu werben, gebe ich nach einem demütigenden Vormittag sogleich wieder auf. Eines Tages erscheint, kometenhaft, ein abstruser Deutschamerikaner namens Herbert William Herzog in Wien, plant eine englische Tageszeitung, pompös betitelt *The Continental Times*, läßt mich, f.th. und andere fieberhaft eine Nullnummer vorbereiten, macht mir einen Heiratsantrag, der mich zum Lachen bringt, und verschwindet alsbald, unter Hinterlassung zahlloser Schulden – darunter unsere Gehälter – für immer aus der Stadt. Eine Episode, von der nur eine eindrucksvolle Visitenkarte übrig geblieben ist.

Zu Weihnachten 1929 hat mir f.th. einen kleinen Taschenkalender geschenkt und auf das Vorsatzblatt geschrieben: »Dieser Kalender ist so klein, damit er kein banales ›Sentenzentagebuch‹ werden kann und weil Du von den Ereignissen nur aufschreiben sollst, *daß* sie geschehen sind. Die *Stellungnahme* zu ihnen mußt Du immer, immer wieder ändern; Dein Leben lang.« Von da ab führte ich solche Kalender bis zum heutigen Tag. Viele Dutzende sind erhalten, darin keine einzige Sentenz. Aber viele Gefühle. Am 21. März 1933 freilich notierte ich nur lakonisch, ich sei vormittags im Verlag gewesen, habe das erste Exemplar des Buches bekommen und sei gekränkt, weil das Papier zu dünn und der Band zu schmal geraten sei. »Nachm. F. Stelle.« Das war jene Wirtschaftspsychologische Forschungsstelle, in der ich nun täglich saß und Statistiken entwarf. Einen Monat später, die ersten guten Kritiken waren schon erschienen, selbst Torberg hatte »Feines über Kati« gesagt, trug ich meine Überzeugung ein, das Buch sei »ehrlich ehrlich schlecht«. Kurz darauf schrieb ich ein »Selbstmördergedicht«, »Der Tote«, das ich schlichtweg schön fand. Die Schwankungen der Adoleszenz, ihre dauernden Höhenflüge und Tiefenstürze, ihre maßlosen Verzweiflungen und Beglückungen hielten noch lange an. Erwachsen bin ich erst in London geworden.

Wenn damals ein junges Mädchen von einundzwanzig Jahren – und das war ich in jenem Mai – allein auf Reisen ging, begab sich die gesamte Familie, Eltern, Großmama und Freund, zum Abschied an die Bahn. Ich hatte ein Buch veröffentlicht, ich wurde nach Zürich geschickt, um dort für die Forschungsstelle eine Untersuchung über Bally-Schuhe zu leiten, aber unbegleitet abfahren ließ man mich nicht. In der reinlichen, redlichen Schweiz kam mir sogleich, als ich ihn wenige Minuten im Waschraum liegen ließ, ein mir von Mimi geschenkter Saphirring abhanden – der einzige Edelstein, den ich je im Leben besaß. Ich verbrachte vier Wochen bei den Eidgenossen, führte die Arbeit mit einer dort ansässigen Altösterreicherin durch, Nellie Kreis, durch ihre Base Ninon mit Hermann Hesse verwandt, mit Thomas Mann gut bekannt, später in Genf, im Krieg, Robert Musils Freundin und liebevolle Betreuerin. Bei ihr traf ich eines Tages Else Lasker-Schüler, die mir, rabenhaft, windschief, zerzaust, seltsam gewandet und behängt, wie einem Gedicht von Ringelnatz entstiegen schien. Nellie lieh ihr meinen Roman. Er sei, verkündete die Lasker-Schüler mit großen steilen Lettern auf einer Postkarte, »mit dem Silberstift geschrieben«. Die Karte ist verloren. Wer glaubt es mir nun?

Von Zürich aus, das beruhigend auf mich wirkte wie ein wohlgeordneter Spielzeugkasten, mich aber nicht bewegte, fuhr ich über Pfingsten nach Paris. Eine »Gesellschaftsreise«, von Kuoni arrangiert – nie habe ich die Stadt gründlicher besichtigt als in jenen drei Tagen. Und nie vergesse ich den Rausch, den seligen Taumel, in dem ich mich befand. Nachts angekommen, in einem Hotel der Rue de Caumartin abgestiegen, wanderte ich zwischen halb zwei und halb drei Uhr früh, so mein Taschenkalender, durch die Straßen und Boulevards. Zur Oper und von ihr zurück zur Madeleine, zur Place de la Concorde, zum Louvre. Ich sah von den unzähligen brennenden Laternen der Concorde hinauf zu den Champs Elysées, ich beugte mich über das Brückengeländer zum Fluß hinunter, ich sang, ich tanzte, ich lachte und »weinte vor Glück«. Ich fühlte mich in die roten Plüschsalons der Belle Epoque versetzt, ich konversierte mit Frederic Moreau und Lucien de Rubempré. Am Tage wurden wir kreuz und quer vom Montmartre bis zum Montparnasse gebracht, wir tranken vormittags um elf ein Glas Champagner auf der sonnenhellen Terrasse des Trocadéro gegenüber dem Eiffelturm, wir standen unter den Fenstern der Sainte Chapelle – welches überirdische Leuchten – und vor den sprühenden Wasserspielen in Versailles, aßen Eis bei Fouquet und besuchten die Rue Mouffetard und die Bals nègres der Rue de Lappe. Pfingstmontag: »Abends Café de la Paix. Abschied. Die Welt stirbt.« Und so nach Zürich zurück.

Vier Wochen in der Schweiz, und alles, wovon ich träumte, war Paris. In Wien borgte ich mir sogleich den

Roman eines jungen Deutschen – seines Titels wegen, *Paris über mir*. Das Buch verzauberte mich. Dem Autor, Peter Mendelssohn, schrieb ich einen Brief nach Berlin und schickte ihm die *Kati*. Keine Antwort. In all den nächsten Monaten, in denen ich studierte, Marktanalysen trieb, Geschichten und an einem neuen Roman schrieb, den ich *Der Sonderzug* nennen wollte, dachte ich nur daran, wie ich wieder nach Frankreich gelangen könnte. Ich aquarellierte mit f.th im Freien, ich saß im »Heho«, wie wir das Herrenhof nannten, mit ihm und Torberg, wann immer dieser aus Prag zu Besuch erschien. Ich genoß ein wenig den Lokalruhm, den mein Buch mir eingetragen hatte, und fühlte mich auf der Schwelle einer wahren Literatenexistenz, als ich einmal mit Hermann Broch, Torberg und einem deutschen Dichter namens Stock von Robert Neumann zum Abendessen in die Hungerbergstraße eingeladen wurde. Steffi Neumann, immer noch jugendbewegt, saß trotzig in einer Strickjacke da, um dem Ereignis die Feierlichkeit zu nehmen. Aber Broch, magistral, stellte diese wieder her.

In einem neuen Zirkel von Freunden, in den ich geraten war, spielte ich in improvisierten Theateraufführungen mit, hörte bei kleinen Hauskonzerten den Komponisten Erich Zeisl ganze Symphonien von Bruckner und Mahler auf dem Klavier simulieren – man meinte die Hörner und Bläser zu hören – oder versuchte mich im Chor seiner eben entstehenden Messe; ich wurde von der Künstlerin Lisel Salzer gemalt und sah das nach dem Anschluß verschollene Bild im Hagenbund ausgestellt, ich besuchte eine Weile täglich unseren kranken Diemo im Tierspital, und lief ins Kino, um meine Dissertation vorzubereiten. Immer aber, immer spürte ich diese zehrende Sehnsucht nach Paris.

Im Café Schottentor, gegenüber der Universität, traf man in jenen Jahren Menschen, die aus irgendeinem

Erich Zeisl

Grund das Herrenhof mieden, darunter Elias Canetti, den Freud-Schüler Siegfried Bernfeld und Albert Fuchs, einen »Sohn aus gutem Haus«, wie er sich später in seiner Autobiographie nannte. Fuchs war bleich, kränklich und Kommunist. Mein Roman, vielleicht auch ich, gefiel

Mein Porträt von Lisel Salzer

Ausstellung im Hagenbund. Lisel Salzer und ich

ihm, er hörte von meinem Wunsch, zu Studien für das Manuskript des *Sonderzuges* neuerlich nach Paris zu reisen, wollte selbst für ein paar Wochen mit und half meinen beschränkten Mitteln auf, so daß ich Anfang September in seiner Gesellschaft wieder hinfahren konnte. Es war eine platonische Abmachung gewesen; sie führte dennoch bald zu Schwierigkeiten, weil Fuchs sie zwar respektierte, mir aber dennoch übelnahm. So hatte ich, in meiner Glückseligkeit – das erste Hotel hieß noch dazu »Paradis« –, immer den vorwurfsvollen Freund zur Seite. Nicht von ungefähr nannte ich die von ihm inspirierte Figur in meinem *Sonderzug* schlechthin »Kalk«.

Einen Monat lang laufe ich, häufig ohne Albert, in der Stadt umher, unverändert von ihr berückt. Bei den Bouquinistes kaufe ich mir leicht zerfledderte Exemplare von Cocteaus *Rappel à l'Ordre* und Bretons *Manifeste du Surréalisme*, dies vom Autor gewidmet einem Dr. Nussbaum mit »respectueuse hommage«, auch drei wunderschöne japanische Holzschnitte auf brüchigem Reispapier. Ich speise manchmal vornehm mit dem Schriftsteller André Chamson, einem schlanken, eleganten Beamten in Daladiers Außenministerium, an den Robert Neumann mich empfohlen hat, sonst eher frugal im »Dominique«, wo es Borschtsch gibt und »pain à discretion«, und treffe mich mit der schönen und elegischen Elisabeth Janstein, die von hier aus an die *Neue Freie Presse* berichtet. Sie nimmt mich zu einem Festbankett der Auslandskorrespondenten mit – Canneton à l'orange und Champagner werden serviert – und äußert ihren Unmut über den Einzug der »Chez nous«. Damit sind die Emigranten aus Deutschland gemeint, die seit Hitlers Machtübernahme Paris überschwemmen und, ungeübte Auswanderer noch, den Franzosen vorjammern, um wieviel besser alles »chez nous« gewesen wäre. Vom apokryphen Ausruf eines alten Berliners beim Défilé des 14. Juli wird berichtet: »Unsere SA ist doch strammer marschiert.«

Abends im Dôme, im Select, in der Rotonde oder Coupole an der Kreuzung des Montparnasse klagen die traurigen Gestalten um ihre Heimat. Und selbst Alberts Freund, der Biochemiker Erwin Chargaff, der Jahrzehnte später in seinem amerikanischen Laboratorium der Struktur unserer Gensubstanz, der Desoxyribonukleinsäure, auf die Spur kommen und um den Nobelpreis geprellt werden soll, weint dem Hygienischen Institut in Berlin nach, an dem sich um so viel effizienter hat arbeiten lassen als nun am Institut Pasteur.

Im Hotel Namur in der Rue Delambre, um die Ecke von dem damaligen Zentrum der Künstler wie der Exilanten, am Montparnasse, lernte ich Menschen kennen, die in veränderter Gestalt in den *Sonderzug* eingehen. Die Ereignisse jener Septemberwochen, der Stavisky-Skandal, ein Mädchenmord, alles wird zum Stoff. Ein ganzes Jahr werde ich nach der Rückkehr, die ich »versteinert« antrete, um den Abschied zu ertragen, an diesem Buch schreiben, mit ihm leben, meinen Trost und Halt in ihm sehen. Mehr als ein halbes Jahrhundert später scheint mir immer noch unfaßlich, daß es nie in Druck gelangt ist, ein – nicht mein einziges – ausgetragenes, aber totgeborenes Kind. Auf dem Heimweg sich in Zürich ein paar Tage aufzuhalten, lindert den Fall aus dem schäumenden Paris in das dumpf stagnierende Wien. Dort kann man immerhin Cocteau-Filme sehen, sich im Niederdorf an Erika Manns frischer und frecher »Pfeffermühle« erlaben – über dieses politische Kabarett schreibe ich die erste Theaterkritik meines Lebens, für die *Neue Freie Presse*, die sie im Oktober 1933 druckt. Daheim denn wieder die Runde dieser unbegreiflich ausgefüllten Tage, zwischen Universität, Forschungsstelle, Kaffeehäusern und zahllosen Freunden, deren man täglich mehrere sieht. Wann gearbeitet, geschrieben wird? Ich weiß es nicht. Dennoch kommen Gedichte zustande, Geschichten, wächst der geliebte, hoffnungslose Roman.

Im Dezember werde ich für den Literaturpreis der Stadt Wien vorgeschlagen und muß mich dazu dem Bruder von Julius Reich vorstellen, der den Preis gestiftet hat und nach dem er immer noch heißt. Nach dem Besuch bei Herrn Professor Emil Reich vermerke ich: »tückisches Männchen.« An die Begegnung erinnere ich mich nicht. Torberg hat den Preis vor mir für seinen *Schüler Gerber* bekommen. Es freut ihn nicht, daß eine zweite frühreife Pflanze des Herrenhof, noch dazu aus seiner engsten Umgebung, die gleiche Ehrung erhält. Aber all das sind Lappalien, Spiele am Abgrund, der immer sichtbarer klafft. Am Silvesterabend 1933 trage ich ein: »Ich habe solche furchtbare Angst vor dem neuen Jahr.« In der Tat blieben nur noch sechs Wochen bis zum Ende der Demokratie in Österreich, sechs Wochen bis zum Bürgerkrieg, dem Untergang der gesamten Linken im Land und der Gründung des christlichen Ständestaates, dessen kleriko-faschistische Struktur auch seine heutigen Apologeten nicht zu widerlegen imstande sind.

In diesem solipsistischen Bericht ist, es wäre denn im Zusammenhang mit den Pariser »Chez nous«, von dem Einzug des nationalsozialistischen Regimes in Deutschland nicht die Rede gewesen. Daß mein erster Roman am Tag des Reichstagsbrandes erschien, hat das historische Ereignis zunächst durch das private überblendet. Doch bald wurde mir bewußt, und noch mehr durch meine damalige Umgebung bewußt gemacht, was da angebrochen war und auch uns bedrohte. Seit eben jenem März 1933, der Hitler die uneingeschränkte Herrschaft ermöglichte, waren ja auch Österreich – auf weit weniger spektakuläre Weise – seine demokratischen Rechte verloren gegangen. Der kleine Kanzler Dollfuß hatte, unter Ausnützung eines parlamentarischen Formfehlers, den Nationalrat aufgelöst und regierte seither mit Hilfe eines kriegswirtschaftlichen Gesetzes aus der alten Monarchie, das abzuschaffen man vergessen hatte. Die Erste Republik war im Grunde schon vorbei, die Opposition gelähmt, wenn auch noch nicht geschlagen.

So begann auch für mich, neben all dem, was sonst geschah, für ein kurzes Jahr ein politisches Leben. Ich trat der Sozialdemokratischen Arbeiterpartei bei, ich besuchte Versammlungen, auf denen gegen die Machtübernahme im Nachbarland protestiert und den rechten Ballungen aller Art, Nazis, Sturmscharen, Heimwehren daheim der Kampf angesagt wurde. Wir riefen Parolen, wir sangen »Brüder zur Sonne zur Freiheit« und reckten die Fäuste hoch. Ich stand, das meine ich immer noch, auf der richtigen Seite. Und doch spürte ich, während ich die Wärme der gleichgesinnten Masse um mich als wohltuend und tröstlich empfand, zugleich einen leichten Schauder vor dem Verlust meiner Individualität. Nachdem die SDAP nach dem Februar 1934 vernichtet worden war, bin ich nie wieder einer Partei beigetreten.

Dazu kam eine, im März davor plötzlich aufgewallte, so heftige wie eigentlich unglückliche Liebe zu einem sozialistischen Redakteur. Er leitete eine Beilage der *Arbeiterzeitung*, er schrieb selbst Kommentare unter dem Signum »Hafis«, er war ganz und gar ein *zoon politicon*, ein Mann, der gänzlich im Zeit- und Tagesgeschehen aufging und sich private, schon gar emotionelle Beziehungen nicht gönnte. Nachdem er mein Buch gelesen hatte, in dem weiß Gott nicht geschwiegen wurde über soziale Probleme und revolutionäre Ideen, fragte er lächelnd, aber bestimmt: »Was wollen Sie damit beweisen?« So weit er es vermochte, und das war wenig genug, erwiderte er mein Gefühl, aber man sah sich selten, telefonierte meist, nur um festzustellen, daß Redaktionskonferenzen, Parteiveranstaltungen, Besprechungen, Verhandlungen es unmöglich machten, sich zu treffen. Das lief ein ganzes Jahr, im geheimen und außerhalb meiner Arbeit, meiner Zirkel, dahin und steigerte sich auf unerklärliche Weise, je höher die politische Spannung stieg.

Wie oft habe ich, nachdem ich mich von meinen Freunden verabschiedet hatte, von einem Automaten aus nachts im Gebäude der »Vorwärts-Druckerei« angerufen, die Nummer B 23 0 87, ich werde sie nie vergessen, in den Fünfzigerjahren habe ich sie in einem Roman genannt. Er war nicht zu erreichen, war in der Setzerei, in einer Konferenz, oder er kam an den Apparat und sagte, sehr zärtlich, er könne mich nicht sehen, oder er bestellte mich in irgendein entlegenes Kaffeehaus, in dem wir unbekannt waren, und kam nicht, bis es schloß und ich heimgehen mußte, oder er schlug mir vor, mich nach Mitternacht im Café de l'Europe am Stephansplatz, das rund um die Uhr geöffnet war, einzufinden, wo er mit einer Gruppe von Genossen die Lage und ihr zukünftiges Vorgehen besprach. Ich durfte mit am Tisch sitzen, unbeachtet, aber geduldet, bis drei oder vier Uhr früh, er begleitete mich heim, denn er war aus einer guten bürgerlichen Kinderstube und mochte mich auf seine Weise sicher sehr, wir umarmten und küßten einander im Haustor, dann ging er davon, den weiten Weg in seine eigene Wohnung, todmüde und erschöpft, um sich am nächsten Morgen wieder in die Politik und den Journalismus zu stürzen. Ein schöner Mensch, immer abwesend, unerreichbar selbst, wenn man in stummer Umarmung mit ihm auf der Türschwelle stand.

Meine Angst, als am 8. Februar 1934 zeitweilig der *Vorwärts* besetzt wurde, galt vor allem ihm, und noch mehr meine Verzweiflung, als vier Tage darauf, zwischen elf und zwölf Uhr vormittags, die Uhren auf den öffentlichen Plätzen stehen blieben, jedes Licht in düsteren Zimmern und dunklen Korridoren erlosch, und die Elektrischen auf der Ringstraße festgefroren waren. »Wir haben Bürgerkrieg«, schrieb ich abends in meinen Kalender. »Jetzt werde ich ihn nicht wiedersehen.« So war es. Während in den nächsten zwei Tagen Schüsse aus Kanonen und Feldhaubitzen die Stadt erschütterten, während

Karl Marx-Hof unter Beschuß 1934

die Gemeindebauten in Trümmer gelegt wurden und blutige Kämpfe um Wiens Bahnhöfe, Arbeiterheime, Schwimmbäder und Schulen tobten, während allenthalben Tanks und Lastwagen mit schußbereitem Militär durch die Straßen ratterten und der Generalstreik unaufhaltsam zusammenbrach, lief ich umher, um zu erfahren, wo er sich aufhielt. Er war untergetaucht, war vielleicht Mitglied des am 15. gegründeten sozialistischen »Schattenkomitees« unter Führung des Chefredakteurs der *Arbeiterzeitung*. Dann erfuhr ich, Hafis sei nach Prag gelangt und in Sicherheit. Schon am 16. hatte eine Hausdurchsuchung in der Forschungsstelle stattgefunden. Ich saß im Vorderzimmer, als der kleine Heimwehrtrupp eindrang, geführt von dem Ingenieur Messinger, einem Couleurbruder meines Vaters. Er blickte mich wortlos an und ging mit seinen Leuten in die nächsten Räume. Obwohl im letzten, Lazarsfelds Büro, die Werke von Marx, Engels, Kautsky und anderen auf Regalen standen, nahm Messinger keine Verhaftungen vor und stürmte hinaus. Ein paar Tage darauf, als ich durch Zufall nicht dort war, erschien ein anderer Trupp im Institut und schleppte sämtliche Mitarbeiter ab ins Gefängnis, auf die Elisabethpromenade.

Am 20. Februar – alles war vorüber, viele hunderte Arbeiter und Sozialisten waren gefallen, tausende verwundet und noch mehr festgenommen, ihre Anführer vors Standgericht gestellt, sofern sie nicht geflohen waren, und neun von ihnen alsbald unter dem Justizminister Kurt Schuschnigg gehenkt – hörten wir im Radio Verdis *Requiem*. Wir empfanden es als Totenklage für unsere Gefährten und die Ereignisse der vergangenen Woche als Ende unserer Welt. Niemand will jenen glauben, für die der Februar 1934 einen härteren Einschnitt bedeutet hat als der Anschluß. Als nach jahrelangen Gefechten in Spanien Madrid an Franco fiel, wurde in einer Gruppe von Londoner Exilanten einer Frau der Vorwurf gemacht, daß sie keine Tränen fände. Sie sagte: »Ich habe schon bei Barcelona geweint.« Wir weinten in jenem Februar. Was vier Jahre später geschah, war entsetzlich, aber vorhersehbar gewesen für alle, die ihre Augen nicht davor verschließen wollten. Vorhersehbar unter anderen für mich. Darum wollte ich, wie manche andere Freunde, wie damals auch schon Robert Neumann und Stefan Zweig, nach dem österreichischen Bürgerkrieg das Land verlassen. Doch zuvor wollte ich mein Studium abschließen. Mein Leben bis dahin war ein Provisorium.

V.

Zeit der Widersprüche

Schlimmer als dies – eine verschwommene, verschmierte Zeit habe ich einmal die letzten Jahre vor dem Anschluß genannt. Deutsche Emigranten und gebürtige Österreicher kommen nach Wien, um Hitler zu entrinnen, Wiener gehen aus Abscheu vor dem heimischen Regime nach London oder Paris. Im Salon Alma Mahler-Werfels scheuen sich Ödön von Horváth, Franz Theodor Csokor und Carl Zuckmayer nicht, mit den Regierungsmitgliedern des Ständestaates und den fragwürdigen Kulturpolitikern der »Vaterländischen Front« zusammenzutreffen. Aber Csokor muß erfahren, daß bei der Uraufführung seines Stückes *3. November 1918* der rührende Auftritt des Regimentsarztes Grün gestrichen wird. In manchen Dingen ist man bemüht, die Grundsätze der benachbarten Diktaturen einzuholen, wenn nicht zu überholen. Bis 1936 ständiges Brodeln im Untergrund, kleine Terrorakte der noch verbotenen Nazis, Verprügelungen jüdischer Studenten an der Universität. Nach dem Pakt Schuschniggs mit Hitler im Juli 1936 das verlangte Bekenntnis der herrschenden Partei zum »Deutschtum«, Einsickern der »Illegalen« in alle Bereiche der Politik und Kunst.

Nur die erste Hälfte des traurigen Lustrums habe ich miterlebt, doch von seinen Schiefheiten, Halbheiten und Verirrungen wurde auch ich ergriffen. Zunächst merkte ich, daß man nicht vierundzwanzig Stunden am Tag auf der »heroischen« oder »tragischen« Ebene, wie Arthur Koestler sie nennen wird, verbringen kann. An jenem

16. Februar meiner knapp versäumten Verhaftung war Torberg aus Prag nach Wien gekommen, und am nächsten Abend, so habe ich mir notiert, ging ich mit ihm ins Kino, um Greta Garbo in *Menschen im Hotel* im englischen Originaltext zu sehen. Bertolt Brecht nennt derlei in seiner *Mutter Courage* die »friedlichen Stelln im Kriege«. Freilich fragte ich mich in meinem Kalender, wie es möglich sei, »daß man nachgiebig ist wie aus elastischen Federn«. Auch darüber, »daß alles immer noch weiter geht«, und ich meinte, »nie wieder froh« sein zu können. Aber noch gab es, nun freilich im Untergrund, die Kameradschaft mit den Freunden, den engen Zusammenhalt. Was das Trüppchen, das sich in der Forschungsstelle gebildet hatte, an Hilfe leisten konnte, sollte nun geschehen und ging uns alle an.

Albert Fuchs, der monatelang in Paris geblieben war, hatte nach dem Ausbruch des Bürgerkriegs die Rückkehr angetreten, um im Verborgenen aktiv zu werden. Schon Anfang April nahm er mich zu einer Freundin mit, bei der auch andere Gleichgesinnte sich versammelt hatten. Einen Abend lang sangen wir in Litzys Wohnung in der Latschkagasse die verbotenen Kampflieder von Brecht und Eisler. Irgendeinmal kam aus einem Zimmer ein schlanker junger Engländer hervor, der uns als ihr Untermieter vorgestellt wurde. Er hieß Kim Philby. Bald darauf heiratete er Litzy und fuhr mit ihr nach London. Dort sah ich beide später wieder. Längst vor dieser geheimen Zusammenkunft, die nicht mehr bewirkte, als uns zeitweilig über unsere Ohnmacht hinwegzutäuschen, hatten wir uns bereits mit einigen anderen Engländern zusammengetan. Seit einem halben Jahr lebte Hugh Gaitskell, ein Dozent der Volkswirtschaft, in der Stadt, um an dem privaten Seminar des großen Nationalökonomen Ludwig von Mises teilzunehmen, dessen Wohnung in der Wollzeile unter der meiner Großmutter lag. Nebenbei fand er den Aufenthalt vergnüglich. »Es gibt wahrscheinlich keinen Ort in

Europa«, schrieb er einem Freund, »wo die Frauen so gut aussehen und ihre Moral so locker ist.« Aber zu Weihnachten kam seine Freundin Dora nach Wien – und jedenfalls hätte Gaitskell, wie ich ihn damals kannte, die losen Sitten der Wiener Mädchen nicht über Gebühr ausgenützt.

Der 12. Februar traf ihn ins Herz. Ein »Sohn aus gutem Haus« wie Albert Fuchs – ja wohl aus noch besserem, denn sein Vater war ein hoher Kolonialbeamter in Burma gewesen und bewohnte mit seiner großen Familie und zwölf Bediensteten einen kleinen Palast in Rangoon –, hatte auch er sich den Benachteiligten und Unterdrückten zugewandt. Der beste Erziehungsgang, der in England möglich war und noch ist, Winchester und das New College in Oxford, hatte Gaitskell erst zu einer humanen, dann zu einer liberalen, schließlich zu einer sozialistischen Überzeugung hingeführt. Schon im Generalstreik von 1926 befand der Einundzwanzigjährige sich auf der Arbeiterseite. Jetzt stellte er sich vom ersten Tag des Bürgerkriegs in den Dienst der verlorenen Sache. Er bewirkte, daß die Labour Party sogleich einige Beobachter nach Wien entsandte: den jungen Juristen Elwyn Jones, damit er die Vorgänge bei Gericht und in den Gefängnissen überwache, den Gewerkschafter Walter Citrine, auf daß er Kontakt mit den untergetauchten Parteileuten aufnehme, und die schottische Schriftstellerin Naomi Mitchison, die sich um die Familien der Gefallenen oder Verhafteten kümmern sollte.

Alle führten sie Geldmittel zur Linderung der ärgsten Not mit sich, die zum Teil von der britischen Arbeiterpartei, zum Teil von jenen Quäkern stammten, denen Gaitskell wie Jones ebenfalls verbunden waren. Was gebraucht wurde, waren Listen der Bedürftigen, die man freilich nur im Verborgenen sammeln und weiterleiten durfte, denn sie gaben die Namen derer preis, die sich nach wie vor zur sozialistischen Bewegung zählten und Hilfe von ihr erhofften. Unsere Marie, Marie Weihs, Hausangestellte mei-

Marie Weihs

ner Eltern und meine Vertraute, ja Verbündete seit früher Zeit, war langjähriges Mitglied der SDAP gewesen und kannte die meisten Angehörigen dieser Partei und des Schutzbundes in unserem Bezirk. Mit ihr organisierte ich, hinter dem Rücken der »Herrschaft«, ständige Verbindungen der Bedürftigen zu ihren Rettern. Wieder entging ich knapp einer Verhaftung, als ich mit einer Tasche voll Namenslisten auf dem Weg zur Universität war und eine Frau dicht vor mir perlustriert wurde, bei der man nicht das geringste fand. Viele Freunde und Mitarbeiter der Forschungsstelle saßen noch Wochen oder Monate im Gefängnis, am längsten Ludwig Wagner, dem ich einige meiner liebsten Bücher, darunter Dostojewskis *Erniedrigte und Beleidigte*, auf die Elisabethpromenade brachte und so für immer verlor.

Seine Frau Gerti Wagner, nach Marie Jahoda – die zur Zeit gleichfalls in Haft war – Lazarsfelds engste Mitarbeiterin, hatte mich mit Hugh Gaitskell, Dora Frost, Elwyn Jones und Naomi Mitchison zusammengebracht. Diese rebellische Nichte Lord Haldanes blieb nur kurz in Wien, leistete segensreiche Arbeit in allen Gemeindehäusern, fuhr wieder heim und veröffentlichte noch im selben Jahr im Verlag Gollancz ein *Vienna Diary*, das in einem deutschen Vorspruch »den unbesiegten Genossen in solidarischer Liebe« gewidmet war. Mit den anderen Briten trafen wir, das kleine Trüppchen, noch monatelang zusammen, saßen mit ihnen im abendlichen Leiblokal der damaligen Bohème, der »Opiumhöhle«, und nahmen sie sonntags nach Greifenstein mit, um mit ihnen am linken Donauufer in der Sonne zu baden und im Strom zu schwimmen. Gaitskell, den wir alle »Sam« nannten, konnte sich von den Gedanken an die vielen, oft gefährlichen Aufgaben, die er in dieser Zeit auf sich nahm – Kurierdienste zur Exilleitung der SDAP in Brünn, Einsatz für versteckte und verfolgte Schutzbündler, die er aus dem Land schmuggeln sollte –, nie ganz befreien und wirkte immer ein wenig ernst, schüchtern und gehemmt oder auch nur reserviert auf eine unverlierbar großbürgerlich-englische Art, die ich damals noch nicht kannte. Dora munterte ihn auf. Und Elwyn Jones war imstande, an solchen Abenden oder Sonntagen alle Sorgen und Nöte der Zeit zu vergessen.

Dieser Sohn eines Stahlarbeiters aus dem walisischen Dorf Llanelli hatte es durch Talent, Fleiß und Stipendien zum Jusstudium in Cambridge gebracht. Sein Name, so erklärte er uns, sei so häufig, daß im »Quad«, dem begrünten Hof seines Colleges, alle Fenster aufgerissen wurden, wenn einer unten stand und nach seinem Freund »Jones« rief. Elwyn war heiter, rosig und zu Tändeleien aufgelegt, die das Ausmaß seiner Emotionen nie verrieten. Immerhin nahmen wir, nachdem er am 25. Juni eine Sherry-Party für alle Freunde, Helfer und Sympathisanten gegeben hatte –

auch der Amerikaner John Gunther war dabei, der Jahrzehnte später seinen Roman *The Lost City* über das Wien des Bürgerkrieges schrieb –, wehmütigen Abschied. Hafis war mir verloren, die Beziehung zu f.th. durch ihn getrübt. Elwyn gefiel mir. Es wäre möglich gewesen, damals, daß sich das Tändeln in Ernst verwandelt hätte. Aber auch der walisische Arbeitersohn war letztes Endes gehemmt.

Danach wechselten wir ein paar Briefe. Die seinen sind nicht erhalten, nur der Entwurf eines der meinen, von dem ich nicht einmal weiß, ob er abgeschickt worden ist. Das Englisch ist exekrabel. »Do you know«, schrieb ich, »that I really hated you and began to forget purposely your nice crabb-red face and your charming ›what?‹ in moments of astonishment? …Dear Elwyn, don't excuse about not having read my book. I'm not a bit interested in it any more, since I'm writing the new one. It's always the same: you worry about it for more than a year, and it gets you down more then a hundred times, and if its finished and driven out to publicity, its no more your own and you can read it half a year later like any other one. I'm sorry about Naomi Mitchison, you know, that I liked the Diary in the most important parts. Isn't my Englisch very bad? If you'll happen to write me once more, try to write a little bit more distinctly, if you please, otherwise it's like walking through thorns!« Drei Jahre später sah ich Elwyn in London wieder, in Gray's Inn, auf einer Party des einflußreichen Linkssozialisten D. N. Pritt, seines juridischen Mentors. An seiner Seite war Pearl Binder, die er bald darauf geheiratet hat.

Die Forschungsstelle ist geschlossen, die Arbeit im Untergrund hört allmählich auf, ich studiere wieder eifriger, schreibe an dem Roman, an Geschichten, an Notizen für die Dissertation. Eines Morgens schiffe ich mich an der Donau ein und fahre einen Tag lang nach Budapest. Dort leben die geliebten Vettern und Basen meiner

Mutter, die Familien Erdélyi und Udvaros. Es sind reizende, gastfreundliche Menschen, sie nehmen mich eine Woche bei sich auf und zeigen mir ihre Stadt. Nachts ist sie, zu beiden Seiten des Flusses, beinahe so schön wie Paris. Bei Tag entdecke ich an vielen Häusern, so ähnlich denen der Wiener Gründerzeit, archaische, ja barbarische Formen und Ornamente, Relikte tief eingewurzelten türkischen Geschmacks. Aber Tante Stella, eine Klimtfigur, liebt die deutsche Klassik und lebt in ihrem Geiste. Ihr Sohn Hans, mein junger Vetter zweiten Grades, übersetzt mir begeistert Gedichte von Petöfi und Endre Ady, die er auswendig kennt. Im Café New York sitzen, auf der Fischerbastei wandeln alte Herren mit humorvoll vergeistigten Gesichtern – Charakterköpfe allesamt. Viele Jahrzehnte später werde ich letzte Erscheinungen dieser Art in Julius Hay und Tibor Déry, ja selbst in dem wendigen Literaten Ivan Boldiszar wiederfinden. Die feiste Lebemannsvisage Imre Békessys, den ich nicht aufzusuchen gedenke, gleicht ihnen gewißlich nicht.

Nach Wien zurückgekehrt, begegne ich Hans Habe durch Zufall auf der Straße; er blickt verlegen weg. Im Vorjahr ist er noch »Europas jüngster Chefredakteur« gewesen und hat in seinem Sonntagsblatt einen blumigen Bericht über meinen Roman veröffentlich. Jetzt ist er in eine Heimwehruniform gekleidet und trägt den Hahnenschwanz am Hut. Ich höre, alte Verbindungen seines Vaters zu christlich-sozialen Politikern hätten ihm seine Stelle im Bundespressedienst verschafft. Es wird heiß. In den öffentlichen Schwimmbädern von Döbling und Hietzing vergißt man, stundenlang reglos in der Sonne liegend, Liebeskummer, Qualen der Schriftstellerei, trostlose Politik. Im Hietzinger Bad gewinne ich den zweiten Preis in einer Bräunungskonkurrenz: eine afrikanische Halskette aus geschnitztem Horn. Ein reicher Ägypter läßt mir bestellen, er würde sich's was kosten lassen, ein Wochenende mit mir auf dem Semmering zu verbringen – auch er offenbar geblendet von der »lockeren Moral« der Mädchen von Wien. Manchmal kann man wieder herzlich lachen. Nur indem man zeitweilig ganz auf der »trivialen Ebene« lebt, vermag man die bedrohliche Wirklichkeit zu übersehen: die Böller, die illegale Nazis dauernd rings um die Universität, im Votivpark oder auf der Terrasse des Cafés Schottentor platzen lassen; ihre Wühlarbeit, gelenkt aus München von Hitlers Kommissar für österreichische Angelegenheiten Theo Habicht; die Machenschaften des Ministers Emil Fey.

So kommt es, daß uns das Ereignis des 25. Juli 1934 gänzlich unerwartet trifft. »Mittags«, so steht in meinem Kalender, »die ersten Nachrichten vom Naziputsch.« Und dann: »Dollfuß †.« Ich hatte wenig Grund, seinen Tod zu beklagen, und nicht viel Zeit, über die Folgen dieses ersten Versuchs einer Machtübernahme in Österreich nachzudenken, denn sogleich griff wieder die eigene in die öffentliche Geschichte ein. Am Tag nach dem Dollfußmord treffe ich Peter de Mendelssohn im »Schottentor« – oder war es das Café Landtmann? Er ist aus Paris bei seinem Bruder Thomas zu Gast, der mir aus dem Schlick-Seminar und dem Herrenhof bekannt ist. Peters Frau Tschu von Tschirschnitz, der Entbehrungen des Exils überdrüssig, hat ihn verlassen und ist auf das väterliche Gut »im Hannöverschen« zurückgekehrt. Auf der Gare de l'Est hat er, wie ich eines Tages von ihm hören werde, Claire und Yvan Goll getroffen, die den Grund seiner Reise nach Wien wissen wollten. »Ich fahre hin, um ein Mädchen namens Hilde Spiel zu heiraten«, habe er gesagt. Damals kannte er nur mein Buch, dessen Empfang er mir nie bestätigt hatte. Und obwohl ich schon zu Anfang dieses Monats August meinem Kalender mitteilte, daß Peter »ganz gewiß der Mensch für mich sei«, mit dem ich mich verbinden möchte, wird es mehr als zwei Jahre bis dahin dauern und noch viel, sehr viel geschehen.

Peter de Mendelssohn

Kurz nach dieser Eintragung, zermürbt von den Kon-
flikten, die sich aus Peters Auftauchen vor allem mit f.th.
ergeben haben, fliehe ich aus der Stadt nach Sankt Wolfgang, wo der Musiker Erich, die Juristin Susi und die
Malerin Lisel sich in verschiedenen Pensionen eingemie-

tet haben. Das ist beruhigende Gesellschaft. Tagsüber schwimmt, rudert und aquarelliert man am See, abends beschwört Erich Zeisl auf dem verstimmten Klavier seiner Gastwirtschaft das ganze Instrumentarium der *Pastorale* herauf, während es draußen zur Begleitmusik donnert. Am 16. August – ich finde es hübsch, mir durch diese genauen Daten die Wirklichkeit des Geschehenen bestätigen zu lassen – lernen Lisel und ich zwei Belgier kennen, den Wallonen Paul Delpire und den Flamen Richard de Kriek. Sie kreuzen in einem kleinen Ford, von der Jugend damals so chic und lustig gefunden wie dreißig Jahre später der »Mini«, in Begleitung des viel älteren Monsieur Byloës in Europa umher und durch Zufall unsere Wege. Es entwickelt sich in wenigen Tagen ein merkwürdiges Wechselspiel der Gefühle, ein stetes »Changez les dames« oder auch »les messieurs«, das mit ebensoviel Leichtigkeit vor sich geht wie ein Ballett, wenn auch in gewissen Augenblicken nicht ganz ohne Wehmut. Die Belgier fahren nach Wien, kommen zurück, wir verbringen einen Abend in Salzburg, dann sind sie fort, wie wir meinen, für immer. Für mich traf das nicht zu.

In Wien sind die Verwicklungen ernsthafter. »Beide Männer weinten«, steht auf einem Kalenderblatt. Wie waren wir doch alle gemütsbewegt in jenen Jahren! Zwischendurch erscheint, fast wie ein *diabolus ex machina*, immer wieder der Freundfeind. »Torberg drückte mich auf seine Art fürchterlich.« Ewigkeiten später werde ich einmal an einem verregneten Nachmittag unter der Plache des Salzburger Cafés Bazar mit Ingeborg Bachmann sitzen, die mir, während der Regen knapp vor unserem Tisch herunterrinnt, von einem Abend bei Bekannten erzählt, an dem Torberg sie verbal gequält und zu Tränen ohnmächtigen Zornes gereizt hat. Am 24. September ist der *Sonderzug* beendet. Dann »mache ich Schluß« erst mit Peter, tags darauf mit f.th. Und Anfang Oktober

Lisel, die Belgier und ich

Ich und die Belgier

fahre ich mit eben diesem Peter, zugleich mit der Bühler-Assistentin Käthe Wolf und der Mitstudentin Lotte Reiter nach Paris, um einem von Jean Painlevé geleiteten Kongreß über wissenschaftliche Filme beizuwohnen: mein dritter, nicht minder bewegender Aufenthalt in dieser Stadt.

Zunächst logiere ich wie Peter, dessen *Paris über mir* ich kürzlich wiedergelesen habe, in seinem geliebten Hôtel des Grands Hommes an der Place du Panthéon, das in diesem Buch eine Rolle spielt. Es ist für Jahre seine Wohnstatt gewesen. Aber die hochgradigen Schwankungen, denen meine Empfindungen damals ausgesetzt waren, bringen es mit sich, daß ich um halb vier Uhr früh den Balkon meines Zimmers betrete und auf das Panthéon starre, in tiefster Depression. Am Morgen ziehe ich zu den Wiener Mitreisenden in ein Hotel der Rue de Rivoli, anderntags nehme ich dann doch gerührten Abschied von Peter, der zum Wahlkampf nach Saarbrücken fährt, in einer Bar des Palais Royal. Ein Brief von Richard de Kriek erreicht mich in Paris, in dem er bittet, ich möge nach Brüssel kommen. Das ist freilich unmöglich. Zwischendurch entsteht Ärger mit Käthe und Lotte, die zwischen den Kongreßstunden in die Rue du Faubourg St. Honoré laufen, um sich Modeschaufenster anzusehen, was ich verachte. Ich treibe mich indessen in den Elendsgassen von Belleville und Ménilmontant herum: für mich das wahre, das volkstümliche, das politisch, aber auch künstlerisch relevantere Paris.

Nach einem neuerlichen Zwischenaufenthalt in Zürich wieder in Wien. Und nun beginnt der Prozeß der Aufweichung, der langsamen, aber unausweichlichen Korruption – ein Grund unter anderem, weshalb ich auswandern muß, so bald wie möglich, aus diesem Österreich des Ständestaates, aus Furcht vor meiner eigenen Veränderung. Peter hat nach dem Krieg, in einem Rundfunkgespräch mit Gottfried Benn, die Notwendigkeit der

Emigration aus einem totalitär gewordenen Land daraus erklärt, daß sie einem »den Rückzug auf einen faulen Kompromiß« unmöglich macht. Wenn ein Mensch sich selbst einen Weg versperre, »von dem er weiß, daß er äußerlich bequem ist, ihn aber innerlich in die Hölle bringen wird, dann kann das nicht vergeblich sein«. Und er fügte hinzu: »Wir sind alle außerordentlich schwache Menschen, drinnen wie draußen, sind alle den unseligsten Versuchungen preisgegeben, jeden Tag, Versuchungen politischer, geistiger, moralischer Art, ganz gleich. Es geht darum, sich den Rückzug auf diese Versuchungen abzuschneiden.« Und so, nicht anders, empfand ich es damals auch.

Die Versuchungen kommen aus einer unerwarteten Ecke. Hansi, die schöne und verruchte Person, deren jüngerer Bruder sich – vielleicht aus inzestuöser Liebe zu ihr – das Leben genommen hat, ist bereits einmal, mit dem Bildhauer Felix Weiß, verheiratet gewesen. Jetzt hat sie sich mit einem Verleger zusammengetan, Ralph A. Höger, einem dunklen hageren Burschen, der sein Unternehmen aus undurchsichtigen Quellen finanziert. Mit ihm sickert der auf sinistre Weise nutzbringende Einfluß, den Mussolinis Italien auf Österreich ausübt, in meine und sogar in Peters private Sphäre ein. Höger, obschon ein Original, ist in gewissem Sinn so bezeichnend für Lebensform und Gefühlshaltung im kleriko-faschistischen Wien, daß ihm hier mehr Aufmerksamkeit geschenkt werden muß, als er im Grunde verdient.

Ein überzeugter Katholik, zugleich ein Lüstling und Lebemann, fährt er mit dem Taxi von der einen zur anderen jener sieben Kirchen, in denen man nach altem Wiener Volksbrauch am Karsamstag das dort aufgestellte »heilige Grab« besucht. Zur Wallfahrt mit Hansi nach Mariazell nimmt er ein kleines Peitschchen mit, das ihm das Stubenmädchen, nach Auspacken des Koffers, anzüglich auf das Kopfkissen legt. Mit seiner jüdischen

Dame alsbald auch verheiratet, spricht er dennoch freundlich von Hermann Göring, den er als einen einstigen Trinkkumpan beschreibt. Es mag sich aber auch, denn die Wahrheit schillert bei Höger beständig, um den jüngeren Bruder Albert Göring handeln, der mit Hermann zur Zeit entzweit ist, in Österreich lebt und gegen den Anschluß votieren wird. Hitlers vielfachen Minister gegen uns alle auszuspielen, mag nur einer von Högers bekannt schlechten Scherzen sein. Das Geld für seinen Verlag holt er sich jedenfalls immer aus Mailand oder Turin, niemand weiß, von wem und zu welchem Zweck. Denn er druckt nichts, was die italienische Zuwendung rechtfertigen könnte – keinerlei politisch gefärbte Literatur, lediglich Belletristik durchaus annehmbarer Art.

Nicht nur ich werde Höger ein Buch zur Veröffentlichung anvertrauen, auch Peter wird es tun. Zur Zeit hält Peter sich in Saarbrücken auf, wo er sich, an der Seite des Prinzen Hubertus von Löwenstein, im Wahlkampf für das Verbleiben der Saar unter dem Schutz des Völkerbundes engagiert. Zwischendurch kommt er wiederholt nach Wien. Hier hat sich indes, auch dies ein Phänomen der österreichischen Gegenwart, der zwielichtige Klaus Dohrn mit seiner jungen Frau Anneli niedergelassen. Er redigiert die Wochenschrift *Der christliche Ständestaat*. Klaus stammt aus einer hochachtbaren deutschen Grundbesitzer- und Gelehrtenfamilie, er ist der Enkel von Anton Dohrn, dem großen Zoologen und Erbauer der marinen Forschungsstation in Neapel, der Sohn schließlich jenes bedeutenden Kunstförderers Wolf Dohrn, der die Gartensiedlung Hellerau begründet und auch Peters Vater zur Niederlassung in ihr bewogen hatte. Als blitzgescheiter pfäffischer Intrigant ist er in den Bannkreis der österreichischen Rechten geraten und leitet ein Kampfblatt gegen die benachbarte NS-Diktatur, aber im Sinne des Schuschnigg-Regimes. Mit Peter besuche ich seinen Schulfreund. Am Bett der kleinen Tochter

Dohrns, Beatrix, steht eine Prinzessin von Braganza, die er als Taufpatin des Kindes gewonnen hat. Ebenso treffen wir dort, wie ich mir notiert habe, einen »judenfressenden Sturmschärler«. *Qui mange du fascisme, en meurt.* Auch Peter ist von dieser Begegnung verstört.

Gleichwohl hat er, ein Emigrant der ersten Stunde, in der Saar unter Löwensteins Einfluß sein ebenso nationales wie heftig anti-nationalsozialistisches Herz für Deutschland entdeckt, das er sich in utopischem Überschwang durchaus als demokratischen Staat unter des Prinzen Führung vorstellen möchte. Seine eigene Mutter, auch sein jüngster Bruder – der gleich ihm durch einen einzigen jüdischen Großvater technisch kaum gefährdet, durch dessen Namen jedoch diffamiert ist – und eine Halbschwester leben noch in Hitlers »Drittem Reich«. Darauf müßte Peter Rücksicht nehmen, tut es aber nicht, wie sein Engagement in der Saar beweist. Immerhin wird das Buch über den Minnesänger Oswalt von Wolkenstein, dem er sich zugewendet hat, bei Höger unter dem Pseudonym Carl Johann Leuchtenberg erscheinen. Höger will es so und Peter weiß, daß er für den ehrgeizigen Versuch, das Leben des tirolischen Ritters, Vaganten, Kriegsmannes und Liedersingers in einem durchwegs archaisierenden Deutsch zu beschreiben, sonst keinen anderen Verleger finden wird. Das gewaltige Werk wird in Nazideutschland begeisterte Kritiken erhalten. Und mein Vater billigt im Herbst 1936 meinen Entschluß, mich mit Peter zu verbinden, aus Bewunderung für diese literarische *tour de force* – so ganz in seinem Sinn.

Vorerst geht das Schicksalsjahr 1934 zu Ende. Zu Silvester begibt sich Seltsames. Ein wilder Haufe – ich kann es nicht anders nennen – von jungen Leuten, Studenten, Künstlern, unsicheren Existenzen ist in der väterlichen Wohnung einer mit Lisel befreundeten Malerin eingeladen. Der Wohnung eines Sammlers: schöne Bilder, wertvolles Porzellan. Die Gäste betrinken sich, manche beginnen auszuarten. Eben hat man noch die Mappen voller Hiroshige-Blätter bewundert, da zerbrechen plötzlich zarte Gläser, einer taumelt gegen chinesische Wandteller, die stürzen herab. Es klirrt und kracht. Ich flüchte in ein kleineres Zimmer und finde mich unversehens allein mit Torberg. Hier nähert sich nun der Freundfeind dem verhaßten Blaustrumpf, der Piratin in seinen Wässern, in einer überraschenden Umarmung. Das könnte ein natürlicher Vorgang sein, nichts als ein kleiner Seitentritt in dem Menuett der Gefühle, das wir alle dauernd vollziehen. Doch der Mann kann den Literaten nicht verleugnen. Er schiebt mich kurz von sich, sieht mir tief in die Augen und sagt fragend: »Frau!?« Welche Peinlichkeit! Ich habe sie tagelang nicht überwunden.

Der Januar beginnt nicht gut. Am 7. wird *Der Sonderzug* von Zsolnay abgelehnt. Es war, so trug ich in mein Büchlein ein, »die größte Enttäuschung meines Lebens«, und die ist es bis heute geblieben, im schriftstellerischen Bereich. Eine verlorene Illusion, nicht anders als das Ende jener Jugendliebe, und ebenso unauslöschlich ins Bewußtsein eingeprägt. Marie Bashkirtseffs »Flecken auf dem Spiegel ihrer Seele«, die sie doch makellos erhalten wollte, hat nun auch die meine getrübt. Gleichwohl mühe ich mich weiter an einer Geschichte, die ich »unter dem Einfluß von Julien Green« zu schreiben begonnen habe. Daheim Geldnot, ein vermuteter neuerlicher Selbstmordversuch meines Onkel Felix, der sich dann als Verhaftung herausstellt, abends bin ich einmal wieder, in Zofenhaltung, bei Hansi Höger, bevor sie zum Opernball aufbricht, »feenhaft schön«. Am 28. gehe ich zu einer Vorlesung von Thomas Mann. Und weil er es ist, dessen Figur mich in ferner Zukunft wieder einmal mit Torberg entzweien, und der Peters letztes Jahrzehnt beherrschen wird, soll hier der naive Bericht seiner Zuhörerin wiedergegeben werden:

»Ein gepflegter Herr mit einem weißen Rändchen an der Weste: ganz hanseatischer Bürger. Die untere Hälfte aber zu dünn und ein wenig zu kurze Hosenbeine. Eine unbeschreibliche Tenue! Charme, Musik und Geste des Vortrags! Steht über allem. Die Aussprache ist gottseidank süddeutsch, mit einem ganz leichten reichsdeutschen Straffakzent. Alles ist so mühelos, warm, lieb und gut, wie vielleicht am wunderbarsten bei Schlick. Ein Vatergefühl, wenn er amüsiert und wohlgefällig seinen Hund beobachtet. Am Ende – er liest sehr lange, von halb acht mit einer Pause bis dreiviertel zehn, am Ende klappt er mitten an einer sanft hinfließenden Stelle das Buch zu und sagt: ›Jetzt ist's aber genug‹, und geht. Man ruft ihn fünfmal heraus. Zuletzt hebt er die Hände: ›Jetzt laßt mich, Kinderchen, und geht nach Hause, so wie ich es vernünftiger Weise tun will.‹ Ein paar Beschreibungen aus Joseph in Ägypten ›zerschmelzen‹. Das Schönste über die Sphinx. Denn ihrer war die *Dauer*, eine *falsche Ewigkeit*.«

Auch Höger will den *Sonderzug* nicht drucken, lieber ein kleines Sommerbuch, das mir vorschwebt. Im nächsten Monat stimmt er meinem Exposé zu. Doch er besteht auf einem Titel, der mich ärgert, weil er »nach Kino klingt und nach Vicki Baum«. Bis zum Jahr 1986, in dem der kleine Roman zum drittenmal erscheint, werde ich den Titel nicht los. Und bald reut es mich, daß ich das reizende Erlebnis des Vorjahres mit den Belgiern in Papier verwandle, reut mich auch die vom Verleger gewünschte Leichtigkeit. Ende März: »Ach Flaubert, Julien Green, Giono, Giraudoux – ich schreibe ein Puschelbuch, ich schreibe eine Flunkerei ohne Hand und Fuß, verzeiht mir.« Noch heute weiß ich: Colette hätte es besser gemacht. Aber Hermann Hesse lobte das Bändchen. Am vierten April ereignete sich zweierlei, bezeichnend für die geistige und emotionale Spannweite, in der ich mich damals befand. Nachmittags sah ich den »herrlichen, herrlichen Film ›Auferstehung‹« nach dem Tolstoi-Roman; abends lernte ich bei Högers Tino Martinelli kennen, einen italienischen Diplomaten, und ging sofort mit ihm »allein in die Sanssouci-Bar«.

Tino war an die vierzig, ein Mann wie ein Baum, schön, groß, schnurrbärtig, und ein überzeugter Faschist. Vermutlich überwachte er den Geheimdienst in der italienischen Gesandtschaft, denn er war Chef der Paßkontrolle, in deren Gebiet, wie es hieß, die Spionage fiel. Wochen später teilte er mir spöttisch mit, was in dem Dossier der österreichischen Staatspolizei über meinen Vater stand: nicht nur gab es derlei immer noch, wie in den Zeiten des Kaisers Franz, und gibt es heute noch über jeden halbwegs beachtlichen Bürger im Land – die Emissäre des Schutzherrn Mussolini hatten im Ständestaat auch noch ungehinderten Zugang dazu. Im übrigen waren die Angaben falsch. Mein Vater wurde als Sozialist bezeichnet. Ich sagte zu Tino: er ist liberal, die Sozialistin bin ich. Vielleicht war das nicht gefahrlos, aber Tino, obschon ein Tier, hatte irgendwo einen Rest von Anstand im Leib. »Ein Tier! Er ist ein Tier! Ein Tier!« so lautet immer wieder der Aufschrei in meinem Kalender. Ein Macho, würde man heute sagen, ein sadistischer Erotiker, dann wieder kindlich heiter bei einem Boxkampf, einer italienischen Opernstagione, einem Ausflug nach Heiligenkreuz im südlichen Wienerwald. Wilde Ausbrüche nachts in einem Stundenhotel, am nächsten Morgen dann ein Bote mit fünfzig dunkelroten Rosen in meine elterliche Wohnung, ans weiße Kinderbett.

»Nein, ästhetisch kann man sich gegen ›das Faschistische‹ nicht wappnen« – so las ich's in einem Aufsatz »Die gefährlichen Gefühle« in der Wochenschrift *Die Zeit*. Hilflos, berückt und entsetzt stand ich diesem Menschen gegenüber, nannte ihn einen Kutscher, ein Pferd, schrieb ein kleines Stück Prosa »Das Pferd Hyazinth«, in dem ein freilich mythologisch verklärter Tino mit einem anderen Roß in der englischen Rotten Row zusammenstößt, stürzt und verendet; ich ließ zu, daß ich an seiner Seite immer tiefer in den Sumpf jener Zeit versank. Tagsüber – das Büchlein ist beendet – gehe ich in die Schlick-Vorlesung, trage im Bühler-Seminar die Grundzüge einer *Darstellungstheorie des Films* vor, die ich in meiner Dissertation zu entwickeln versuche, auch Schlicks Assistent Friedrich Waismann hört zu, »Bühler entzückt«, selbst von einem »neuen Lessing« ist, wohl scherzhaft, die Rede. Abends beginnt das Lotterleben, zumeist in Gesellschaft der Högers, auch Békessy kommt hinzu, der mit einer neuen reichen Frau, geschiedener Mosse, nach längerem Aufenthalt als Korrespondent beim Völkerbund in Genf nun luxuriös in Wien etabliert ist und eine Montagszeitung herausgibt. Wir ziehen von einem Lokal zum anderen – Kerzenstüberl, Berta Kunz, Sanssouci-Bar, Kaiser-Bar, Reiss-Bar und Rotterbar –, trinken zu viel, scherzen unbekümmert, sind umringt von den neuen Herren, der Hahnenschwänzler-Elite. Auch der reinste Schnee meiner sonntäglichen Skiwanderungen kann den Schmutz solcher Moral nicht zudecken, täuscht nur für eine kurze Zeitspanne darüber hinweg. Einmal kommt mir f.th. auf der Straße entgegen. Er »starrt mich grußlos an«.

Wann habe ich eigentlich studiert? Ich schrieb Geschichten, vierzig waren es schon, und an der Dissertation. Ich saß im Café Schottentor gegenüber der Universität, in dessen kleinem Vorgarten in diesem Frühjahr wieder Böller illegaler Nazis platzten. Nazikrawalle auch in der Alma Mater. Einmal kam ich dazu, wie von ihrer Rampe aus ein jüdischer Student die Stufen heruntergeprügelt wurde und unten blutend liegen blieb. Ein Horror – für mich, die ich im nächsten Jahr auswandern sollte, stellvertretend für alles, was dann 1938 geschah. Im »Schottentor« wachte über uns der rothaarige Kellner Herr Ignaz, der sich später als Helfer der Verfolgten

erweisen sollte, aber freilich ohne die Würde des Ober-
kellners Herr Hnatek und den stark anbiedernden Charme des Kellners Herr Albert im Herrenhof. Von Peter
hörte ich lange nichts. Man erfuhr, er verbringe den
Sommer als Hausgast von Hubertus Löwenstein auf dem
Tiroler Schloß Matzen und lebe sich in die Geschichte
Oswalt von Wolkensteins ein.

Im Juni erschien der kleine Sommerroman. Bald darauf begegnete ich durch Zufall dem Beflecker meiner
Seele, Paul Zsolnay. »Liebe Hilde, dieses Buch hätte
auch ich gedruckt.« Darauf ließ sich nur wehmütig lächeln. Es wird August. Ich will fort. Mit wenig Geld
fahre ich nach Belgien, gegen Tinos wütenden Protest. In
seiner unberechenbaren Art erklärt er, nachdem er sich
mit meiner Reise abgefunden hat, im Brüsseler Reisebüro
der CIT Geld für mich deponieren zu wollen. Ich lehne
hochmütig ab. In Brüssel wohne ich zunächst bei der
Schulfreundin Maydie, die dorthin geheiratet hat, und
denke nicht daran, mich bei Paul und Richard zu melden.
Neuerlichen Verwirrungen gehe ich lieber aus dem Weg.
Doch es geschieht, was in jenen Jahren immer wieder
geschah: wie magnetisch ziehe ich, ziehen vielleicht die
anderen, unverhoffte Begegnungen an.

Auf der Avenue Marnix flanierend, sehe ich am Rand
des Gehsteigs ein Auto halten. Es ist der kleine Ford. Die
beiden sitzen drin. Seit vielen Wochen sind sie zum ersten
Mal wieder vereint und in Richards Wagen – Paul hat
längst einen Mercedes – unterwegs. Eine gemeinsame
Reise nach Venedig, in drei Tagen, ist geplant. Sie sind
außer sich, mich »par hasard« in Brüssel zu finden. In der
kurzen Zeit vor ihrer Abfahrt stecken wir dauernd zusammen, zu zweit oder zu dritt, in der Exposition, in der
Rue Haute oder der Rue Zérézo. »Richard ist bezau-
bernd. Sensibilité-Gespräche.« Zwischendurch gehe ich
in die große Impressionisten-Ausstellung und bin »wie
betäubt«. Am letzten Abend essen wir alle in einem

Landrestaurant an der östlichen Ausfallstraße. Und wieder wirkt der Magnet. Als wir ans Auto treten, um in die Stadt zurück zu fahren – es ist diesmal Pauls Mercedes –, hält uns ein ausländischer Wagen an. Der Fahrer, der den Kopf herausstreckt, um uns nach dem Weg zu fragen, ist Baron D., Marias Ehemann. Dann springt sie aus dem Wagen und wir umarmen einander.

Erst im Alter und lange nach seinem Tod sollte ich erfahren, daß Paul Delpire an Frauen wenig lag, daß er sie bloß zärtlich behandelte wie Hündchen, wie kleine glatte Marmorskulpturen, über die man gerne streicht. Er hat spät geheiratet. Er ging auch nicht in den Widerstand gegen die Deutschen wie sein Freund Richard, sondern ließ sich bis zu einem gewissen Grad mit ihnen ein. Seine Wohnung in der Rue des deux Eglises war von exquisitem Geschmack: er bot sie mir großzügig an, als er mit Richard nach Venedig fuhr, und ich sollte eine Woche in ihr verbringen. »Ich lebe«, so notierte ich mir, »das Leben eines belgischen jungen Mannes von großer Kultur.« In seiner Bibliothek fand ich, und las sogleich, Gides *Nourritures terrestres* und ein wunderschönes Buch, von dem ich mich schnöderweise nicht mehr trennen wollte, *Eurydice deux fois perdue* von Paul Drouot. Ich habe dem Besitzer, nach meinen Kräften, reichlich dafür gedankt. Aus seinem kleinen Kofferradio auf dem Nachttisch hörte ich die reizenden Swing-Klänge von Paul Whiteman's Band über den Kanal zu mir dringen, denn Delpire war, wie die meisten seiner Generation, damals im höchsten Maße anglophil und hatte den Sender dauernd auf London eingestellt.

Schließlich schluckte ich meinen Stolz, ging zur CIT und ließ mir die vierhundert belgischen Francs auszahlen, die Tino dort für mich hinterlegt hatte. Ich fuhr nach Brügge, nach Gent und Ostende, wo England zum Greifen nahe war in einer kleinen Bar bei Port und Cheddar Cheese. Mit Hélène Yelin, einer ägyptischen Freundin

Pauls und Richards, besuchte ich Antwerpen. In Stenockerzeel suchte ich Einlaß bei der österreichischen Kaiserfamilie, doch sie war an den Strand von Juan-les-Pins gereist, und der Butler zeigte nur bedauernd auf die sieben, in verschiedenen Größen abgestuften Regenmäntel der habsburgischen Nachkommen in der Halle des kleinen Wasserschlößchens. Ich verstand, daß die Enterbten eines uralten Imperiums sich an diesem Ort, in diesem kleinen Land Belgien niedergelassen hatten. Sechs Jahre später, im Mai 1941, als es überrannt wurde, wünschte ich mich in einem Beitrag zu dem Londoner Exilblatt *Die Zeitung* in seinen »großen Frieden« zurück. Ich erinnerte mich an alles, was mich in jenem Sommer begeistert hatte – die Kirmes bei Pepinster, die Grand' Place von Brüssel, der Stadt, in der »französischer Geist mit niederländischer Kraft sich mischt«, die Maler der Ecole flamande und die neuen flämischen Maler de Godelaer, Van Vlasselaer und Devos, den Beginenhof in Brügge. »Welch unirdische Ruhe! Wer sich jemals im Leben, bedrängt von den schlimmen Geräuschen der Zeit, nach einem unbestimmten Ort der Zukunft sehnte – hier war er gefunden.« Und ich schloß voll Wehmut: »Das Heimweh nach diesen Dingen ist nicht nur das Heimweh nach Belgien. Es ist das Heimweh nach einem Europa, das gelernt hat, wie man im Frieden lebt.«

In Wien fing nach meiner Rückkehr alles von neuem an, die Räusche, das Elend, die innere Zerrissenheit. »Ich habe mehr Angst vor dem Unglück, als daß ich unglücklich wäre.« Das Wort »Wedekindergarten« fällt, doch dazu waren wir eigentlich alle schon viel zu alt. Tino quält mich, liebt mich, lügt mich an. Am dritten Oktober beginnt der Abessinienkrieg, und Signor Martinelli ist dauernd in der Gesandtschaft beschäftigt, ich möchte lieber nicht wissen, womit. Am neunten schreibe ich die Dissertation zu Ende, gebe sie ab und bestehe auch gleich ein Colloquium. Peter taucht auf und wird nun gleichfalls in den fragwürdigen Wirbel gezogen. Mit ihm, Högers und Békessys gehen wir in ein neues Lokal, das »Sonjas Plüschsofa« heißt und von deutschen Emigranten eröffnet worden ist. Dazwischen: »Vormittag lernte ich Leibniz.« Und tags darauf: »Vormittag lernte ich Kant.« Schiller und Byron abwandelnd, klage ich: »Vierundzwanzig, und noch nichts für die Unsterblichkeit getan.« Zu Ende des Monats stellt sich heraus, daß die Wohnung, in der Tino mich manchmal mit selbstgebratenen Scampi, *insalata mista* und herrlichem Rotwein bewirtet hat, einer eleganten Journalistin gehört, bei der er nicht nur, mit der er auch lebt.

Sieben Monate hat der Wahn gedauert. Vielleicht nicht nur ein Wahn, denn Tino wird den Högers später sagen: »Ich hab die Spiel sehr geliebt, aber sie ist für mich gestorben. Gemeinheit vertrag ich, Dummheit nicht.« Die Dummheit war, ihm den Stuhl vor die Tür zu setzen, als ich von der hinterhältig verschwiegenen Sachlage erfuhr. Es war eine Operettenpointe – gleich der Schablone jener Kunstgattung, einem bitterbösen Abschiedssatz am Ende des zweiten Aktes vor der Pause, dem die Versöhnung des Schlußaktes folgt –, mit der ein Freund des Hauses in meinem Auftrag dem ahnungslosen Anrufer erklärte: »Das Fräulein Hilde ist für Sie nicht mehr zu sprechen.« Eine Pointe, die mir im Rückblick ebensoviel Vergnügen bereitet wie jene in *Polenblut* von der Sopranistin Betty Fischer, nachdem ihre Helena sich an dem Grafen Boleslaw gerächt hat, dem Tenor Hubert Marischka hingeschleuderten Worte »Herr Kraf, wir sind kitt«.

Operette und Kolportage. Damals war mein Vergnügen daran leider nicht ungetrübt. Doch der Bruch verlieh mir neue Kräfte. Ich lernte wie besessen. Mitte Dezember kam ich mit einstimmiger Auszeichnung bei Schlick und Bühler durch. Eine Woche darauf ging ich mit Högers, Torberg und Robert Neumann »drahn bis vier Uhr früh«. Die Wiener Dreißigerjahre, kurz bevor Hitler kam, erscheinen mir in diesen Widersprüchen, diesen Tänzen am Rand des Vulkans, recht deutlich gespiegelt.

VI.

Das letzte Jahr

Wollte ich mein Leben weiterhin im gleichen gemessenen Takt, mit der gleichen Fülle von Melismen und Mißtönen schildern, das Buch würde unerträglich lang. Bald muß strenger gerafft und manches gänzlich verworfen werden, was mir damals wichtig erschien und nun belanglos ist. Je näher mein Bericht der Gegenwart rückt, desto unnötiger wird es, die Zeitläufte selbst, wenn auch nicht die privaten Schicksale in ihrem Sog, zu beschreiben. Indes: das Klima, in dem ich aufgewachsen bin, ist meinen jüngeren Zeitgenossen zum großen Teil fremd. Die emotionellen und moralischen Nöte, die uns in der ersten Hälfte des Jahrhunderts bedrängten, präsentieren sich heute auf völlig andere Art.

Junge Menschen wie ich, dauernd zwischen extremen Gefühlshaltungen schwankend, zutiefst zerrissen, ausschweifend und introvertiert, hilflos den äußeren Mächten ausgeliefert, fröhlich verzweifelnd und von skeptischer Zuversicht, hochfliegenden ethischen Grundsätzen verpflichtet und im Alltag so verführbar, so schwach – nur auf dem unsicheren Boden der Zwanziger- und Dreißigerjahre sind sie denkbar. Daß ein Mensch wie Robert Neumann, der bald nach dem blutigen Februar seinen Wohnsitz nach London verlegt hatte, immer wieder zurückkehrte und, wie ich in meinem Kalender entdecke, mit so fragwürdigen Figuren wie Höger und Békessy das Nachtleben im Kern des Ständestaates genoß; daß der geliebte Hafis, daß der nunmehr als »revolutionärer Sozialist« gleichfalls in Prag lebende Ernst Fischer zu kurzen, mehr oder weniger geheimen Besuchen in Wien auftauchten und der eine tatsächlich auch bei Högers, der andere in dem mit Heimwehroffizieren gefüllten Salon von Anna Mahler zu finden war: all das ist schwer zu erklären, außer durch die Faszination dieser Stadt noch in ihrer schillernden Fäulnis.

Selbst Peter de M., stets ein Mann von gerader, sehr deutscher Denkart im guten Sinn, sank zeitweilig in diesen Morast. »Ist die Kunst wichtiger als die Gesinnung, oder die Gesinnung wichtiger als die Kunst?« sollte er in späteren Jahren fragen. »Ist eine Kunst das Ansehen wert, die sich aus einer geopferten Gesinnung nährt?« 1952 war seine Antwort darauf eindeutig. 1935 konnte sie es nicht sein. Für seine frühere Haltung bewies er gleichwohl Verständnis: »Todesverachtung ist ein Wort. In unserer Zeit hat mancher Geist in der Despotie gezeigt, daß es einen Inhalt hat. Manche vermögen es; viele haben es bewiesen. Aber nicht jedem ist es gegeben. Jene, denen es nicht gegeben ist, haben den Ausweg des Exils.« Wie aber, wenn der Fluchtort sich von der Despotie, der man entflohen ist, nicht grundlegend unterscheidet? Als »kleineres Übel« betrachtete selbst Karl Kraus den Austrofaschismus, und wer dessen laxer gehandhabte Zwänge schon als Erleichterung empfand, hatte vergessen, was wahre Freiheit ist.

»Sich selbst den Rückzug abschneiden« – Peters Lösung galt auch für mich. Ich war dazu bereit, aber erst nach Abschluß meines Studiums. Noch mußte ich in einem Nebenfach bestehen, für das ich Ethnologie gewählt hatte, gelehrt freilich von dem völkischen Professor Oswald Menghin, der nach dem Anschluß sogleich Rektor der Universität werden sollte. Peter wiederum hatte nach dem Tiroler Sommer seine Zelte in Paris abgebrochen und war Hubertus Löwenstein und dessen Troß nach London gefolgt. Nicht nur, um wieder einmal den Versuch zu machen, mich zu ihm hinüberzuziehen, kam er im Dezember neuerlich nach Wien. Am Weihnachtstag las er mir aus dem beendeten Manuskript des *Wolkenstein* vor, das er nun Höger übergeben wollte, und ich verglich das Buch sogleich mit de Costers *Ulenspiegel* oder gar dem Grimmelshausen. Tags darauf war der Freundfeind an der Reihe: »Abends mit Torberg, dessen Roman scheußlich ist.« Das kann nur *Die Mannschaft* gewesen sein, und sicherlich war ich nicht ohne Vorurteil. Der letzte Silvesterabend wurde in der Högerschen Luxuswohnung in der Biberstraße gefeiert. Ein Diener, an den Leopold im Lerchenauischen Gesinde erinnernd, servierte in weißen Handschuhen. Eine Wahrsagerin kündigte mir an, ich werde im kommenden Jahr übers Wasser in die Fremde gehen.

Und schon betritt der nächste Herr die Szene, wie es in diesem Wiener Reigen, den wir alle nacherlebten, üblich ist. Am ersten Sonntag im Januar fahre ich mit meinen Eltern und ihrem Freund Dr. Tafler, Rechtsanwalt der Creditanstalt, in dessen Wagen zu einem anderen »Couleurbruder«, der eine kleine Villa in Neuhaus im hügeligen Triestingtal besitzt. Abends kommt in den reizend rustikalen Wohnraum der Familie Markus ein Architekt mit seiner Frau. Ich bin wie vom Schlag gerührt, denn Willi K. gleicht dem passionierten Peiniger meines Vorjahrs wie ein Ei dem anderen. »K. ist ein. Tino, der zugleich der beste, kindlichste und reinste Mensch ist. Glücklich verheiratet.« Dennoch scheint auch er von einem *coup de foudre* getroffen zu sein, der sich freilich erst nach Monaten in einem Sturm entlädt. Vorerst sehen wir einander nicht wieder.

In den nächsten Wochen, während ich mich mit den Grundzügen der Ethnologie befreunde, gehen in der Wiener Innenstadt, wie in einem feierlich oder auch fiebrig vollführten Kontertanz, immer neue Begegnungen vor sich. Im »Herrenhof« sitzen Peter und Torberg miteinander; bei Klaus Dohrn, der weiterhin jenes antiliberale katholische Organ eines »autoritären Ständestaats faschistischer Prägung« redigiert, erscheint Jakob Hegner aus Hellerau. Bühlers Assistentin Käthe Wolf ist aus ihrer heimlichen Analyse bei dem Freud-Schüler Hartmann ausgebrochen, weil sie eine – endlich befriedigende – Liaison mit einem Grafen Auersperg eingegangen ist. Mit Walther Hollitscher streite ich über Canettis kürzlich erschienenen Roman *Die Blendung* und ziehe Gionos *Que ma joie demeure* vor. Getanzt wird auch im wahren Sinne des Wortes – mit einem Menschen namens Reggie Raffles, Partner der Mistinguett, der aus Paris zu Gast ist, mit Robert Neumann in der Kaiserbar bis vier Uhr früh, am Abend meiner Promotion. Die ist, wenn auch nicht *sub auspiciis presidentis*, weil der Brauch abgeschafft ist, Anfang Feber mit großem Pomp, Telegrammen und Bouquets gefeiert worden. Im Café Schottentor vis-à-vis bilden wie üblich die Kellner, geführt von Herrn Ignaz, ein Spalier und rufen im Chor: »Gratuliere, Frau Doktor!«

Manches ändert sich nun, wiewohl noch nichts entscheidend. Ich gebe von heut auf morgen die grüne Füllfedertinte auf und gehe zur schlichten schwarzen über. Ich lasse mir die bis nun blondgetönten Haare dunkel färben. Ich erlebe, ohne es mehr als zu ahnen, meinen letzten Wiener Fasching auf dem Kostümfest der Secession, flirte dort mit einem prächtigen, weißhaarigen Herrn mit dem auch umkehrbaren Namen Bergrat Fluß, und sehe in den Morgenstunden Weinheber auf einen Tisch springen und mit erhobenem Weinglas eine Nazirede halten. Ja, das hat er 1936 getan. Und dann, zutiefst erschöpft von den Nächten des Lernens und Vergnügungslebens, fahre ich allein mit meinen Skiern nach Kitzbühel und steige ab in einem bescheidenen Hotel.

Zweieinhalb Wochen herrlichster Gebirgsluft und äußerster körperlicher Anstrengung waschen die Wiener Exerzitien und Exzesse weg. Ich lese im Kalender: »Drei Stunden schwerer Aufstieg auf den Hahnenkamm. Kasererabfahrt. Couragiert.« Oder: »Rannte vormittag auf den Hahnenkamm. Die schwere Ochsenhornabfahrt.« Oder »In Hofbrunn auf der Bräuenalp traf ich meinen schönen

Bergrat.« Oder »Mit der verrückten Baronin auf dem Kitzbüheler Horn. Schwerste Tour.«

Jeden Tag zwang ich mir eine physische Leistung ab und fühlte mich immer befreiter, immer gelöster von den Zwängen der Großstadt. Auch dies zum letzten Mal. In England war es dann mit dem Skifahren vorbei. Abends ging ich einmal ins Kitzbüheler Kasino, gewann sechs Schilling und verließ sofort den Saal. Eine Spielernatur wie Dostojewski, wie Tibor Déry, wie Torberg bin ich nie gewesen. Vor der Heimfahrt besuche ich noch den Maler Alfons Walde in seinem Atelier – unzählige verwechselbare Bilder von flächigen, einfarbigen Dorfhäusern und Dächern, behäbigen Bauersfrauen in Tiroler Tracht, im Schnee –, besuche den so großen wie bescheidenen Physiker Hans Thirring und das Ehepaar Harald Dohrn, zeitweilig nach Tirol emigrierte, rührend anspruchslose und integre enge Verwandte des hintergründigen Klaus.

Wieder in Wien, flüchte ich mich, aus Abscheu vor dem grauen Himmel, den grauen Straßen in eine trockene Bronchitis. Und niste mich, im Vorgefühl der kommenden Veränderungen dieses Jahres, in meinem Kinderzimmer immer behaglicher ein. »Fühle mich sehr geborgen. Starke Zugehörigkeit zu den Eltern.« Der Vorfrühling beginnt. Ich schreibe einen Roman, der nicht weit gedeihen wird, und unternehme, weil meine Heldin Medizin studiert, wiederholte Ausflüge in die Neurologie, Psychiatrie und Anatomie. Ich höre Vorlesungen von Pötzl und Hoff, Schizophrene werden vorgeführt. Im anatomischen Institut wohne ich der Sektion eines Greisinnentorsos bei. Einmal und nicht wieder. Der Anblick ist entsetzlich. Zur Ärztin tauge ich nicht.

Zwei neue Mentoren – heute hießen sie Gurus – bieten sich in den kommenden Wochen und Monaten an, ich nannte sie den »Magus« und den »Docteur«. Der Magus war vierundfünfzig, ein hagerer Privatgelehrter mit tiefen Denkerfurchen, Vegetarier, Mystagog, Universalist,

Der Magus

aus reicher Industriellenfamilie und allein mit seiner alten
Mama in einem Jugendstilhaus auf der Wieden lebend,
mit täglicher Morgenvisite in der Direktion der Nationalbibliothek. Hier ist vorwegzunehmen, daß er, im Exil
in einem belgischen Trappistenkloster versteckt, nach
der Heimkehr seinen gesamten ungeheuren Bücherbesitz
auf den Regalen am Josefsplatz entdeckte und nicht einen
einzigen Band zurückbekam. Den Docteur hatte ich im
Bühler-Seminar kennengelernt, es war der Freud-Schü-

ler René Spitz, damals schon in Paris wohnhaft und recht französisiert. Weil ich erst im Herbst meine Heimat zu verlassen gedachte und inzwischen Geld brauchte, nahm ich sein Angebot an, ihm in einer Rolle zwischen Sekretärin und Mitarbeiterin zu dienen. Der Docteur schrieb an einer analytischen Studie, ich weiß nicht mehr woran, doch wie später bei Berthold Viertel kam es selten zu wirklicher Arbeit. Er geriet ins Erzählen, belehrte und amüsierte mich, spreizte sich gern vor der Zuhörerin. Dabei schwebte hinter jedem Gespräch, wie schon bei Käthe Wolf, blaß in den Hintergrund eingeblendet, die Vaterfigur Sigmund Freuds. Ich hatte dessen wichtigste Schriften gelesen, aber in Psychologie graduiert, ohne je über ihn befragt zu werden. Ihn selbst hatte ich ein einziges Mal, ehrfurchtsdurchschauert, nahe seiner Sommerwohnung in der Khevenhüllerstraße in Pötzleinsdorf gesehen: ein kleiner Herr in grünlichem Wanderanzug mit Breeches und Wickelgamaschen.

Der Magus hätte mich gern zur Mystik bekehrt. Das war der Schlick-Schülerin unmöglich. Aber ich saß, häufig mit Stefan Possony, der in späteren Jahrzehnten zum *brainstrust* des Pentagon gehören sollte, zu seinen Füßen und hörte mir die kunsthistorischen Exkurse, die Deutungen bildlicher Symbole, die gnostischen und kabbalistischen Unterweisungen an. Als der Magus mir vorschlug, im Sommer mit ihm eine Kunstreise nach Italien zu unternehmen, schien mir der Plan so abwegig nicht. Zu Ostern fuhr ich mit den Eltern wieder nach Neuhaus. Und hier entspann sich, was durch jenen *coup de foudre* zu Anfang des Jahres ausgelöst worden war. An den ersten Tagen fiel Regen. Die Luft auf dem kleinen Hügel war weniger scharf als in Tirol, aber ebenso rein. Den Osterschinken aß man noch in der geheizten Stube, doch als die Sonne herauskam, ging man in den Wald. Willi, der Architekt, war ländlich mit bunt bestickter Weste gekleidet; im Gang des komfortablen Curhotels d'Orange, unter den noch tropfenden Frühlingsbäumen, kamen wir einander nah.

Woher seine erstaunliche Ähnlichkeit mit Tino? Von diesem hatte man mir einmal angedeutet, er heiße gar nicht Martinelli, habe einen slawischen Namen, ähnlich wie Vukovič, sei ja auch im istrischen Pola geboren, dem einstigen Kriegshafen der Monarchie mit uralter venezianischer Vergangenheit. Eine österreichische Erscheinungsform denn, ein kroatisch-italienisches Amalgam, wie es vielleicht zum Teil auch der Herkunft Willis zugrundelag und dem beide Männer die hohe, kräftige Statur bei großer Grazie der Gestik verdankten. Willi erschien mir als eine zweite, verbesserte Auflage jenes ersten – von sanftmütiger statt herrischer Maskulinität, empfindsam, fast weich, und voll scheuer Rücksichtnahme. Tino hatte in der letzten Zeit Versuche einer neuerlichen Anbiederung unternommen, mir durch Högers Botschaften geschickt, einmal auch bei einer zufälligen Begegnung auf dem Rennweg, nahe seiner Gesandtschaft, meine Hand ergriffen und auf mich eingeredet – »er war unrasiert und scheußlich, ich lachte ihn aus«. Nun wurde sein Bild, innerhalb der gleichen Konturen, mit verändertem Gesichtsausdruck überpinselt und schließlich ausgelöscht.

Indes: die Beziehung zu Willi war von Beginn an zum Scheitern verurteilt. Der gutherzige Mensch wäre niemals imstande gewesen, sich von seiner Frau zu trennen, ich selbst hätte es nicht gewünscht. Wie es gewesen wäre, unter seinem Schutz die Hitlerjahre in Wien zu verbringen, wurde mir nach dem Krieg vor Augen geführt. Eine Liebe auf Zeit denn, von ihm mit verzweifelter Passion und ständigen Schuldgefühlen seiner Elsa gegenüber durchlebt, vermutlich mehr leidhaft als glücklich. In einer kleinen Wohnung sahen wir einander, er brachte mir zarte Teerosen oder Bücher – *Pierre et Luc* von Rolland und Hamsuns *Mysterien*. Es war schön, friedlich, manchmal wehmütig. Beide ahnten wir, daß all dies mit dem Sommer wohl zu Ende war.

Am 22. Juni fuhr ich mit der Elektrischen, dem »Einundsiebziger«, zur Stadt und blickte zufällig über die Schulter eines Nebenstehenden auf die Schlagzeile seiner Zeitung. »Der Philosoph Moritz Schlick erschossen.« Noch heute spüre ich, wie mir die Knie wankten, der Kopf zu schwindeln begann. Ohne meinen Willen rannen mir mitten in der überfüllten Straßenbahn die Tränen herunter. Ich stieg aus und lehnte lange an einer Hauswand. Es war der tiefste Schmerz, nicht vergleichbar mit bisherigem Liebeskummer, der mir zugestoßen war. Ich schrieb eine erste Danksagung an den großen Mann in der *Neuen Freien Presse*, in der ich ihn unser aller menschliches Vorbild nannte – »keiner, der bei ihm nicht zugleich mit der Klarheit im Denken auch den Wunsch nach Sauberkeit im moralischen Empfinden aufgenommen hätte«. Aber die Presse des Ständestaats verzerrte sogleich sein Bild.

Das Wochenblatt *Die schönere Zukunft* rief ihm dieses nach: »Der Jude ist der geborene Ametaphysiker, er liebt in der Philosophie den Logozismus, den Mathematizismus, den Formalismus und Positivismus, also lauter Eigenschaften, die Schlick in höchstem Maße in sich vereinigte.« Und ein anonymer »Professor Austriacus« sah voraus, der Mord würde einer »wirklich befriedigenden Lösung der Judenfrage dienen«. All das, während die Nazipartei noch illegal war! Im *Linzer Volksblatt* gab es die authentischen klerikoautoritären Töne. Schlick habe »Edelporzellan des Volkstums« verdorben, »heimathörige Schollenkinder, edlen Wuchs aus dem geistigen Kraftreservoir unseres Bauernstandes«. Zum »Muß-Juden« erklärt, seine wahrhaft liberale Haltung dem »Austro-Marxismus« zugerechnet, wurde er zu einem schuldigen Ermordeten gestempelt, dessen Mörder in Wahrheit unschuldig war. Dieser, Hans Nelböck, ein »studierter«

Bauernsohn, der vom Klinikchef Pötzl als »schizoider Psychopath« eingestuft wurde, hatte die Tat aus unbegründeter Eifersucht begangen, aber als Rache für den Verlust seines religiösen Glaubens durch Schlicks Lehren dargestellt. Das ersparte ihm die Todesstrafe. Er wurde drei Monate in die Irrenanstalt Steinhof gesteckt und saß dann zwei Jahre in Haft. Ein halbes Jahr nach dem deutschen Einmarsch war er frei.

Den Entschluß, Österreich zu verlassen, hatte ich längst gefaßt. Ich lebte nur noch auf Abruf. Die Frage war: wo sollte ich hin? Der »Docteur« – einmal empfing er mich, Krankheit vortäuschend, im Pyjama und orientalischen Schlafrock – plädierte für Paris. Der Magus fand, ich sollte erst mit ihm nach Italien fahren und die Entscheidung auf den Herbst verlegen. Von dem asketischen Mann, der nur an meiner geistigen Entwicklung interessiert schien, war keine erotische Annäherung zu befürchten. In der Tat verlor er nur einmal, auf Capri, die Contenance, und dies nicht ohne Grund. Inzwischen beschaffte er mir Quellen über die Günderode, deren Biographie zu schreiben mich reizte, und riet mir von dem »Roman einer Rothaarigen« ab, den ich damals gleichfalls erwog. Eine Eintragung in meinem Kalender, kurz vor der Abreise, lautet schlicht: »Torberg beschimpfte mich unaufhörlich« – wo und weshalb, bleibt ungeklärt.

Am vorletzten Tag traf ich Willi. Er schenkte mir – mehr von symbolischer Bedeutung als zu dieser Jahreszeit nützlich – einen Regenschirm. Abends kam Joe Lederer zu mir, eine damals berühmte Schriftstellerin, die aus Berlin nach Wien zurückgekehrt war und sich mit mir angefreundet hatte. Sonntag den fünften Juli fuhr ich mit dem Magus nach Venedig ab. Ich hatte des Docteurs Zahlungen gespart und war auch sonst nicht ganz ohne Mittel. Freilich kam der reiche Privatgelehrte für alle zusätzlichen Annehmlichkeiten der nächsten sechs Wochen auf. Doch wir reisten bescheiden: in der dritten Klasse oder mit örtlichen Autobussen, in kleinen Hotels oder Pensionen absteigend, die reinlich waren, aber keineswegs luxuriös, und auch hier zumeist vegetarisch essend, obschon der Magus meinem gelegentlichen Wunsch nach kräftigerer Kost nicht im Wege stand. So gelangten wir in sechs Wochen, immer wieder kurze oder längere Aufenthalte einlegend, gemächlich bis Neapel. Viele Stunden jedes Tages verbrachten wir in Kirchen und Gemäldegalerien.

Es bedurfte nicht Goethes, der sich übrigens oft abfällig über Italien geäußert hat, um dem Land zu verfallen, wo die Zitronen blühn. Wer konnte, zumal in der Zeit vor dem Massentourismus, dieser Schönheit und leichten Lebensart, diesen Relikten uralter Größe und Würde widerstehen? Der Mann, mit dem ich die zweite Hälfte meines Lebens teilen sollte, fiel in Verzückung, wann immer er den Boden Italiens betrat. *Haec est Italia, diis sacra!* – dies sein erster Gruß. Gewiß, es war damals das Land Mussolinis; das Land der gockelhaften Schwarzhemden allenthalben; der aufgeblähten Bersaglieri mit ihren Hahnenfedern, die unserer Heimwehr zum Vorbild geworden waren; der Hybris eines Heldentums, das in allen Weltkriegen versagte, sich aber durch den kürzlich errungenen Sieg über die armen, hilflosen Äthiopier bestätigt fand. Aber tat all das unserer Genußfreude Abbruch? Um ehrlich zu sein: nicht viel.

Während wir die lieblichen kleinen Duchesse in den Uffizien bewunderten oder Donatellos Knaben im Bargello-Hof, während wir festgebannt vor Cimabues heiligem Franz in Assisi standen oder aus dem Tempelchen des Clitunno hinausblickten auf die umbrische Landschaft und den Götterhain, rüsteten sich die Regimenter des Duce schon zur Teilnahme am spanischen Bürgerkrieg. Im Gästebuch, das im Schloß des Marchese Guglielmi auf der Insel im Trasimener See auflag, waren die

Namen des Generals Franco und seiner gesamten Familie eingetragen. Italienische Truppen planten nun die Retourvisite an der Seite seiner Armee. Wir jedoch durchforschten unbeirrt dies von den vermaledeiten Faschisten beherrschte und doch so gesegnete Land. In Passignano am See saßen der Segretario politico und der Rechtsanwalt in innigem Verein mit dem Dottore Cohen im Café, aber drüben am anderen Ufer wurden die jungen Fliegeroffiziere zum Einsatz in Spanien ausgebildet. Mit einem von ihnen, Mario, durchtanzte ich eine halbe Nacht.

Wie wird man, später einmal, fertig mit solcher Erinnerung? Meinesgleichen schreibt ein Buch darüber. Schon unterwegs träumte ich mir eines aus, es sollte *Licht in Umbrien* heißen. In England, wo es entstand und zuerst erschien, wurde der Titel verändert und die Geschichte um ein Jahr zurückverlegt, aber alles, was ich in jenen Sommerwochen erfuhr, ging darin ein, und viel Ausgedachtes dazu. Dem politischen Hintergrund wurde mehr Aufmerksamkeit gewidmet, als wir ihm geschenkt hatten, doch im Unbewußten war alles gespeichert und kam zur rechten Zeit hervor. An eben dem 11. Juli, an dem ich in Passignano auf den Ball ging, wurde in Wien vom deutschen Botschafter von Papen ein Abkommen Hitlers mit Schuschnigg unterzeichnet. Der Magus las davon in den italienischen Zeitungen und kündigte mir, ohne äußere Bewegung, das baldige Ende der österreichischen Unabhängigkeit an. Der Bundeskanzler hatte nun auch die ihm unliebsam gewordenen Heimwehren und deren Führer ausgeschaltet, aber der starke Mann, den er jetzt zu spielen gedachte, sollte zu schwach sein, um die Atempause zu nützen. All das erkannte und erklärte mir der Magus und dachte doch nicht daran, sein Strnad-Haus und die große Bibliothek in der Mayerhofgasse auf der Wieden zu verlassen. Wir aber zogen vorerst weiter nach Süden, durch Umbrien über die Abruzzen nach Rom.

Mit Freunden an der Fremdenuniversität Perugia, 1936

Wozu noch einmal schildern, was danach *con amore* beschrieben worden ist? »Wein Oliven Sonne Lorbeer« steht in meinem kleinen Kalender, und: »Perugia, die schönste Stadt meines Lebens.« Vielleicht ist sie's immer noch. Wir verbrachten dort elf Tage, wanderten in der Tat einmal nachts nach Assisi und kamen im Morgengrauen an. Spanier, Deutsche, Holländer, Schweizer und Franzosen lernten wir kennen an der Sommeruniversität, auch zwei amerikanische Mädchen, die uns beschworen, in Rom einen ihrer Freunde, den jungen Alberto Moravia aufzusuchen, der vor Jahren durch seinen ersten Roman *Gli Indifferenti* aufgefallen war. Aber als wir am 1. August aus Aquila in Rom eintrafen, hörten wir bald, der Schriftsteller sei in Capri. Die Adresse gab man uns auch.

In der letzten Zeit war der Magus, obschon er mich nicht nur durch den Vatikan steuerte, durch viele Kirchen, das Forum und Kolosseum, das Capitol und den Quirinal, sondern auch in vornehme Restaurants wie den Fedelinaro einlud, oft unfreundlich und gereizt, als habe sich der Plan dieser Reise nicht ganz erfüllt. Er war, wiewohl dem Wesen nach nahezu ein Anachoret, eben doch kein bloßer Geistesmensch und weniger bedürfnislos, als ich gemeint und er mich hatte glauben machen. Ein Mann von vierundfünfzig, lieber Gott, damals für mich ein Greis! Doch ich hatte mich geirrt und wohl auch, in mancher Weise, auf seine Gefühle keine Rücksicht genommen. Immerhin verlor er noch nicht die Geduld, deutete nur leise Mißstimmungen an. Nach sechs Tagen beschlossen wir, nach Capri zu fahren, ohne uns lange in Neapel aufzuhalten. Die Überfahrt war ruhig. Wir stiegen, ahnungslos, auf der falschen Seite der Insel ab. Niemand wohnte an der Marina Grande. Aber abends saßen wir schon oben auf der Piazza im Café.

In Wahrheit hatte der Magus keinen Grund zur Beschwerde. An der Kameraderie der jungen Leute, die mich allerorten umschloß, nahm er unverdient teil. Wie sonst hätte ein wunderlicher Hagestolz, dürr, trocken und hochfahrend, ja abweisend im Bewußtsein seiner Klugheit und Bildung, mühelos Zugang zu Menschen meines Alters gefunden, wie sie mir über den Weg liefen, an jedem Ort Italiens, in jeder Stadt? So auch in Capri. Wir haben sofort nach der Ankunft Nachricht in Moravias Quartier gelassen, wo wir erreichbar sind. Zunächst verfehlt uns sein Besuch: »Der dumme Boy im Hotel hat alles falsch ausgerichtet.« Anderntags erscheint er nicht, doch ich begegne einer Freundin aus Wien und borge mir Geld von ihr, denn ich will noch ein paar Tage bleiben.

In der Bar Tiberio lernen wir den Maler Jakovlev kennen, der Moravia kennt. Etwas bereitet sich vor, der Magus, wohl doch hellsichtig begabt, will es nicht mehr

Auf der Überfahrt Neapel–Capri, 1936

miterleben, er verkündet brüsk seine Abreise auf die Insel Korčula, wo er einsam meditieren will. Ich vergieße Tränen aus Scham, aus Kränkung, die er mir zufügt, die ich ihm zugefügt habe. Am Morgen des 10. August bringe ich ihn zum Schiff nach Neapel. Dann genieße ich selbst, in Anacapri, einen Tag der Einsamkeit. Gegen Abend finde ich im Hotel eine Botschaft von Moravia und steige die vielen Treppen zur Piazza hinauf. Die Bar ist voll junger, in allen Sprachen scherzender Leute, in ihrer Mitte Moravia, der mich sogleich auf den Platz neben sich zieht. Er hat ein kantiges, wenig schönes Gesicht, dessen Ausdruck mich verwirrt und fesselt: auf dem Untergrund einer tiefen Düsterkeit leuchtet immer wieder ein Lachen auf, übertrieben, ja hektisch, und doch umschattet: ein Kontrast, wie ich ihm Jahrzehnte danach bei Thomas Bernhard begegnen soll.

Überraschend springt Moravia auf und erklärt, mich heimbegleiten zu wollen. Ich merke zum ersten Mal, daß er ein leicht lahmes Bein nachzieht, sich dennoch eilig fortbewegt, wenn nicht läuft. Auf den Treppen zur Marina Grande wird er langsamer, bleibt an einer dunklen Ecke stehen. In mein Büchlein trage ich nachts noch ein: »Amour.« Am nächsten Tag: »Le parfait amour de détresse.« Ich verfiel ins Französische, weil wir uns in dieser Sprache unterhielten und einander später schrieben. Die nächsten Tage verliefen nicht anders. Ich ging schwimmen und erforschte die Insel, erst gegen Abend stieß ich zu den neuen Freunden. Ihre wilden witzigen Gespräche waren mir, wenn sie in ein hastiges Italienisch zurückfielen, häufig unverständlich. Vieles an ihnen erschien mir unheimlich und faszinierend, vor allem Moravia selbst. Einer seiner Kumpane, Prampolini, hinkte stark, war weit mehr behindert als er; die beiden, nebeneinander über die Piazza gehend, boten den Anblick einer tragischen Farce.

Mit zweiundzwanzig Jahren, 1929, hatte Moravia sei-

Alberto Moravia

nen ersten Roman *Gli Indifferenti* geschrieben und wurde damit augenblicklich berühmt. Die Amerikanerinnen
hatten das Buch gelesen, ich kannte es ebensowenig wie
Le ambizioni sbagliate, das im Vorjahr herausgekommen
war. Im Grunde wußte ich nichts von ihm, erfuhr es erst
im unmittelbaren Umgang: seine Bitterkeit, seinen Zy-
nismus, seine schwarze Erotomanie. Bis heute, obwohl
ich ihn mehrmals wiedersah, mich inzwischen mit seinem Werk vertraut machte, ist mir nicht klar, was ich von
ihm halten soll. Dieser tiefe Ernst, dieses dunkle, solenne

Grübeln, diese langen Pausen, in denen er in sich hinein-
zublicken schien, als fände er dort den Urschlamm der
Schöpfung! Und doch mag er an nichts anderes gedacht
haben als an eine weibliche Rundung oder Höhlung,
denn aus seinen Romanen, seinen Erzählungen geht hervor, wie sehr er vom Geschlechtlichen besessen ist. In
den *Indifferenti* verweist kein Wort auf den faschisti-
schen Alltag. Moravia selbst war freilich ein potentielles
Opfer, verbrachte das Ende des Krieges im Versteck,
wurde schließlich Kommunist, Abgeordneter zum Eu-
roparat, Rußlandreisender, Präsident des Internationalen P.E.N. Clubs. Aber wer war, wer ist Moravia wirklich? Ich weiß es nicht.

Auf Capri, während der kurzen Dauer dieser *amour
de détresse*, war ich ihm verfallen. Der ständige Wechsel
zwischen jäher Heiterkeit und profundem Verstummen
berückte mich. Der Name Grave, den ich ihm gab,
mochte oder mochte nicht den Grundton seines Wesens
treffen. Als ich ihm nach dem Krieg in Rom von neuem
begegnete, fand ich einen ungemein erfolgreichen Mann,
den Autor von *La Romana*, allenthalben als »orso« bekannt. Ungesellig, grämlich, ja ruppig wie ein Bär mag er
sich gegeben haben, wenn Menschen ihn langweilten
oder abstießen. Kälte lag in seiner Natur, auch in seiner
Passion. Die sprunghaften Aufhellungen waren seltener
geworden. Daß er, zehn Jahre zuvor, noch der weicheren
Gefühle fähig gewesen war, hatte sich am Ab-
schiedsabend gezeigt, sprach auch aus den Briefen, die
ich noch wochenlang von ihm erhielt und die den Zeit-
läuften zum Opfer fallen sollten.

Um die Mitte des Monats war ich wieder in Wien.
»Hier ist es schön, kühl, angenehm und geordnet.« Ich
ermahnte mich: »Keinen Unsinn mit Peter.« Täglich an
Moravia denkend, fuhr ich mit den Eltern ins Salzkammergut, nach Mattsee, wo Peter, aus England angereist,
aber schon ortsüblich eingekleidet, Quartier genommen

hatte. Löwensteinsche Vasallen waren in der Nähe. Volkmar Zühlsdorff, halb spaßhaft, halb ernst damals »das Gräflein« genannt, verliebte sich kurz in meine Mutter. Auf einem Spaziergang im Wald, überspannt wie schon lange nicht mehr, bekränzte ich mich wie Ophelia und redete wunderliche Dinge. Peter hatte nicht den geringsten Humor dafür. Dennoch schien die Zukunft mit ihm unausweichlich. Ich begann den Roman über Italien zu schreiben. Einen Tag verbringen wir in Salzburg, bei den Festspielen, mit dem exquisiten Programm der *Oca di Cairo* und des *Pauvre Matelot*. Daß ich Österreich noch im Herbst verlassen will, steht seit langem fest. So wendet denn mein Vater nichts dagegen ein, daß ich nach London gehe und das prekäre Schicksal der Emigrantin auf mich nehme. Von der legalen Bindung an Peter rät er ab. Zugleich nennt er mich bereits die »Maulrappin« – nach der Sippe der Maulrappen, Urbewohner der Burg Wolkenstein in Peters von ihm so geliebten Buch.

Ende August ist alles beschlossen. Nur dem Plan meines Vaters stimmt Peter nicht zu. Geheiratet muß werden. Wir entfernen uns in verschiedene Richtungen. Und dann, so und nicht anders steht es in meinen Notizen, betreten noch einmal alle Protagonisten die Bühne, bevor der Vorhang fällt. »Willi rief dreimal an.« Bei Hansi taucht Hafis auf, an demselben Abend wie Klaus Dohrn: ein seltsames Gästepaar. Ein erster Brief von Moravia, der mich ins Herz trifft. Meinem Kalender klage ich, und kann mich dem Vorwurf der Geziertheit noch im Selbstgespräch nicht entziehen: »Oh, gloomy man who takes everything seriously and s'en fout de tout.« Zwischendurch immer Ausbrüche der Zerrissenheit, des Zweifels. »Wie wird das alles sein? Und mein herrliches Unglück? Und die viele Liebe?« Freunde glauben mir noch in letzter Minute abraten zu müssen. »Hansi wütend, prophezeit alles Schlimme.« »Der Magus sagt infernalische Bosheiten über meine Ehe.« »Willi, mager vor Kummer«, schickt nach einem »rührenden Abschied in der abendlichen Gasse viele rote Rosen«. Aber Tino schreibt mir, von Hansi mit unterzeichnet, eine höhnische Postkarte, auf der er mir »molti bambini ebraici« wünscht. Ich lese die *Wahlverwandtschaften*, arbeite, packe. Am 24. Oktober verlasse ich Wien.

Bis zum Ende des Jahres 1936 trug ich nichts mehr in mein Notizbuch ein. Doch die Wochen bis dahin sind in meine Erinnerung eingegraben. Zunächst fuhr ich, mit dem Nachtzug, nur bis München, um mich Peters Mutter, Gerta von Cube, als künftige Schwiegertochter vorzustellen. Sie lebte damals mit ihrem jüngsten Sohn, der trotz des jüdischen Großvaters und Namengebers zum Arbeitsdienst eingezogen worden war, dank ihrer lupenreinen Abstammung unangefochten, aber widerwillig, noch im »Dritten Reich«. An einem einzigen langen Tag lernte ich dessen abstoßende Züge kennen. In München überwog in jenen Jahren ohnehin das Bäuerliche die Eleganz. In einem Hauch von Weißwürsten, Senf und Kraut ging ich durch die Straßen, Braunhemden, Schaftstiefel, BDM-Mädchen mit Zopffrisuren überall. Ich hatte meine Koffer an der Bahn abgestellt, saß kurz in einem Park und puderte mir ahnungslos die Nase. Feindliche Blicke der Passanten stachen auf mich ein. Ich wanderte weiter, geriet in die Nähe der Feldherrnhalle und wurde von Uniformierten aufgefordert, die Hand zum Hitlergruß zu heben. Sollte ich lange Erklärungen abgeben? Ich habe es getan.

Nachmittags traf ich Frau von Cube im »Carlton Teeraum« – Hitlers Leiblokal. Vorerst mochte ich ihr, nach der Baronesse von Tschirschnitz, wohl nicht unbedingt willkommen sein. Ein wenig distanziert, aber nicht unfreundlich, begann sie mich zu warnen: vor Peters Jähzorn, seiner schwankenden Laune, dem von baltischen Vorfahren ererbten, unberechenbaren Temperament. Langsam sich erwärmend, erzählte sie Geschichten aus seiner Kindheit und Jugend, wie er trotzte, ausriß, zuletzt so untraktabel wurde, daß man ihn in ein Internat abschob. Vieles blieb ungesagt, aber manches davon hatte ich schon erfahren. Wir nahmen höflichen, wenn nicht herzlichen Abschied. Von ihrem zweiten Mann getrennt, sah Frau von Cube keinen Grund, länger als irgend nötig in Deutschland zu bleiben. Noch vor Kriegsbeginn ging sie davon, unter Hinterlassung großer Vermögenswerte, darunter eine heute unschätzbare Sammlung »entarteter« Maler, erworben von Peters Vater in Hellerau.

Abends reiste ich weiter, nach Paris. Dort warteten zwei Freundinnen auf mich, Lili und Vera, kürzlich erst aus London zurückgekehrt in ihr kleines Hotel der *rive gauche*. Ich blieb zwei Tage und ließ mir von ihnen erklären, daß der Kanal in Wahrheit breiter war als das atlantische Meer, daß England näher an Amerika lag als an Europa, und daß sie sich hier, in Frankreich, nach den Wochen im wildfremden Land schon wieder wie zu Hause fühlten in Wien. Eine nützliche Vorbereitung. An einem grauen Nachmittag setzte ich von Dieppe nach Newhaven über – die längste Route, ich habe sie nie wieder gewählt. Es regnete und stürmte. Ich verkroch mich in den Bauch des Schiffes und fühlte mich elend. Am Quai, es war schon dunkel, stand nach der peinlichen Befragung durch den Immigration Officer Peter, den hohen und breitrandigen Hut der Dreißigerjahre auf dem Kopf, den Kragen seines Trenchcoat hochgeschlagen. Da verließ mich einen Augenblick lang mein Mut.

Wir stiegen in den Zug nach London ein. Ins kleine Abteil reichte uns ein Bahnkellner Papiermaché-Becher mit süßem, heißem, milchigem Tee. Es roch nach Rauch und Virginiatabak, nach Lucky Strike-Zigaretten wie in der Pariser Métro, aber doch anders, ganz anders, wahrhaft fremd.

147

VII

Welcome London Finis Austriae

Ein Winter ohne Schnee. Gleichwohl friere ich mehr als je in Wien. Es nebelt, nieselt, regnet, stürmt. Durch alle Ritzen, in alle Poren dringt feuchte Kälte, die Schiebefenster lassen Zugluft ein, eine Luke im Badezimmer steht unverrückbar offen, die Strahler in den einstigen Kohlenkaminen erwärmen die Räume nur wenig, es riecht dumpfig im ganzen Haus.

Wir wohnen auf Nummer 59 in Linden Gardens, einer stillen Straße, die als Schlinge von der Kreuzung Notting Hill Gate abgeht und wieder zu ihr zurückkehrt. Hier oben auf der zweiten Etage hören wir dennoch alle sieben Minuten einen Zug der unterirdischen Central Line rumpeln, von morgens halb fünf bis nach Mitternacht. Wir heizen mit Gas, dessen Zähler mit Sixpence oder Schillingen gefüttert wird. Wenn wir keine haben, werfen wir Münzen anderer Währung oder Knöpfe ein. Monatlich erscheint der Kassier, schließt den Zähler auf, sondert stumm die wertlosen Talons von den soliden britischen Silberlingen und sagt dann trocken, ohne Vorwurf: »That'll be seven and three.« Das leise Erzittern der Fußböden beim Grollen der »tube«, den geldgierigen Gaszähler – all das kenne ich schon aus dem Film *Escape me never* mit Elisabeth Bergner, den ich in meiner Dissertation mit dem Roman von Margaret Kennedy verglichen habe. Jetzt ist es meine eigene Wirklichkeit.

Um die Ecke am Notting Hill Gate gibt es einen Delikatessenladen, von Mr. Jennings geführt, einem blassen, beleibten Mann mittleren Alters, dessen gewähltes Englisch ich verstehe: das Cockney aller anderen Ladenbesitzer, Bus-Schaffner, Handwerker nicht. »Men of the trees« steht auf dem Pappschild an der Wand, aber Mr. Jennings zieht andere Männer den Bäumen wie den Frauen vor. Was er an »kontinentalen« Spezereien anbietet, hat mit französischer Pâté, deutscher Leberwurst, österreichischem Erdäpfelsalat nicht das geringste zu tun. Dennoch beziehen wir die meisten Lebensmittel von ihm oder von der Express Dairy gegenüber, die uns überdies Kredit gewährt. In der näheren Umgebung liegen noch ein winziger Buchladen und einige »Cafeterias«, in denen Unsägliches serviert wird: »baked beans« und »spaghetti on toast«. Zwei »Pipi-Kinos«, wie Peter sie nennt, zeigen statt der Hollywood Epics der großen Verleiherketten gute alte Filme zu unserem Gewinn. An der Ecke der Palace Gardens Terrace aber steht ein ziemlich neuer Wohnblock im *art déco*-Stil, der Broadwalk Court, mit dem wir alle jahrzehntelang verbunden sein werden.

Wir indes, Peter und ich, besitzen in der von einer Mrs. Mitchell möbiliert gemieteten Wohnung ein Schlafzimmer und ein Wohnzimmer, in dessen entferntesten Ecken wir unsere Schreibmaschinen aufgestellt haben, um darauf Romane zu dichten: Peter *All that matters* und ich mein Italienbuch. In einer dritten Stube haust der Löwensteinsche Vasall Hans-Jürgen, auch »der Bube« oder »der Master« genannt, ein engelsschönes, musikalisch begabtes Berliner Kellerkind, das sich in einigen Monaten mit der vornehmen englischen Erbin Madge, zur Zeit im Broadwalk Court wohnhaft, vermählen wird. Aber auch das Gräflein, der »Graf« Zühlsdorff, ist bei Mahlzeiten häufig zugegen.

Abwesend freilich ist Prinz Hubertus zu Löwenstein-Wertheim-Freudenberg, Graf von Löwenstein-Scharffeneck, der sich vor kurzem in die Vereinigten Staaten begeben hat, um die im April des Vorjahres dort von ihm

In England 1937

begründete »American Guild for German Cultural Free-
dom« fester auf die Beine zu stellen. Peter hat in seinem
Namen und in dem der »Guild« eine *Denkschrift über die
Begründung einer Deutschen Akademie in New York* verfaßt und ist nun des Prinzen Londoner Statthalter: eine
ihm zugesagte, wenn auch bescheidene Einnahmsquelle,

die er meinem Vater gegenüber als gesichert dargestellt hat. Aber nichts, nichts wird aus Amerika überwiesen, und das Porto für den anbefohlenen umfangreichen Briefwechsel belastet noch unser kaum vorhandenes Budget. Daß der jüngere Bruder von Hubertus, Prinz Poldi, als Trauzeuge bei unserer Hochzeit fungiert – statt goldener Eheringe mußten wir messingne Vorhangringe tauschen –, war wohl als Trost, wenn nicht als Abgeltung gedacht.

Die kleine Welt von Notting Hill wird, im Vokabular unseres Kreises, als »angenehm louche« bezeichnet. Aber jenseits von ihr, die Kensington Gardens und den Hyde Park entlang bis zum Marble Arch mit allem, was dort beginnt, erschließt sich uns die »Nabe« eines Weltreichs, das um jene Zeit noch intakt ist und von unvorstellbarer Macht und Pracht. Londons Straßen, sobald wir unser Viertel verlassen, scheinen mit Gold gepflastert. Immer von neuem bestaunen wir die Hotels und Hausburgen der Park Lane; die riesigen, ehrwürdigen Warenhäuser der Oxford Street; Piccadilly Circus mit seiner Eros-Statue, von der sich unsichtbare Fäden in alle Himmelsrichtungen bis zu den Antipoden ziehen; Mayfair und Belgravia, die Quartiere der Reichen; all die edlen georgianischen Fassaden, das viele Grün. Und überall dies Gewimmel exotischer Figuren, vornehm gekleideter Inder und afrikanischer Stammesfürsten – obschon wenig schwarze Gesichter, denn die Einwanderung aus den West Indies ist noch weit. Wir sind überwältigt von der schieren Größe und Vielfalt dieser Stadt. Ihr anzugehören, in ihr zumindest geduldet zu sein – auch wenn alle drei Monate bei der Fremdenpolizei in der Bow Street um Aufenthaltserlaubnis angesucht und ihre Verlängerung mit Zittern und Bangen abgewartet werden muß –, ist ein beglückender, ja erhebender Gedanke. In der Kindheit noch vom imperialen Glanz des alten Österreich gestreift, fühle ich mich zurückversetzt in die Jahre vor dem Ersten Weltkrieg.

Auf der anderen Seite unsere Armut. Daß wir nicht

Bruno Frank

Hunger leiden, wenn die Kasse leer ist, haben wir nur jener kleinen Express Dairy am Notting Hill zu verdanken. Von Milch, Eiern, Toastbrot, mehligen Bratwürstchen und Dosengemüse läßt sich's einige Wochen leben, wenngleich man sich auch nicht allzu viel davon allzu oft gönnen darf, weil die Rechnung eines Tages ja doch mit sanftem Nachdruck eingefordert wird. Alle anderen Güter des Lebens sind in solcher Bedrängnis unerschwinglich. Für die Miete sorgt zeitweilig der »Master«, dem die Verlobte etwas »leiht«. Dann kommt ein kleiner Scheck für eine meiner Kurzgeschichten, die Peter ins Englische übersetzt hat und die der *Daily Express* druckt. Oder es taucht Zuckmayer auf, noch im österreichischen Henndorf daheim, und heuert Peter zur Mitarbeit an einem Filmskript an. Einmal hilft uns Bruno Frank mit acht Pfund, den wieder einmal drohenden Abgrund zu überbrücken. Anstatt die gesamte Schuld bei der Molkerei zu bezahlen, gehen wir sogleich für ein Pfund dinieren ins Royal Palace Restaurant. Von Peter lerne ich eine Lebensform, die später mit dem Wort »brinkmanship« gekennzeichnet wird: immer an der Kante einer Kluft entlang, stets dem Absturz nah.

Wir führen eine Zwischenexistenz. Zwischen adeligen Prätentionen und einer *vie de bohème*; zwischen englischen Freunden, von dem verlotterten Intellektuellen Eric Dancy bis zu dem wohltätigen Trivialautor Sir Philip Gibbs und den einstigen Leuchten der deutschsprachigen Literatur, die sich hier ein wenig komfortabler als wir, aber doch vergleichsweise bescheiden eingerichtet haben. In der Wohnung Stefan Zweigs, der die schönen Räume in der Hallam Street samt seiner Sekretärin und späteren Frau Lotte zeitweilig an Robert Neumann vermietet hat, finden Zusammenkünfte statt, wie sie heute undenkbar erscheinen: Dichter lesen einander aus ihren entstehenden Manuskripten vor und hören stundenlang respektvoll zu, um dann den anderen das eigene Geschriebene zuzumuten. Was bis zum Ausbruch des Krieges üblich war, aber nach dessen Ende nur noch als Gruppenstrategie betrieben und allmählich von einzelnen und erträglicheren Lesereisen abgelöst werden soll, setzt sich hier in der Emigration noch ein Weilchen fort.

Max Herrmann-Neiße hielt sich fern von diesen Zusammenkünften, bei denen Bruno Frank, gelegentlich der angereiste Zuckmayer, Neumann selbst und Peter sich produzierten, nie jedoch ich. Ab und zu besuchten wir ihn in einer wohlausgestatteten Wohnung und der seltsamen *menage à trois*, die er und seine Frau mit dem Juwelier Sondheimer führten. Die wunderschöne Leni, oft von ihm besungen, teilte das Schlafzimmer mit dem kleinen, kahlen, verwachsenen Mann. Sondheimer hielt sich im Hintergrund. Mich erschreckte die Geste, mit der Leni, als sie mit Herrmann-Neiße und uns sich anschickte, auf

Max Herrmann-Neiße

einen kleinen Spaziergang in den Hyde Park zu gehen, ihrem Mann den Hut auf die Glatze drückte – durchaus liebevoll, aber dennoch ein wenig spöttisch, wie einem Zirkusclown. Herrmann-Neiße hatte unser aller Verse geschrieben: »Wer mich zu entehren glaubte / wenn mit frevelndem Befehle / er das Heimatrecht mir raubte, / ahnt die ewig lenzbelaubte / Heimat nicht in meiner Seele.«

So unser Umgang mit der Vergangenheit. Dagegen: unser Eintritt in die englische Sprache, ins geschriebene Wort, schließlich in eine Gemeinschaft von Schriftstellern in diesem Lande. Peter ist hier viel weiter als ich. Er hat couragiert, zudem gestützt auf ein starkes linguistisches Talent, in Paris erst französisch zu schreiben gewagt und schwingt sich jetzt, in dem Roman *All that matters*, zum Englischen auf. Eric Dancy, sein Freund aus dem Quartier latin, nun wieder in London, hilft ihm dabei. Und im Januar 1937 nimmt der Verlag Hutchinson, in dem bereits eine Übersetzung von Peters *The House of Cosinsky* erschienen ist, das neue Buch an. Für eine Weile sind wir von den quälendsten Sorgen befreit.

Während die meisten Literaten im Exil nicht daran denken, ja gar nicht für möglich halten, ihre mehr oder weniger erreichte Meisterschaft im Deutschen zugunsten einer nur mühsam erlernbaren, zwangsläufig vereinfachten und herabgeschraubten englischen Schreibweise aufzugeben, ist Peter fest zu diesem Tausch entschlossen und nötigt mich gleichfalls dazu. Am Telefon klage ich, den Tränen nah, Robert Neumann mein Leid: »Gerade in einem Augenblick, in dem ich begonnen hatte, meiner sicher zu sein, einen eigenen Stil zu entwickeln, muß ich –.« Er unterbricht mich mit der gleichen heiteren Unerbittlichkeit, mit der er meinen ersten Roman, seinen Vorstellungen nach, zurechtgekürzt hat: »Unsere Vorfahren hat man auf Scheiterhaufen verbrannt. Da wirst du noch lernen können, in einer anderen Sprache zu schreiben.«

Wie lernt man schreiben? Indem man liest. Wir lasen uns ein in die Dichtung, die Essayistik, die Feuilletonistik der englischen Dreißigerjahre, einer literarisch ungemein anregenden, ja aufregenden Zeit. Eine neue Generation war gemeinsam auf die Szene getreten: wie alles, was damals in der Politik, der Kunst, den Professionen zu Geltung kam, an den Universitäten Oxford und Cambridge herangezüchtet, herausgefordert und gehegt. Auden und Isherwood, Spender, MacNeice, Rex Warner, John Lehmann und Cecil Day Lewis waren »rosa Intellektuelle«, manche sogar röter und rot genug, um nach Spanien zu fahren und der Regierungsseite Hilfsdienste zu leisten. Einige ihrer Altersgenossen, schöne und begabte junge Männer wie John Cornford und Virginia Woolfs Neffe Julian Bell, fielen als Kombattanten im

Bürgerkrieg. Auden und Isherwood, Spender und Lehmann, Knaben zugetan, folgten den Verlockungen leichten Lustgewinns nach Berlin, um dann die fiebrige Agonie der Weimarer Republik mitzuerleben, oder ins Wien der Februarkämpfe – schaurig fasziniert von der europäischen Tragödie, wo immer sie am sichtbarsten war.

Aus ihrer Lyrik, ihrer atemlosen Prosa hörten wir den Ton der Zeit heraus. Wir bewunderten ihr Engagement, das sich gleichwohl, wie bei Auden, in einer überaus anspruchsvollen Wortwahl artikulierte, einer elitären Denksprache, zu der wir nicht allzu rasch Zugang fanden. Es war nur eine modische Version der wechselnden Geheimsprachen von »Oxbridge«, aber bei einigen führte sie in ein überragendes Lebenswerk. Die herrschende Romanform hingegen empfanden wir, geschult an der »neuen Sachlichkeit«, durchaus nicht als fremd. An einem der ersten Wochenenden nach meiner Ankunft, als ich die Sonntagszeitungen aufschlug, für die immer Geld vorhanden sein mußte, weil sie unsere wahren Lehrmeister waren – in jenen ersten Jahren und wohl immerfort –, las ich die Rezensionen von Stevie Smiths *Novel on Yellow Paper*. Ihr Buch schien von den empfindsamen Emanationen weiblicher Erzähler im deutschen Sprachraum, denen von Joe Lederer, Irmgard Keun, Viktoria Wolf, ja meinen eigenen frühen nicht weit entfernt. Rosamond Lehmanns *Dusty Answer* war vor längerem erschienen, galt aber immer noch als eines der Kultbücher der Gegenwart. Ein Genie wie Virginia Woolf indes war unvergleichlich, stand allein für sich.

Nicht nur der *Observer* und die *Sunday Times* belehrten uns; auch die Wochenschriften, vor allem der *New Statesman* und die von Frauen redigierte *Time and Tide* boten Vorbilder der kritischen und kontemplativen Schreibkunst. Hier wie dort fanden wir die Namen Desmond Shawe-Taylor, James Agate, Raymond Mortimer und die der jüngeren Talente, Philip Toynbee, H. P.

Worsley, Cyril Connolly. Erst studierten wir sie: ihre kühnen Ansichten, ihre brillanten Einsichten, ihre geschmeidigen Wendungen, ihre ironischen Anzüglichkeiten, ihren flinken Witz. Dann wandten wir uns ihren Vorgängern zu, Meistern des Essays wie Lamb, Hazlitt, Walter Pater, die wir bis dahin, ganz im Bann der großen englischen Romanciers, gar nicht wahrgenommen hatten. Wir begriffen, daß Einfachheit nicht simpel war, Knappheit nicht flach und Durchsichtigkeit das Ergebnis langwieriger Kristallisationen.

Noch fehlte uns freilich das gesamte Umfeld, der Boden, dem diese eigenartige Phantasie, diese Bildkraft und Bilderwelt, diese Gleichnisse und Analogien, diese Denkmuster entsprangen. Sie waren offenbar in den frühen Jahren der Schriftsteller zu suchen. Erst als wir Kinder hatten, die in England aufwuchsen, holten wir die versäumte englische Kindheit nach und gewannen aus den Reimen und Liedern, den skurrilen und spaßigen Geschichten und Gedichten von Lewis Carroll und Edward Lear, von A. A. Milne und Beatrix Potter jene Kenntnis, an der es uns gemangelt hatte, um all die Hinweise und Anspielungen, die den Inselbewohnern, aber nicht uns einsichtig waren, zu verstehen.

Nun gut, wir wurden langsam heimisch im Bereich der englischen Literatur. Wie aber erwirbt man sich die viel wesentlicheren Vorbedingungen einer Existenz in diesem Land, die englischen Umgangsformen, die englische Lebensart? Ein Beispiel: Im Frühjahr 1937 waren wir eines Abends eingeladen, von einem jungen Verleger und seiner dunkelschönen Frau, zum Dinner mit ein paar von ihren Freunden. Wir kamen etwa um halb acht in der Tite Street, Chelsea, an. Unsere Gastgeber öffneten die Tür, zögerten keinen Augenblick, bevor sie uns einließen, führten uns in ihren Salon und boten uns etwas zu trinken an. Sie waren hübsch gekleidet, wie man eben Gäste empfängt, wirkten ruhig und gelassen, unterhielten sich mit uns über dies und das, ohne jede Ungeduld. Wir saßen und parlierten, fanden die Atmosphäre angenehm und wunderten uns nur ein wenig, daß noch keine anderen Besucher eingetroffen waren. Nach mehr als einer halben Stunde erhob sich einer der beiden, ich weiß nicht mehr, ob Peter – der Gastgeber Peter – oder seine Frau Dorothy, und sagte mit einem entschuldigenden Lächeln: »Ihr seid uns doch nicht böse, wenn wir jetzt allmählich aufbrechen müssen, unsere Freunde in Kensington erwarten uns um nicht viel später als acht.«

Wir waren eine Woche vor dem Datum der Einladung gekommen. »Next Saturday« hatte es geheißen; das bedeutete nicht den kommenden, »this Saturday«, sondern den Samstag darauf. Ein semantisches Mißverständnis. Doch die beiden – er ein Absolvent von Winchester und des Oxforder New College, sie die Tochter eines geadelten Militärkorrespondenten der *Times* – hatten uns den gesellschaftlichen Fauxpas nicht als solchen empfinden lassen, halfen uns auf das Zarteste über ihn hinweg. Daß sie sich dabei, wie in allen Dingen, den Fremdlingen gegenüber nachsichtig zeigten, ging ohne Zweifel einher mit einer den Briten innewohnenden Gewißheit, daß von Nicht-Briten nichts anderes zu erwarten war, mit einem unerschütterlichen und bis heute, selbst von dem Verlust eines Weltreichs nicht erschütterten Gefühl ihrer eigenen selbstverständlichen Überlegenheit. Damit mußte man sich abfinden und fand sich drei Jahrzehnte damit ab.

Die erste Lektion denn, die erste von vielen: von diesem Ehepaar, vor allen von Dorothy oder »Dodo«, bezogen wir – bezog vielmehr ich, denn Peters Hochmut und längst erworbene Weltläufigkeit ließen ihm dies kaum nötig erschienen – die Verhaltensregeln der gebildeten oder auch bloß der gehobenen Schicht im Vereinigten Königreich. Die Grundbegriffe hatten wir längst erfaßt: Don't fuss; don't ask personal questions; don't touch the teapot – den die Gastgeberin handhabt –; tea in

Meine Freundin Dodo

first, milk after; understatement und stiff upper lip. Nun erhielten wir die höheren Weihen. Sie betrafen den richtigen Akzent, die gebotenen Chiffren und Formeln der Umgangssprache, aber auch die Rücksichtnahme und Courtoisie, das grundsätzliche Wohlwollen wie die stets gewahrte Reserve gegenüber dem Mitmenschen, sofern dieser in ihrer Sphäre überhaupt zugelassen war. Nicht Geld, jedoch Name und Erziehung spielten da eine gewisse Rolle. Dennoch galten auch hier die britischen Normen. Dodos Mann, Leiter eines der ersten Londoner Verlage und von höchstem hier erreichbaren literarischen Wissensgrad, hatte noch nie von Lessing oder Kleist gehört, hatte wohl noch keinen deutschen Autor außer ein wenig Goethe gelesen. Mit den obskursten Poeten des »grand siècle« in Frankreich war er sicherlich vertraut.

In Oxford, vor allem in Cambridge, saßen um jene Zeit viele Sympathisanten des Sowjetstaats oder gar heimliche Grenzgänger vom Schlage Philbys. Dieser, aus bestem Hause, war überdies ein Jugendfreund Dodos gewesen. Auch im Hause des Verlegers war man keineswegs konservativ, eher sogar auf der falschen Seite der Liberalen angesiedelt. Kein Zweifel: der Geist im Land stand links. Konservative oder radikal rechte Ausnahmen wie T. S. Eliot, Ezra Pound, Wyndham Lewis oder Roy Campbell wurden politisch nicht ernstgenommen, als zum Teil geniale Exoten angesehen. Bürgersöhne waren stolz darauf, im Left Book Club des Verlegers Victor Gollancz publizieren zu dürfen. Kürzlich hatte Tom Harrisson, »um einen Weg aus dem Massenelend, der intellektuellen Verzweiflung und einem internationalen Trümmerhaufen zu finden«, die soziologische Bewegung der »Mass Observation« begründet. Er und seine Freunde begaben sich nach Bolton nahe von Manchester, eine Stadt der Kleinbürger und Industriearbeiter, um deren Sitten und Gebräuche zu studieren: nicht anders als Lazarsfeld und die Seinen jene von Marienthal. Bereits 1845 hatte Disraeli in seinem Roman *Sybil, or the Two Nations* die Zweiteilung der in Wahrheit weit vielschichtigeren britischen Gesellschaft in Reiche und Arme beschrieben: »Zwei Nationen, zwischen denen kein Umgang und kein Mitgefühl herrscht; die so wenig von den Gewohnheiten, dem Denken und Fühlen der anderen wissen, als hausten sie in verschiedenen Zonen oder wären Bewohner verschiedener Planeten.« Ted Bradley, einen redegewaltigen kommunistischen Agitator, hatten wir am Speaker's Corner im Hyde Park eben diesen Tatbestand anprangern hören: »Seht sie euch nur an, die

Kinder aus Belgravia und die Kinder aus dem Eastend! Da weiß man, ohne lang zu fragen: Baldwins Kind – Arbeiterkind. Chamberlains Kind – Arbeiterkind.« Er hätte ebensogut sagen können: »Gaitskells Kind – Arbeiterkind. Harrissons Kind – Arbeiterkind.« Denn die Sprößlinge der einen britischen Nation, die sich jetzt der Misere der anderen anzunehmen begannen, glichen sich dieser jetzt und in Zukunft in ihrem Lebensstil keineswegs an.

Bei D. N. Pritt, dem sozialistischen Abgeordneten und höchstbezahlten Londoner Anwalt, gerieten wir einmal in den Kreis der linken Elite. In seinen viktorianisch möblierten Räumen traf ich nicht nur Elwyn Jones, inzwischen deutlich ein »kommender Mann«, sondern auch den Sowjetbotschafter Maisky und so eindrucksvolle Gestalten wie den Biochemiker, Genetiker und Marxisten J.B.S. Haldane, Neffe eines Lords, Mitherausgeber des kommunistischen *Daily Worker*, zugleich Chevalier der Ehrenlegion und eine Leuchte der altehrwürdigen Royal Society. Hätte es den Begriff »Establishment« damals schon gegeben, den Henry Fairlie erst in den Fünfzigerjahren prägte – hier hätte man ihn für die Stützen der Labour Party in all ihren Schattierungen gebraucht. Haldanes Schwester war Naomi Mitchison, die im Februar 1934 mit Elwyn nach Wien gekommen war, um den Arbeitern Hilfe zu spenden. Ihr begegnete ich wieder im Londoner P.E.N. Club, der den emigrierten Schriftstellern herzliche Freundschaft, jede Art von Hilfe und so etwas wie ein erstes Heimatgefühl bot.

Was er für uns alle tat, läßt sich nicht genug rühmen. Aus diesem Verein, von einer wohltätig betriebsamen Romancière und dem edlen John Galsworthy als Tischgesellschaft begründet, war nicht nur ein Sammelpunkt aller bedeutenden Autoren – mit Ausnahme der »Bloomsberries« – geworden, sondern in dieser bewegten Zeit ein Hafen, in den sie nacheinander einliefen: die Deutschen, die Österreicher, die Tschechen, dann die

Henrietta Leslie unter ihrem Kinderbild im Glebe House

restlichen Flüchtlinge aus Hitlers Europa. Sie wurden
ans Herz genommen von einer Reihe mütterlicher Frau-
en und selbstloser Männer, willkommen geheißen und
fortan, bis sie ihre eigenen Exilzentren bildeten, der Gemeinschaft einverleibt. Als der Internationale P.E.N.
mitten im Krieg in London seinen siebzehnten Kongreß
abhielt, sollten Schriftsteller aus 35 Ländern an ihm teil-
nehmen. Wir waren mit der ersten Welle hier eingelangt
und wurden in den P.E.N. eingeführt von Robert Neumann, der schon eine der liebreichsten Helferinnen für
sich gewonnen hatte: Henrietta Leslie, Herrin im Glebe
House in Chelsea, eine große Dame und wahre Patrones-

se, zugleich in den spöttischen Worten Neumanns eine unermüdliche »Romanstrickerin«.

Henrietta, wunderbar blauäugig und graumeliert, stattlich, jedoch von einem Hüftleiden leicht behindert, wurde neben Dodo meine engste englische Freundin bis zu ihrem Tod. Dem häufigen Teegast im »Vine Room« ihres uralten Hauses, einem kreisrunden Wintergarten, in dem ein einziger Weinstock sein Laub unter der ganzen Glaskuppel hinzog, versorgt von ihrer rührenden Dienerin mit dem Dickensschen Namen Dorrit, erschloß sich ihre Welt – eine Welt, in der auch die anderen maßgeblichen Figuren im englischen P.E.N. sich bewegten. Sie waren Fabier, liberale Sozialisten wie G.D.H. und Margaret Cole, Liberale schlechthin wie das Ehepaar Pethick-Lawrence, oder zeitweilig, in aller Unschuld, von Moskau angezogen wie der hünenhafte Waliser Clough Williams-Ellis und seine Frau Amabel aus dem Hause Strachey. Sie waren, sofern weiblichen Geschlechts, einstige Suffragetten oder, wie Lord Pethick-Lawrence, männliche Feministen. Sie kämpften laut oder leise gegen Rechtsbrüche und die Anhäufung toten Kapitals wie der jüngst verstorbene John Galsworthy, gegen Übergriffe des Staates wie H.G. Wells, und gegen die Armut in den Midlands und im Norden wie der in Bradford geborene J.B. Priestley. Die tatkräftigsten unter ihnen waren Margaret Storm Jameson, in den entscheidenden Jahren Präsidentin des Londoner P.E.N. Clubs, und der stille, herbe, unauffällig opferbereite Generalsekretär Hermon Ould. Ich hatte eine solche Gruppe wahrer Humanisten und toleranter Moralisten noch in keinem Land gesehen. Im heutigen England ist ihre Art weitgehend ausgestorben.

Bei all ihrer Großmut und Fürsorge: eine Zwischenexistenz, eine Randexistenz blieb man gleichwohl noch lange und fiel auch, nachdem man eine gute Weile näher zur Mitte hatte rücken dürfen, schließlich wieder in eine solche zurück. Inzwischen schreiben wir 1937 und wohnen seit Anfang April in einem neuen Quartier. Mrs. Mitchell hat uns gekündigt, und bald schafft der Gerichtsvollzieher, weil sie ihre Hauptmiete nicht gezahlt hat, alle außer den lebensnotwendigsten Möbeln aus dem Haus. Ich werde auf Wohnungssuche geschickt. Im Winchester Court an der Biegung der Kensington Church Street, einem blitzneuen Bau, finde ich eine winzige, aber reizende Unterkunft: zwei Räume, Badezimmer und »kitchenette«. Der Entschluß, sie zu mieten, ist tollkühn, denn sie kostet zehn Pfund im Monat, dazu kommen drei Pfund für die Raten der Einrichtung aus dem Haus der »Times Furnishing Company«. Ein Bankkredit wird nötig. Die Miete können wir uns immerhin mit Sicherheit leisten, denn seit neuestem verdient Peter eben dies, zehn Pfund monatlich, als zweiter Londoner Korrespondent des *Prager Tagblatts* und des Brünner *Lidove Noviny*.

Der erste Korrespondent ist Peter Smolka, eine inzwischen legendäre, umstrittene Figur. Ich kenne den ungefähr Gleichaltrigen seit seinem dreizehnten Jahr, aus einem Kreis von Schülern des Kundmann-Gymnasiums in Wien, das auch Bruno Kreisky besuchte. In der von dem späteren Verleger Erwin Barth von Wehrenalp gegründeten Zeitschrift *Der neuen Jugend* hat er ein Beiblatt, »Die Jugendstimme«, redigiert. Als ich 1926 mit ihm den Gründungskongreß der Paneuropa-Bewegung besuchte, beanspruchte der Vierzehnjährige meinen Sitzplatz in der überfüllten Loge des Wiener Konzerthauses mit der Begründung, er habe schließlich einer Zeitung über das Ereignis zu berichten. Bald nach der Matura ging er, frühvermählt, nach England und sicherte sich dort den begehrten Posten des Londoner Korrespondenten der *Neuen Freien Presse*. Als solchen sehe ich ihn nach Jahrzehnten wieder. Immer die Nase im Wind, weiß er um Österreichs nahen Untergang und hat beschlossen, das

Wiener mit dem Prager Blatt zu vertauschen. Er braucht einen Assistenten. Und diese Stelle nimmt, schmählich genug, aber mit günstigen Folgen für seine weitere Laufbahn, Peter de Mendelssohn an.

Smolka war ein Freund der Sowjetunion, das wußten wir immer. Wie sehr er es war, stellt sich für mich, unglaubhaft genug, erst beim Erscheinen des Buchs *The Secrets of the Service* von Anthony Glees im Jahr 1987 heraus. Ein halbes Jahrhundert zuvor hat Smolka, mit einer Widmung an T.G.S. – seinen kürzlich geborenen Sohn Thomas Garrigue Smolka –, einen bebilderten Band über das russische Polarreich mit dem Titel *Forty Thousand Against the Arctic* veröffentlicht. Als er kurz vor Kriegsausbruch eingebürgert wird, fragen ihn die Sprecher des Foreign Office, von denen er oft genug Presseinformationen eingeholt hat: »How do you like being British, Smolka?« Darauf er: »I don't like the way you are squandering my Empire.« 1940 wird er denn, schon Peter Smollett genannt, zum Leiter der russischen Abteilung im Informationsministerium bestellt und mit dem OBE ausgezeichnet werden, danach als Korrespondent des *Daily Express* nach Wien zurückkehren, hier nach einiger Zeit an multipler Sklerose erkranken und mit unendlichem Mut, unendlicher Tatkraft, zuletzt gelähmt bis zum Kopf, ein industrielles Unternehmen aufbauen, teuer verkaufen und wieder mit Kreiskys Hilfe noch eine letzte Zeitschrift gründen und edieren, *Austria today*, bis die Krankheit ihn besiegt. Was dahinter gelegen haben mag, ein zweites heimliches Leben viele Jahre lang, ist noch nicht erhellt. Mit all seinen Widersprüchen war Peter Smolka einer der bemerkenswertesten Menschen dieses Jahrhunderts, denen ich je begegnet bin.

In einem Zimmer der *Times*, noch in ihrem traditionellen Gebäude am Printing House Square, hat er das Londoner Büro des *Prager Tagblatts* eingerichtet. Hier steht ein Fernschreiber, auf dem pausenlos der weltweite

Nachrichtendienst der *Times* heruntertickt. Hier werde auch ich mit meinem Mann in künftigen Krisenzeiten viele Nachtstunden verbringen und in meiner nur mühselig entzifferbaren Kurzschrift telefonische Meldungen aus Prag notieren, die ihrerseits der *Times* Aufschlüsse über die Lage in Mitteleuropa vermitteln. In diesen Raum tritt eines Abends ein sehr schlanker, sehr hochgewachsener Mensch, nennt sich kurz Hans Flesch und erbittet höflich, ja bescheiden, irgendeinen literarischen Rat. Die Vermittlung eines Verlages kann es nicht gewesen sein, denn unter dem Pseudonym Vincent Brun sind bei Jonathan Cape schon einige englisch geschriebene Bücher von ihm erschienen. Was immer er wünscht, wird ihm vage zugesagt. Dann empfiehlt er sich mit der gleichen scheuen Höflichkeit. Kaum ist er zur Tür hinaus, sage ich zu Peter: »Das ist doch ein netter Mann. Lauf ihm nach und lad ihn zu uns ein.« Er tut es, und hat das später oft, halb im Scherz, halb im Ernst bedauert.

Die Einladung gilt schon für den Winchester Court, denn dort beginnen wir bald, an Sonntagen Freunde zu versammeln. Die seltsame Menage in Linden Gardens, mit ihrem häufigen »Bubenstreit« zwischen Gräflein und Master, ist rasch vergessen. Der Master, das schöne Berliner Kellerkind, hat sich indessen, mit großem Pomp und im grauen Gehrock mit Zylinder, seiner Madge im vornehmen Brompton Oratory vermählt: eine nicht minder seltsame Mischung aus englischem katholischem Adel und einigen ausgewählten deutschen Emigranten erscheint sodann beim Empfang im Rembrandt Hotel. Bald darauf trifft das Prinzenpaar aus Amerika ein, Hubertus und Helga Löwenstein, die wir, den finanziellen Ausfall elegant übergehend, in unserer neuen Wohnung bewirten. Hubertus »las aus seinem Roman vor. Sie blieben bis halb zwei und sagten, es wäre der schönste Abend in London gewesen«. Mit ihnen und dem Gräflein besuchen wir anderntags noch ein chinesisches Restaurant.

Hans Flesch-Brunningen

All dies. Und am 17. April die erste Begegnung mit dem englischen Shakespeare: *Henry V.* mit Olivier im Old Vic. Der authentische Elisabethaner, dessen Figuren auch heutige Briten sein könnten, wird mir offenbart. Er wirft alle Vorstellungen, die ich bisher von ihm hatte – auch Moissis Hamlet –, einfach um. Was mehr hat London zu bieten? Und doch zieht mich das Heimweh – geschürt von dem zutiefst österreichischen Habitus unseres neuen Freundes Flesch, der nur neun Jahre jünger ist als mein Vater und gleich ihm ein einstiger k.u.k. Artillerist – nach Wien zurück. Auch Stefan Zweig und Robert Neumann, auch Hafis und Ernst Fischer – diese beiden freilich illegal und mit politischem Auftrag – sind ja gelegentlich aus dem Exil in den Ständestaat gereist und haben diese Besuche in der geliebten, gehaßten Stadt keineswegs nur als lästige Pflicht empfunden. »Ich hatte mir ausbedungen«, schreibt Ernst Fischer in seinen Erinnerungen, »meinen Aufenthalt in Moskau wiederholt unterbrechen zu dürfen, um in Prag nicht so fern von Österreich zu sein.« Sich gänzlich von der Heimat loszureißen, so lange sie nicht unwiderruflich verloren war, ist wenigen gelungen. Der Sog war zu stark. So fahre ich denn mit einem deutschen Paß voller Hakenkreuze, mir nach der Heirat mit dem »Auslandsdeutschen« in der Höhle des Löwen, Ribbentrops Konsulat in London, anstandslos ausgefertigt, mit der Ablauffrist des 3. September 1939, noch vor Ende des Monats »nach Hause« – denn das ist Wien immer noch für mich.

Wer versteht solche Ambivalenzen, wer erklärt die Widersprüche, mit denen man zuweilen so unbekümmert lebt? Ich war, wie seit dem Februaraufstand beschlossen, endlich dem »Austrofaschismus« entronnen, verachtete ihn um nichts weniger, seit ich in das Ursprungsland der nachantiken Demokratie gezogen war, aus der autoritären Republik in eine parlamentarisch regierte Monarchie. Aber die zeitweilige Heimkehr in das verseuchte, überdies extrem gefährdete Land machte mich glücklich. Ich wanderte sogleich in den Wienerwald, fuhr mit den Eltern nach Thallern, um die berühmten Backhendel in dem winzigen Weinort zu verspeisen, und in den Prater zum »Eisvogel«, war bei einem wohlhabenden »Alten Herrn« der Suevia in seiner Villa in der Hinterbrühl »zu Kaviar und weißem Burgunder« geladen, auch nach Neuhaus – »Willi sah ich einen Augenblick lang. Tut mir gar nicht weh« –, schwamm in Greifenstein und im Kahlenbergerbad, kletterte auf die Rax über den Kantnersteig, sah viele meiner Freunde wieder, Maria, Lisel, auch f.th., und schrieb, an dem weißen Kindertisch in meinem alten Zimmer, unter der Madonna von Carry Hauser mit den frostblauen Fingern, zwischendurch weiter an meinem Italienbuch, in dem ich schon bis Perugia gelangt war.

In London ging während meiner Abwesenheit die Krönung Georgs VI. vor sich; eine große Party fand statt bei den Philbys, zu der Smolkas, aber auch Dodo und ihr Ehemann Peter gekommen waren – Kim auf Urlaub aus Spanien, wo er als »Kriegskorrespondent« auf der Seite Francos tätig war –; Abgesandte aus allen Ecken und Enden des Empire strömten in jenem heiteren Mai in dessen Kapitale. Ich versäumte es gern, um in diesem trügerisch heiteren, unterirdisch brodelnden, schlampig autoritär gelenkten Land auf dem Vulkan zu tanzen, genauer gesagt, beim Hübner im Stadtpark zum FünfUhr-Tee. »Nobel geht die Welt zugrund'«, ist ein alter Wiener Spruch. Auch meine Eltern, materieller Sorgen durchaus nicht frei, von den politischen nicht zu reden, schienen all diese, zumeist freilich billigen Freuden in der Ahnung zu genießen, daß sie ihnen nicht mehr lange vergönnt sein würden. Diese Ahnung sich bewußt zu machen, gar danach zu handeln, waren sie nicht bereit.

Anfang Juli, als ich mich endlich anschickte, Wien wieder zu verlassen, brach die Realität einer tragischen

Gegenwart, der sich alle hier entzogen, über uns herein. Aus Paris kam die geheime Nachricht, mein Onkel Felix sei in Spanien verwundet, vielleicht tot. In wenigen Tagen sollte ich mich eben dort, in Paris, mit Peter treffen; meine verzweifelte Mutter reiste mit mir hin. Beim Spanienkomitee erfuhren wir: Felix war schon im Februar, als Sanitäter in seiner ersten Schlacht, nahe von Madrid gefallen. Um sie zu trösten, nahmen wir Mimi mit nach Bandol, wo wir so etwas wie eine Hochzeitsreise nachholen wollten. Mein Vater folgte uns nach. Die Eltern wohnten mit uns im kleinen feinen Hotel Le Goëland und kamen mit, wenn wir im Autobus die Küste abfuhren, nach Toulon oder Marseille. Allein machten Peter und ich Visite bei Feuchtwanger im benachbarten Sanary. Ich notierte: »Die Emigrantengespräche erregen mich« – als wären sie mir nicht geläufig. Aus der Hitze des Mittelmeers kehrten wir in ein herbstlich kühles London zurück, in dem uns die Folgen des Leichtsinns ins Gesicht starrten. Rechnungen lagen zuhauf auf dem Tisch: eine neue Schuldenlast.

An meinem Buch zu schreiben, bringt mich nicht weiter. Ich sehe mich nach Arbeit um. Im »Herrenhof« hieß es früher, wenn man eine frische Semmel knacke, spränge ein Frischauer heraus. Es gab einen Vater und fünf Söhne dieses Namens. Der erfolgreichste Bruder war Paul, der historische Romane fabrizierte. Zur Zeit, auch er ein vorausschauender Mann, hat er seine Werkstatt in London aufgeschlagen. Mit seiner lustigen slawischen Frau Mariza führt er, in einer Souterrainwohnung zwar, aber dicht am südlichen Ende der Kensington Gardens, eine Art von Salon. Dort werden wir Arthur Koestler begegnen, sobald er der Todeszelle von Malaga und der Londoner Haft entronnen ist, auch der so fülligen wie fabulösen Moura, Baronin Budberg, der einstigen Freundin Gorkis und jetzigen Gefährtin von H. G. Wells. Ein Gespräch mit den beiden ist mir unvergeßlich, bei dem

Koestler, schon damals händelsüchtig, die Existenz bedeutender Schriftsteller im Berlin der Weimarer Republik bestritt, und Moura Budberg, vereint mit uns, Kästner, Mehring und Brecht zur eklatanten Widerlegung seiner Ansicht nennt.

Für Frischauer tippe ich denn Manuskripte ab, bis zu vierzig Seiten täglich. Und gleich nimmt mich auch Berthold Viertel, der bei Smolka aufgetaucht ist, eine sagenhafte Vaterfigur für Peter aus dessen Hellerauer Jugend, in seinen Dienst. Ich fahre zu ihm nach Hampstead, und er diktiert, doch dann beginnen wir zu schwätzen, es funkeln seine Pointen, eine Anekdote, ein brillanter Einfall reiht sich an die anderen an, und der Roman bleibt ein Fragment. »Meine ungeschriebenen Bücher«, sagt Viertel zu Peter und mir, »sind viel besser als eure gedruckten.« Unsere auch, erwidern wir mit Recht.

Ich arbeite wie besessen, viele Stunden an der Schreibmaschine, wasche, putze, koche, helfe im *Times*-Büro und lade Gäste ein, so oft es geht. Langsam hebt sich von neuem unser Lebensstandard, wiewohl Frischauer und Viertel säumige Zahler sind. Ein Kätzchen hat sich zu uns gesellt, reizend getigert. Einmal wöchentlich kommt Mrs. Parker, die »charlady«, und putzt, ein Hutgebilde auf dem Kopf, zuerst die Messingklinke an der Außentür. Ich kaufe Blumen und eine Vase, das wird im Kalender ausdrücklich als Luxus vermerkt. Im September stirbt in seiner noch freien Heimat der große alte Masaryk, und ich werde zu dem gleichfalls altehrwürdigen Wickham Steed geschickt, Englands großem Mitteleuropa-Kenner, um einen Nachruf für das *Prager Tagblatt* von ihm zu erbitten. Im November gelingt es mir trotz aller Ablenkungen, das Italienbuch zu beenden. In London webt zu dieser Zeit dichtester Nebel, ein echter »pea-souper«, erbsensuppengrün.

Und dann fahre ich Anfang Dezember, an unsichtbaren Fäden über Erde und Wasser immer noch unwiderstehlich zurückgezogen, noch einmal, ein letztes Mal, nach Österreich. Ein Tag in Paris mit Freunden, nachts im Zug über den Arlberg, Bergluft, Waldluft, Schneeluft durch das kurz geöffnete Fenster, ich atme die Heimat, ich betrete wieder das weißgestrichene Kinderzimmer und verleibe mich ihm ein. Ganz wie ich vor acht Monaten ein Destillat von Jahrzehnten sommerlicher Freuden ausgekostet habe, so wird mir jetzt eine Essenz meiner vielen vergangenen Winter in Wien zuteil.

Zwischen sonntäglichen Skiwanderungen in den Hausbergen und langen Abenden in den verrauchten Cafés Schottentor und Herrenhof – dort mit Canetti, dem Analytiker Siegfried Bernfeld oder Albert Fuchs sitzend, hier mit Torberg, der sich zeitweilig friedlich verhält –, zwischen dem *Rosenkavalier* mit Lotte Lehmann in der Staatsoper und dem neuen Programm im Kellerkabarett »Literatur am Naschmarkt« geht alles seinen Gang, als führte ich nicht längst eine andere Existenz. Vor dem Weihnachtsabend, den wir in der Familie mit dem geschmückten Baum begehen – Marie hat den Karpfen gesotten –, kommt auch Peter aus London herüber und fügt sich in den Ablauf ein.

Zeit und Raum scheinen entrückt, ohne Verbindung mit der Umwelt. Lange danach werde ich einmal in Marlowes *Faustus* den entsetzten Schrei des Doktors hören: »Come not, Lucifer!« Und dann erinnere ich mich: mit einem solchen inneren, immer wieder erstickten Angstruf durchlebten wir all dies bis zum 6. Januar 1938 – dem Tag der nun endgültigen, unwiderruflichen Trennung. Zuvor hat Peter einmal gewagt, den schönen Trug zu durchbrechen. Eines Abends, allein mit mir und den Eltern, erklärt er ihnen, Österreich sei nicht zu retten, und beschwört sie, ihren Auszug an einen sicheren Ort vorzubereiten. Mein Vater arbeitet seit langem an der Herstellung künstlichen Gummis, wie viele Chemiker in diesen Jahren, und liegt im Patentkampf mit der ICI.

Eine Einigung wäre möglich. Nun gut, sagt Peter, bring sie zustande. Nur fort, so rasch wie möglich fort aus dieser Stadt, aus diesem Land. Meine Mutter beteuert, niemals Wien, niemals den geliebten Vorort Döbling, niemals ihre Freunde aufgeben zu können. Peter sagt: »Durch Döbling wird die SS marschieren. Deine Freunde werden dir untreu werden oder selbst in ärgste Gefahr geraten.« Mimi, die noch näher am Wasser gebaut hat als ich, bricht in Tränen aus, will nichts hören, nichts glauben, nichts wissen. Um sie zu schonen, wird das Thema gewechselt. Man nimmt es nicht wieder auf.

Aus London, vom Büro der *Times* aus, telefoniere ich häufig mit »Zuhause«. Auch die Eltern rufen an, schicken Geld, denn wir sind wieder einmal parterre. Mitte Januar erscheint Peters *All that matters*. »Man merkt nicht viel davon«, trage ich ein, »wenn man zuhause sitzt.« Zuhause denn auch hier, in der Kensington Church Street! Mein kluger Großonkel Gustav hat Wien bereits den Rücken gekehrt, er wohnt mit seiner Frau im Connaught Hotel, an Geld fehlt es ihm ja nicht. Auch Emil von Hofmannsthal, ein Vetter des Dichters, gehört zu den Vorboten des österreichischen Exodus. Am 25. steht eine Aurora borealis am Himmel. Hier wie in Wien deutet man sie, und die Schlickschülerin tut es auch, als warnendes Vorzeichen böser Dinge. Doch die Eltern weigern sich immer noch, der Wahrheit ins Aug zu sehen. Baron Franckenstein lädt uns alle in diesen Wochen häufig in die Gesandtschaft. Dieser ebenso kühn aussehende wie sanfte Mann, ein kostbares Relikt der Monarchie, jetzt loyaler Vertreter der Republik, versammelt die Kolonie um sich, vielleicht um die auch hier schon in zwei Lager Gespaltenen zu einen. Jan Masaryk, Gesandter der Tschechoslowakei, will in kleinen Gruppen gleichfalls die Lage beraten. Man rückt zusammen vor dem kommenden Sturm.

Am 12. Februar fährt Schuschnigg zu Hitler. Die

Skepsis hiesiger Berichte dringt offenbar nicht bis Wien. Ich gebe in meinem Kalender Österreich schon verloren. Am 20. Februar: »Hörten Hitlerrede von 12 – 3. Graf Huyn ganz gebrochen.« Er war es, der liebenswürdige Freund, der nach dem Anschluß erklären wird: »Der Planet ist unbewohnbar«, und ein Schiff nach Südamerika besteigt. Dann häufen sich die Ereignisse. In Graz, so wird der *Times* gemeldet, wehen bereits überall Hakenkreuzfahnen. Fünf Tage darauf spricht Schuschnigg noch beschwichtigend im Rundfunk. Meinen Vater muß er gänzlich beruhigt haben, denn auf mein Flehen, endlich ernsthaft an die Ausreise zu denken, erwidert er, zur Besorgnis sei nicht der geringste Anlaß. Im Gegenteil: das Land stehe hinter dem Kanzler. Erst gestern habe er einen großen Empfang in Schönbrunn gegeben, alle Luster hätten geleuchtet, allenthalben Kerzen gebrannt. In der Tat: mein so rationaler Vater gerät ins Schwärmen über dieses Fanal des unseligen Regimes.

Mir, die ich aus Abscheu davor ausgewandert bin, ist es bisher gelungen, mich damit abzufinden, daß meine Eltern weiter unter ihm leben. Aber dies, die blanke Naivität, die völlige Blindheit gegenüber der Gefahr, raubt mir die Fassung. Indessen wird es in England Frühling. Wir gehen in Kew Gardens spazieren. »Ein lieblich matter Tag. Veilchengeruch. In den Straßen weht es lau. Und die Kirschbäume haben zu blühen begonnen.« Noch ein letztes Mal suchen wir Trost in der österreichischen Gesandtschaft. Selbst Stefan Zweig, sonst so scheu und zurückgezogen, ist gekommen: wir nehmen Abschied vom Haus am Belgrave Square, nicht von Franckenstein, denn dieser denkt nicht daran, nach Wien zurückzukehren. Am Abend des 11. März ruft Peter mich in die *Times*. Wir erleben stündlich mit, was in dieser Nacht geschieht. Quer über die nächsten Tage stehen in meinem Kalender die Worte: »Es ist gräßlich und unerträglich. Die Eltern sitzen im Feuer. Der Teufel regiert.«

Ende des Monats: es ist heller Frühling, die Sonne scheint wärmer als je zuvor im März, und wenn ein Stück unserer Welt in den Abgrund gefallen ist, so leben wir doch weiter. »Ich denke«, so notiere ich mir, »an einen Wiener Roman.« 1938 war über uns hereingebrochen, und ich flüchtete fünfundsechzig Jahre zurück in die Vergangenheit. Mitte April wurde mein Italienbuch vom Verlag Hutchinson angenommen. Tags darauf fuhren wir über Ostern nach Paris, um Peters Vater zu besuchen, den »Raben«, wie die Familie ihn nennt. Wir sahen auch meine Freundin Vera Schenk, die den Maler Berthelot geheiratet hatte – eine schöne Modiglianifigur, sein berühmter Vorfahr, der Chemiker Berthelot, ruht im Panthéon. Wir trafen Peters Übersetzerin Denise van Moppès im »Deux Magots« und reisten schon am Montag wieder ab. In London, neben dem tickenden Fernschreiber, waren wir der gewohnten Trübsal ausgesetzt.

Immerhin hatten wir manchmal Gäste oder besuchten unseren Beschützer Sir Philip Gibbs, der mitgeholfen hatte, unsere Arbeitserlaubnis für ein Jahr zu verlängern. Eines Abends rafften wir uns auf und gingen zur Oper von »Sadler's Wells«, zu einem *Falstaff*. Eine erheiternde Aufführung. Nachher wollten wir am Piccadilly Circus noch etwas essen. Auf dem Platz demonstrierten Mosley-Faschisten, sangen das Horst Wessel-Lied und hoben die Arme zum Hitlergruß. Ich wurde fast ohnmächtig. »Wenn Peter nicht wäre«, schrieb ich in das kleine Buch, »würde ich mich vergiften. Oh, Ekel!« Bei Karl Kraus steht der Satz »All das gibt es, während es all das gibt!« Besser lassen sich diese Wochen nach dem März 1938 nicht beschreiben.

VIII.

Winter unseres Mißvergnügens

»'s ist Krieg! 's ist Krieg! O Gottes Engel wehre / Und rede du darein! / 's ist leider Krieg – und ich begehre / Nicht schuld daran zu sein!« Wir waren nicht schuld daran, die meisten, so will man hoffen, auf der feindlichen Seite waren's nicht, doch fast alle drüben nahmen uns später übel, daß wir zu den Opfern gehört hatten, nicht zur Welt der Täter, und uns unter keinen Umständen die geringste Verantwortung für das jahrelange Grauen anzulasten war. Wie konnte uns dies jemals vergeben werden? Wie konnte man hoffen, daß eines Tages in der fernen Zukunft, wenn man wieder den Boden des Vaterlandes betrat oder gar sich von neuem in ihm niederließ, diese Kluft zwischen den Daheimgebliebenen und den Fortgegangenen, zumeist Fortgetriebenen, nicht jederzeit aufreißen mochte, zum Erstaunen oder Entsetzen derer, die etwa gemeint hatten, die Entfremdung sei für immer vorbei.

In den knapp achtzehn Monaten, die den Anschluß vom Ausbruch des Zweiten Weltkrieges trennten, war auf allen Ebenen, von der hochpolitischen bis zur privaten, Entscheidendes geschehen. Der geschichtliche Ablauf ist bekannt. 1938 war das Jahr nicht nur Österreichs, sondern auch der Tschechoslowakei – vorerst nur des Vorboten ihres Untergangs, der Tage von München. Sie wirkten, wie die Zeithistorie jener Epoche, unmittelbar auf alle privaten Schicksale, in besonderer Weise aber auf das unsre ein. Vor Chamberlains Flug zu Hitler dachte man in London bereits ernsthaft an Krieg, verteilte Gasmasken, grub

Schützengräben im Hyde Park aus. Uns, die wir vornehmlich vom *Prager Tagblatt* lebten, ging der Verrat an den Tschechen nicht nur ins Gemüt, sondern an die Existenz. Jan Masaryk versprach uns, falls die Feindseligkeiten ausbrechen sollten, den »Schutz der Gesandtschaft«. Aber weder vor Bombenangriffen noch vor einer deutschen Invasion hätte er uns schützen können, und der Staat, in dessen Namen er dies versprach, hatte so wenig Zukunft wie das einzige noch nicht gleichgeschaltete deutschsprachige Blatt.

Wenn wir jemals England in einem Augenblick der Schande erlebten, dann an dem Tag der Rückkehr Neville Chamberlains von seinem letzten Treffen mit Hitler. In der Wochenschau sahen wir den »Mann mit dem Regenschirm«, jenen zum Zerrbild gewordenen Gentleman, beim Ausstieg aus dem Flugzeug den ominösen Vertrag schwenken und stolz verkünden, dies sei nun – um den Preis des Sudetenlandes – »Peace in our time«. Der Jubel im Lande, die Schlagzeilen der Presse über dieses illusorische Versprechen erschütterten uns zutiefst. Freilich gab es andere englische Staatsmänner, Churchill, Eden, Duff Cooper, die den Unwert des Papiers durchschauten und nur hofften, diesen bloßen Aufschub für das schlecht gerüstete Königreich nützen zu können. Wir wußten wenig davon. Wir lasen vom Triumph der Appeasement-Politik, von der Freude im »Cliveden Set«, dem Adelskreis um Lord Astors Landsitz, auf dem Ribbentrop oft zu Gast war, von Mosleys Paraden im East End, wo seine Anhänger den verängstigten Schneidern und Schustern aus den osteuropäischen Ghettos in Sprechchören eintrommelten: »There's going to be no war, there's going to be no war, there's going to be no bloody war and the Jews won't have their war.«

Wir boten alles auf, die Verbindung zu englischen Freunden, zu dem generösen Ferdy Kuhn von der *Washington Post*, der Visa nach den Vereinigten Staaten beschaffen wollte, um die Eltern herüberzuretten. Bis zum Sommer hofften sie, alle Hürden und Schikanen überwinden zu können. Wie immer über unsere Verhältnisse planend, beschlossen wir, ihnen nach Paris entgegenzukommen, fuhren dann gleich – navigare necesse est, vivere non necesse, aber leben wollten wir doch auch – noch einmal nach Bandol und Sanary, und erfuhren dort, die Eltern seien mittellos in Zürich gestrandet, die Franzosen ließen sie nicht ins Land. Wir schickten ihnen unser letztes Geld und kehrten nach London zurück. Schließlich trafen sie ein. Sie hatten bis auf einige Möbelstücke, Bilder, Bücher und Koffer mit persönlicher Habe alles zurückgelassen, was sie je besaßen. Diese Dinge, in einem Transportwagen mit bezahlter Fracht bis England auf den Weg gebracht, wurden in Hamburg aufgehalten, enteignet, versteigert. Dahin der Rest auch meiner Bibliothek, dahin Carry Hausers Madonna mit den frostblauen Fingern, dahin die Briefe Moravias in ihrem kleinen Kästchen aus Goldgeflecht. Wer weint um Teppiche oder Truhen? Man weint um Photoalben, um den Klavierauszug von *Tristan und Isolde* mit dem fettigen Daumenabdruck oben rechts im Vorspiel zum dritten Akt, wo die Seite umgeblättert wird.

Im Lauf des Jahres fanden jene Österreicher, die den Martergang vom britischen Konsulat in Wien über die inhumanen heimischen Behörden bis zum Immigration Office in den englischen Häfen hinter sich gebracht hatten, Zuflucht im Land. Auch der Schwester meines Vaters war mit Hilfe der Quäker die Einreise geglückt. Dem Beispiel der alten böhmischen Köchin Anna folgend, die sie schon auf den Knien gewiegt und mit der sie bis zuletzt ihr Leben geteilt hatte, war die Tante Lonny in der letzten Zeit überaus fromm geworden, eine häufige Kirchgängerin. Sie fand Aufnahme im Haus des anglikanischen Canon Mace in der Cathedral Close von Winchester und fühlte sich in der grundgütigen Familie bald daheim. Ihr größeres Gepäck, gleichfalls Noten, Bücher, Erinnerungsstücke enthaltend, ging in einem Lagerhaus der Londoner City beim ersten großen Luftangriff der Deutschen in Flammen auf.

Als einzig enge Verwandte war nur die Großmutter Melanie, die weder auswandern konnte noch wollte, in Wien zurückgeblieben. Vor dem Transport nach Theresienstadt, wo sie – niemand weiß, unter welchen Umständen – mit dreiundsiebzig Jahren starb, ließ sie ihr Tafelsilber für meine Mutter bei der treuen Bedienerin zurück und löste ihren kostbarsten Besitz, die immer getragenen Brillantboutons, aus den Ohren, um sie der Frau ihres Bruders Leo zu übergeben. An der Seite der Tante Grete, dieser treuen Person, hat der Herr Hofrat Siebert die Hitlerjahre überlebt und nach dem Krieg in Bad Ischl meine Kinder – Urgroßneffe und -nichte – noch zum Zauner ausführen können. Die Geste der Großmama aber kann ich nie mehr aus der Erinnerung verdrängen, sie ist für mich vergleichbar dem Kleiderwechsel historischer Frauengestalten vor dem Gang zum Schafott.

Als die Tschechoslowakei überrannt wurde und die Emigranten aus dem »Protektorat« auf die britischen Inseln kamen, gründeten die schuldbewußten Engländer sogleich einen »Czech Relief Fund« und nahmen sich der Flüchtlinge in großzügiger Weise an. Ich entsinne mich eines Empfangs des Londoner P.E.N. zur Begrüßung von Prager und Preßburger Schriftstellern, der in Henrietta Leslies Glebe House stattfand, zugleich als Spendensammlung für den Fonds. Fritzi Massary, der die Heirat mit dem verstorbenen Max Pallenberg dessen Staatsbürgerschaft eingetragen hatte, kam als Ehrengast: eine ältliche Dame, nicht mehr reizvoll, aber immer noch charmant. Es war an diesem Abend, daß eine Professorsfrau, Mrs. Rose, sich lauthals über die Anmaßung gewisser Exilanten empörte, sich der englischen Sprache zu bedienen. Ein einziges Mal in all den Jahrzehnten waren wir mit solch chauvinistischem Hochmut konfrontiert.

Den Österreichern halfen zwar die guten Menschen im

P.E.N., nicht aber die offiziellen Stellen. Die Bilder vom Heldenplatz in Wien hatten die westliche Welt davon überzeugt, das Land sei den Invasoren begeistert in die Arme gefallen. Eine Bardame, von den Rechercheuren der »Mass Oberservation« um ihre Meinung zu Hitlers Einmarsch in Österreich befragt, hatte erwidert: »Oh, I'm not fussy.« Ganz Großbritannien schien es wenig zu kümmern, daß der Nachfolgestaat eines seit 1804 selbständigen Imperiums von den jetzigen Verwesern des 1871 gegründeten deutschen Reiches annektiert worden war. Kollektiv nahm man sich der Unglücklichen, die nicht hatten mitfeiern können, nicht weiter an. Sie sahen sich zunächst gezwungen, eine »Austrian Self Aid« einzurichten, unterstützt von ihren eigenen namhaften Künstlern und Wissenschaftlern, darunter Siegfried Charoux, Georg Ehrlich und dem über alle Maßen liebenswerten Ideengeschichtler Hofrat Friedrich Hertz – einem Inbegriff des alten Österreich. Kokoschka kam noch vor Ende des Jahres aus Prag und erschien, als einer der ihren, bei dem ersten Treffen der österreichischen Flüchtlinge im Exil.

Bald etablierte sich, unter der Ehrenpatronanz Sigmund Freuds und des ehemaligen Botschafters Franckenstein, ein »Austrian Centre« und darin ein kleines Theater, »Das Laterndl«, dessen Veranstaltungen alle außer den Sozialdemokraten besuchten. Deren Leitfigur, Oscar Pollak, verfolgte – wie seine emigrierten Parteifreunde in aller Welt – bis zur Moskauer Erklärung von 1943, in der die Alliierten Österreichs Unabhängigkeit zu einem ihrer Kriegsziele machten, eine Politik des weiterbestehenden Anschlusses an ein wieder demokratisch gewordenes Deutschland. Die Fraktionskämpfe im Schattenreich des Exils wurden bis zur Lächerlichkeit geführt. Pollak verbat dem Lyriker Kramer, im »Laterndl« seine Gedichte vorzulesen. Kramer geriet in schwere Gewissensnot. Doch der Drang nach Zuhörern, wenn schon keine Leser erreichbar waren, setzte sich durch.

Es war ein schweres Jahr. Ein Jahr des Wartens auf die Katastrophe, vor der man sich ängstigte, die man zugleich herbeisehnte, weil anders der Spuk der Hitlerherrschaft nicht aus der Welt zu schaffen war. Die privaten Schwierigkeiten, die Geldnot der angewachsenen Familie nahmen überhand. Mein Vater, abhängig von den kärglichen Zuwendungen der Flüchtlingshilfe im »Woburn House«, spann seinen seit langem währenden Patentstreit mit der ICI, den Imperial Chemical Industries, an Ort und Stelle weiter. Diesen Goliath zu besiegen war aussichtslos. Der Partner meines Vaters in dem von ihm entwickelten Patent zur Erzeugung künstlichen Gummis war bereits in New Jersey bei Du Pont gelandet. Auch ihm selbst wurde eine Anstellung zugesagt. Doch die Formalitäten der Einwanderung in die Staaten verzögerten sich, und als im ersten Kriegsjahr endlich alle Papiere und das Reisegeld aufgetrieben waren, internierte man meinen Vater mit vielen anderen auf der Isle of Man. Die schon gebuchten Plätze auf dem Ozeandampfer verfielen, und als er aus der Internierung wiederkehrte, war zwei Tage zuvor der letzte Cunard Liner abgefahren und nun jede nichtmilitärische Schiffahrt auf dem von U-Booten verseuchten Atlantik eingestellt.

Im Oktober 1938 hatte Peter noch auf dem kleinen »Champlain« das Meer überquert und sieben Wochen in New York verbracht. Er besuchte dort seinen Verleger, wohnte bei Freunden, die wir erst im vergangenen Sommer in Bandol kennengelernt hatten, knüpfte alle möglichen nützlichen Verbindungen an und kehrte, linguistisch von unglaublicher Anpassungsfähigkeit, mit einem leichten amerikanischen Akzent zurück, der rasch wieder verflog. Dennoch war er, waren wir entschlossen, den kommenden Krieg in Europa durchzustehen. Uns wäre als Fahnenflucht erschienen, was die Engländer Auden und Isherwood, was auch Elisabeth Bergner keineswegs als unehrenhaft empfanden: das sinkende Schiff zu verlassen, während andere den Kopf hinhielten, die der Widerstand gegen Hitlers Gewaltherrschaft weniger unmittelbar betraf.

Wie konnte man sich aber auch von einem Land trennen, in dem solches geschah: am Tag vor Weihnachten erreichte uns im Winchester Court ein riesiger Korb mit Weinflaschen und vielen Köstlichkeiten, von unbekannter Hand. Als wir von Fortnum & Mason, dem lukullischen Laden am Piccadilly, den Auftraggeber in Erfahrung bringen wollten, wurde uns mit Nachdruck erklärt, dieser habe strikte Anonymität gewünscht. So waren wir denn von Dankbarkeit nicht nur gegenüber einem, sondern allen unserer englischen Freunde erfüllt. Die Spezereien bewahrten wir für den Silvesterabend auf, an dem viele Wiener zu uns kamen, darunter Hans Flesch-Brunningen mit seiner Lebensgefährtin Tetta und Ernst Polak, der ohne das Café Herrenhof in London verwaist war. Mein Vater vergaß seinen Kummer, »sang Lieder und sagte Gedichte auf« – welche, weiß ich nicht mehr. Die Mandoline war mit dem übrigen Hab und Gut verschollen.

Die Sangesfreude verging ihm bald. In diesem Winter saß mein Vater, ein Mann von 52 Jahren, von neuem entehrt und entwürdigt wie zwanzig Jahre zuvor, geduldet zwar in der Fremde, aber nicht zum zweiten Mal imstande, sich eine neue Zukunft zu zimmern –, in diesem Winter saß er zumeist vor dem Grammophon und spielte sich, auf unzähligen Schellackplatten, das Schubert-Quintett in C-Dur und das Lied vom »Wegweiser« vor, gesungen von Alexander Kipnis: »Was hab ich denn verbrochen, daß ich Menschen sollte scheu'n?« Meine Mutter, so leichtlebig wie schwermütig, übernahm meinen kleinen Haushalt und entsann sich der Speisen, die all die Jahre von der Marie zubereitet worden waren, mit Hilfe eines Abschiedsgeschenks, Emma Urbachs gewaltigem Rezeptbuch, betitelt *So kocht man in Wien*.

In England 1939

Was bewegte uns in dieser Atempause vor dem Kriegsausbruch dazu, ein Kind auf den Weg zu bringen? Es war
Peters Lebensmut, seine bestechendste Eigenschaft in
der Jugend, der mich mitriß. »Komm endlich hinter
deinem Kachelofen in der Stanislausgasse hervor«, hatte
er nach seinem ersten Auftauchen so lange zu mir gesagt,

bis ich ihm gefolgt war. Selbst nicht ohne Tatkraft, aber immer heimlich von Existenzangst gequält, hätte ich ohne ihn viele Entschlüsse nicht gefaßt, die sich hinterher als richtig erwiesen. Es war richtig, eine Familie zu gründen, allen Widrigkeiten zum Trotz. Später hätten wir's nicht mehr getan. Und wenn eins da ist, stellt sich vielleicht noch ein zweites ein. Ende Oktober sollte das Kind geboren werden. Vorerst kam, im Februar, das Italienbuch zur Welt. »Miss Spiel's talent remains individual and delicate in the strident cacophony of the time«, hatte mir Louis Golding, längst vor dem Nobelpreisträger gleichen Namens ein damals namhafter Romancier, als Empfehlung mitgegeben, und der Widerhall war erfreulich. In Irland kam *Flute and Drums* auf den Index. Das trug bei zum Erfolg.

Der Versuchung, diese erste ermutigende Rezeption in England mit Zitaten zu belegen, gebe ich nicht nach. Das von mir mitgebrachte Buch Hans Tietzes *Die Juden Wiens* lesend, spielte ich mit dem Gedanken an einen neuen, historischen Roman. Auch die spätere Hinwendung zu Fanny von Arnstein ist von Tietze angeregt worden. Doch die Weltgeschichte ließ keine Zeit zu literarischer Tätigkeit auf lange Frist. Schon im März verlor die Tschechoslowakei ihre staatliche Existenz und damit wir die unsre. Peter Smollett war darauf vorbereitet. Er erwarb und aktivierte, ich weiß nicht mit welchen Mitteln, eine herabgewirtschaftete Nachrichtenagentur, den »Exchange Telegraph«, und vertraute auch hier auf Peters Assistenz. Als der Krieg ausbrach, wurde die Agentur von der Regierung übernommen und über Portugal vom Informationsministerium weitergeführt. Mein Peter wurde ihr Leiter, nachdem Smollett in die russische Sektion des Ministeriums übersiedelt war.

Für mich begann, gleichzeitig mit den Übelkeiten, die mein Zustand mit sich brachte, eine Zeit intensiver Bemühung um Ausreisemöglichkeiten für Freunde, die noch in Österreich und jetzt auch in Prag in der Falle saßen. Verhandlungen mit den Quäkern, mit Woburn House, mit den zuständigen Behörden – sie erschöpften mich, sie deprimierten mich, sie nahmen monatelang den größeren Teil meines Tages ein. Das Ergebnis war vernichtend. Ein einziges Paar konnte ich herüberretten, Peters alten Gesellen, den Verleger, Schriftsteller und Philosophen Paul Roubiczek und seine Frau. Sie fanden Aufnahme an der Universität Cambridge. Das wirkte sich, unverhoffter Lohn meiner Anstrengungen, bald auch für mich günstig aus. Im Frühsommer immer wieder Kühlung im nahen Park suchend, sah ich einmal, schon behäbigen Leibes auf einer Bank sitzend, den einst so geliebten Hafis mit einem Begleiter vorübergehen. Ich verbarg mein Gesicht. Er war auf der Durchreise aus Prag nach Amerika, wohin ihn die Agentur Reuter schickte. Viel später erfuhr ich, er habe mitten im Kriege einen Auftrag für Reuters in Palästina durchzuführen gehabt und sei dort bei einem Autounfall ums Leben gekommen.

Im Juli eine Weile lang allein in Cornwall, in Fowey, in einer alten Rectory: dort wurde die Schlickschülerin gezwungen, an Geister zu glauben. Gegen Abend, zwischen zwei geöffneten Fenstern im Bett des »master bedroom« liegend, spürte ich, aus meinem Buch aufgeschreckt, eine unsichtbare Gegenwart bei dem linken Fenster herein und nach einer Umkreisung des Zimmers beim rechten wieder hinausfliegen. Das Pfarrhaus war als Ort des Spuks bekannt. Auf den britischen Inseln lernen auch Rationalisten, sich mit unerklärlichen Materialisierungen abzufinden. Meine spätere Freundin Kathleen Nott, eine »humanistische« Philosophin von Rang, hatte während ihrer Studien im Gemeinschaftsraum des Oxforder Somerville College die leibhaftige Erscheinung einer Nonne erblickt, die nachweislich im vorigen Jahrhundert an diesem Ort ein gewaltsames Ende gefunden

hatte. Nun, vielleicht holt die wissenschaftliche Erkennt-
nis eines Tages auch diese Phänomene ein.

In diesen Monaten wanderte ich in der Gegend um die
Kensington Church Street umher, hinauf zur Campden
Hill Road und durch ihre Seitengassen, vorbei an all den
kleinen alten Häuschen, die mir um so viel begehrens-
werter erschienen als die Wohnung im blitzneuen Winchester Court. Einem von ihnen galt meine ganze Sehnsucht. Es lag auf Nummer 18 im Aubrey Walk und war
zu vermieten. Ich sah mich dort schon mit Mann und
Kind hinter der wohlproportionierten Fassade, mit offe-
nen Kaminen, auf deren Simsen die Einladungen und die
Weihnachtskarten aufgereiht stehen würden, mit einem
Gärtchen davor und dahinter, wie bei meiner Freundin
Dodo: die vollendete englische Lebensform. Diesem
Haus habe ich ein Leben lang nachgetrauert. Denn es
kam anders. Am 3. September verkündete Chamberlain
im Radio den Krieg. Mein Arzt Dr. Altmann, Bruder
jener Lotte, die Stefan Zweig heiraten und mit ihm in den
Tod gehen sollte, machte mir klar, daß alle Krankenbet-
ten der Hauptstadt nun für Kriegsverletzte freigehalten
würden und ein Sanatorium auf dem Land der einzige
Ausweg war. Ich fuhr nach Cambridge und kehrte nicht
mehr in mein geliebtes Kensington zurück.

Im Lehnstuhl auf einem Rasen der St. Peter's Terrace,
auf dem einer der zwei Maulbeerbäume von Cambridge
stand, unter dessen schwer zu Boden fallenden Früchten,
im dunkel rötlichblau gefärbten Gras, umsorgt nun von
den Roubiczeks, die in demselben vom Peterhouse College verwalteten Häuschen wohnten, vergingen meine
nächsten Wochen, eine friedliche Zeit. Einmal wurde ich
vor das Ausländertribunal gerufen und in die Stufe B
eingereiht, weil ich Jahre vor Hitler meine Heimat verlassen hatte und demnach keine Emigrantin war. Ich mußte
meine Kamera abgeben und versprechen, mich zwanzig
Meilen vom Meer fernzuhalten. Aber bald darauf glich

man mich Peters Stufe C an, und ich durfte wieder pho-
tographieren. Am letzten Oktobertag kam unsere Tochter zur Welt. Flackernde Kohlenfeuer, Wärmflaschen aus
Steingut an die Fußsohlen gelegt, der Geruch von Dettol,
für mich so erinnerungsträchtig wie Prousts Madeleine,
Porridge zum Frühstück und Shepherd's Pie zum Lunch.
Im Devonshire Nursing Home fühlte ich mich geborgen.
Zur selben Zeit verließ Peter den Winchester Court und
zog in eine größere Wohnung am Rande Londons, mit
Hilfe von Flesch, der in der Nähe mit Tetta in einem halb
unterirdischen »garden flat« hauste. Nicht seinetwegen
hatte man Wimbledon als Wohnort gewählt, sondern
weil man sich in dem dünner besiedelten Vorort vor
Luftangriffen sicherer wähnte als in der inneren Stadt.
Das sollte sich später als Illusion erweisen.

Zumindest ein Drittel meines Erdendaseins habe ich in
dem schönen, grünen, durch und durch groß- und spieß-
bürgerlichen Bezirk verbracht – in all dieser Zeit in keinen englischen Haushalt an diesem Ort geladen, in das
soziale Gefüge nicht eingebunden, obschon unsere
Tochter und ihr Bruder die örtliche Unterschule besuchten, die der Ursulinerinnen, bevor eine Internatserzie-
hung sich als ratsamer erwies. Unter den anglikanischen
Briten nicht nur fremd, sondern auch katholisch! Und da
wir in die Kirche nur gingen, um die Kinder taufen und
firmen zu lassen, war uns diese Gemeinschaft ebenfalls
versagt. Ein wenig unterhalb in unserer Straße, The
Downs, wohnte Sebastian Haffner mit seiner Familie.
Auch ihn besuchten wir so gut wie nie. Ein Jahr nach
seinem Ausbruch begann der Krieg in London höchst
gefährlich zu werden. Dennoch fuhren wir, wann immer
wir die Einsamkeit durchbrechen wollten, weite Distan-
zen nach Chelsea, Kensington oder Hampstead, wo nahezu die gesamte deutschsprachige Emigration im engen
Umkreis anzutreffen war.

Obschon es heiße Sommer gab, vor allem jenen fürchterlichen, ersten, der dem »phoney war«, der »drôle de guerre«, ein Ende machte, denke ich an den Krieg als einen einzigen langen Winter zurück. Ich ertappe mich immer noch dabei, zu sagen: »Im Winter hatte ich ein Kätzchen nach dem anderen.« Oder: »Den Winter haben wir vor allem vor dem ›Radiogram‹ verbracht. So war es auch zumeist. Wir hatten in dem dreistöckigen Betonbau keinen Luftschutzkeller und blieben in der Parterrewohnung auch im ärgsten Fliegeralarm. In den Pausen spielten wir die Platten oder hörten die Übertragungen aller Beethovensymphonien – nie wieder hat mich diese heroische Musik so leidenschaftlich bewegt –, immer und immer aber tröstete uns Schubert. Lange wohnten die Eltern mit uns, lange hielten wir auch tagsüber die Fenster mit Matratzen verbarrikadiert und schliefen auf den Bettuntersätzen. Auf der Höhe des Blitzkriegs, im November, schickte mich Peter mit der kleinen Tochter nach Oxford zu einer Schwester ihrer zweiten Taufpatin Madge, Teresa Carr-Saunders, die mit dem Direktor der London School of Economics verheiratet war und mit ihrer Familie ein uraltes Schloß an der »Isis« bewohnte. Zu ihren besten Freunden gehörte das hochadelige, aber gleichfalls katholische und sozialistische Ehepaar Frank und Elisabeth Pakenham, dessen ältestes Mädchen, die schöne und stolze Antonia, damals etwa elf Jahre alt war. Was in Water Eaton Manor geschah, habe ich viel später in der Geschichte *Auf einem anderen Stern* erzählt.

Nach meiner Rückkehr hielten die allnächtlichen Angriffe der deutschen Bomber auf London noch monatelang an. Während wir alle, gestützt durch das Phlegma der Engländer, unsere Fassung bewahrten, keinerlei Kellerräume aufsuchten und Peter, im wildesten Toben oben in den Lüften, an seinem Roman *The Hours and the Centuries* schrieb, verlor meine ängstliche Mutter immer wieder die Nerven. Als sie kurz vor einem völligen Zusammenbruch stand, verabredeten wir einen Besuch bei einem bekannten Psychiater. Die Nacht vor dem Termin war besonders lärmend und drohend gewesen. Als wir vor der Wohnung des Arztes auf dem Primrose Hill ankamen, öffnete uns seine Haushälterin und sagte verächtlich: »Der Herr Doktor ist heute früh aufs Land abgereist.« Mimi sah mich an, und wir beide brachen in Lachen aus. Ihr Humor, nicht die erhoffte Zusprache, hatte ihr für eine Weile wieder Mut gemacht.

Bevor durch Hitlers Einfall in die Sowjetunion der russisch-deutsche Pakt ein jähes Ende fand, hatten wir uns freilich, in möglichster Gemütsruhe, so gut wie für verloren gegeben. »Wie wir den Krieg gewinnen werden«, sagte im Juni 1941 mein Vater in selbstverständlicher Identifikation mit den Briten, die ihn vor kurzem noch interniert gehalten hatten, »weiß ich nicht, aber nun können wir ihn nicht mehr verlieren.« Bis dahin hatten wir damit gerechnet, von einer deutschen Invasion erfaßt und umgebracht zu werden, und nur gehofft, unsere Tochter würde in der Obhut der Nonnen sicher sein. Nach der Verlagerung des kämpferischen Schwergewichtes an die Ostfront fanden auch die Luftangriffe, vor allem am Tage, seltener statt. Man wagte sich häufiger in die Stadt. Ich begann – auf englisch – mit meinem historischen Wien-Roman und nahm im Kuppelsaal des Britischen Museums Studien dafür auf. Die Lust, hier unter der grünen Leselampe zu sitzen, Nachschlagewerke gehäuft auf dem Pult, in völliger Entfernheit aus Zeit und Raum, dennoch im weiten Saal sich eingebunden fühlend in die Gemeinschaft all der anderen, ebenso Entrückten, war ein Glücksgefühl unvergleichlicher Art. Zuweilen entfernten sich einige von uns von den Sitzen und gingen gemeinsam ins fensterlose Café, um dort Gespräche zu führen, die nicht minder gelöst waren von der einstweilig ausgelöschten Gegenwart. Da unterhielt ich mich dann und wann mit dem grandseigneuralen ungarischen Baron Ludwig Hatvány, einem Freund des »roten Grafen« Karóly. Einmal erkundigte ich mich nach seinen Kindern. »Ich höre kaum je von ihnen«, sagte er abwehrend. »Sie sind auch viel älter als ich.«

Ins Institut Français lud uns ab und zu der englische P.E.N. Ich habe mir eine Teegesellschaft mit H. G. Wells, Alfred Kerr und Robert Neumann notiert. Die Luftwaffe besuchte uns im Herbst wieder häufiger des Nachts, der Atlantik war ein wild drohendes Wasser, als dieser – dort und damals so wunderbare – Schriftstellerverein einen internationalen Kongreß in London zusammenrief. Peter und ich durften bei den Vorbereitungen helfen. Wells präsidierte, J. B. Priestley leitete diese oder jene Sitzung ein. Aus Amerika waren John dos Passos und Thornton Wilder gekommen. Mehr als 35 Nationen waren vertreten. Obwohl wir längst im englischen P.E.N. tätig waren, wurde Peter – mit Erika Mann, Alfred Kerr, Richard Friedenthal und anderen – zu den Vertretern des deutschen Exilzentrums, ich – neben Canetti, Koestler, Kramer, Joe Lederer, Anna Mahler – zu denen des österreichischen gezählt.

Es ging lebhaft zu, literarische Kleinkämpfe tobten, ganz als stünde die Welt nicht in Brand. Salvador de Madariaga begann einen Streit mit H. G. Wells, dessen Darstellung der spanischen Konquistadoren in seiner Weltgeschichte ihn aufs Höchste aufgebracht hatte. Robert Neumann bezichtigte Jules Romains, zur Zeit noch Internationaler Präsident des P.E.N., der früheren engen Verbindungen zu Ribbentrop und Laval, und Raymond Aron verteidigte mit heftigen Worten seinen Landsmann – »Diese Empfindlichkeit der Franzosen!« merkte ich in meinem Kalender an. Erika Mann entwarf ein Umerziehungsprogramm der Deutschen, das manche ein wenig unrealistisch dünkte. Und Peter hielt eine vielbeachtete Rede über »Writers without language«, für deren Ende er sich meine Lieblingsstelle aus Drouots *Eurydice deux fois perdue* borgte: »Les mots ne me consolent plus... Les phrases ne me sont plus rien. Et pourtant elles sont près de nous toujours; elles ont des secrets bien plus subtils que la pensée; elles sont l'ouiement des sirènes, le sourire des fées: il faut qu'elles chantent pour que je vive.«

Mitten im Krieg wurden wir britische Bürger. Dennoch mußte Peter noch zwei Jahre auf die Ehre warten, in den Vorstand des P.E.N. gewählt zu werden, weil er eben doch »kein Engländer« war. Mrs. Sims, aus der langen Reihe unserer Hausgehilfinnen, traf uns ins Herz, als sie ihren Abgang mit den Worten begründete: »Manchmal kam ich mir vor, als wäre ich nicht in England, als wäre ich in einem fremden Land.« Und selbst sie, diese formidable Person, die einmal durch's Wohnzimmer schritt, als Musik aus dem Lautsprecher ertönte, und ausrief: »The overture to Wilhelm Tell? My pet aversion!«, selbst Mrs. Sims hatte ich liebgewonnen und vergeblich zu halten versucht. Mit jeder dieser Frauen hoffte ich zu einer Beziehung zu gelangen, wie sie mit unserer Marie, unserer Anna in der Wollzeile bestanden hatte, ich machte sie zu meinen Vertrauten, umwarb und verwöhnte sie. Doch sie blieben in aller Höflichkeit distant, und nach einer Weile verließen sie uns wieder. Mrs. Parker, noch in Kensington, »Blackie«, Violet, Mrs. Williams, Mrs. Stenhouse, Miss Webb – allen habe ich nachgeweint.

Der Lichtblick in diesem endlosen Winter waren die »Français libres«. Wir gewannen sogleich Zugang zu ihnen über Peters ebenfalls emigrierte Übersetzerin Denise van Moppès und ihren Bruder Maurice. Die »Free French« belebten die Londoner Szene, noch im Blackout feierten sie den Vierzehnten Juli vor dem »Petit Club Français« am St. James's Place, im Volksmund bald »Little France« genannt; sie allein wurden mit dem herben algerischen Rotwein versorgt, den sonst niemand kaufen konnte. An ihrem ersten Quatorze Juillet tanzte auch ich im Freien zum Akkordeon bis spät in die Nacht, zumeist mit einem kleinen Marineleutnant, der sich mir anpries mit den Worten: »Dans la nuit tous le chats sont gris.« Und ich, stolz auf meine Kenntnis des Argot: »Et les sous-officiers de la marine.«

Die Zeitschrift *La France Libre* lasen wir mit großem Gewinn. Raymond Aron hatte dort sogleich, im Zusammenhang mit dem Siegfried-Mythos, eine brillante Analyse des deutschen Wesens vorgelegt. Nur eine dünne Schicht, eine Art von Politur, so versuchte er darin zu beweisen, bedecke der Deutschen barbarische Urinstinkte. Ich weiß nicht, ob er diesen Aufsatz in später übersetzte Essaysammlungen aufgenommen hat. Subtiler hat gewiß Vercors bald nach Kriegsende in seinem Buch *Le silence de la mer* die Verachtung der Franzosen für ihre Eroberer und Besetzer dargestellt. Gelegentlich fand Peter, später auch ich, Eingang in dieses vorzügliche Exilblatt. Ebenso ging es uns mit Cyril Connollys *Horizon* und dem *New Statesman*, jener Hauspostille der englischen Intelligentsia bis in die Siebzigerjahre hinein. Dort verging keine Woche, in der die Namen Kafka und Koestler nicht aufgetaucht wären. Kafka, in den englischen Fassungen von Edwin und Willa Muir längst bekannt, schien jetzt als einziger Schriftsteller einer realistisch kaum mehr vermittelbaren Wirklichkeit parabolisch gerecht zu werden. Und Koestler wirkte mit seiner *Sonnenfinsternis* unmittelbar auf die allzu vorbehaltlose Hinnahme des Sowjetsystems aus Dank für die lebensrettende Hilfe der roten Armee unter Stalin ein.

Wir selbst blieben durch unsere räumliche Abgeschiedenheit von den Zusammenballungen des deutschsprachigen Exils so gut wie unberührt. Auch Flesch hatte sich, im Zuge ehelicher Schwierigkeiten, von Internierung und darauffolgendem Eintritt in die BBC, aus Wimbledon entfernt. In diametraler Gegenposition zu Hampstead galten wir als Abtrünnige, als hochfahrende Assimilanten an die englische Umwelt. Doch es war nun einmal so, daß uns etwa ein Abend bei Gordon Turner – einem wohlhabenden, von Epheben umgebenen Mann jenseits des Militäralters, dem Joe Lederer mit einer Freundin den Haushalt führte, mit Gästen wie Cyril Connolly und anderen Londoner Intellektuellen, übrigens auch dem Weltbürger Hatvány – anregender erschien als die nostalgischen, selbst in heiteren Momenten vorwiegend vergangenheitsbezogenen Treffen der Emigranten.

Gewiß sahen wir unsere früheren Freunde weiter, kümmerten uns um Sorgenkinder wie Theodor Kramer, besuchten ab und zu das »Laterndl«, in dem der in Buchenwald zugrunde gegangene Jura Soyfer und die nach London gelangten Kleinkunstdichter Peter Preses, Rudolf Spitz und Hugo Königsgarten gespielt wurden, später auch Nestroy, Anzengruber und Schnitzler, und erlebten auch einmal im deutschen »Kulturbund« ein Kabarett nach Berliner Art. Doch in jenen beiden P.E.N. Zentren im Exil, jeweils von Robert Neumann und Rudolf Olden begründet, traten Peter und ich nur namentlich auf, und der politisch engagierte »Kulturbund« zog uns so wenig an wie der »Club 43«, ein schöngeistiger Verein. In all diesen führte Flesch, der gesellige Menschenfreund, obzwar Österreicher und englisch schreibender Romancier, zeitweilig das große Wort.

Einmal verschwammen für uns auf merkwürdige Weise die britischen und die mitteleuropäischen Kriterien. Im »Czech House« waren Mitglieder des Londoner P.E.N. zu einem Nachmittag geladen, an dem im Beisein T.S. Eliots sein Gedicht »East Coker« von der Dichterin Ambrosová in ihrer Übersetzung, zu gleichfalls tschechischer Begleitmusik, vorgelesen wurde. Eliot verzog keine Miene. Ich sagte unvorsichtig zu Henrietta Leslie, diese großartige Lyrik mute mich in der Sprache unserer geliebten Köchinnen und Schneider nicht nur seltsam, sondern leider auch komisch an. Henrietta richtete sich auf und rang nach Worten. Dann rief sie empört: »You – you Herrenvolk!«

Es täusche sich keiner: die mühsam in uns verdrängte Heimat brach immer wieder hervor. Ich träumte von Heiligenstadt, von Spaziergängen im Prater mit unserem längst verstorbenen Hund Diemo, von den Konturen der Salesianerkirche am Rennweg und den Angsttraum von einem plötzlichen Aufwachen in Wien, fremd unter Feinden, mit englischem Geld in der Tasche, vogelfrei. Mit meiner Mutter, die gern lachte, deren Humor und poetische Einfallskraft weit ausgeprägter waren als ihre Ratio, entsannen wir uns gewisser Figuren in ihrem geliebten Döbling, so der Korbflechterin Frau Werner, deren betuliche Aussprüche meine Großmutter Melanie gesammelt hatte: »Wer wohnen will, muß sich kümmern.« »Der schlechteste Mann ist besser als die besten Kinder.« Oder, befragt, was sie als Witwe zu tun gedenke: »In allen Parks wird man mich sehen.« Und weshalb sie, nachdem der ewig Kränkelnde schließlich dahingegangen war, immer noch die elaboratesten Speisen zubereite: »Na hören Sie, was in *meinen* Magen kommt!« Im Schaufenster des kleinen Ladens hatte seit eh und je ein Schild mit der Aufschrift gehangen: »Holde Wesen / dichtet Körner / gute Besen / bei Herrn Werner.« Diese rührende Liebe zur deutschen Literatur! Doch das Lachen verging uns bald; der Gedanke an das Schicksal der Frau Werner wie der Großmama löste ungewisse und desto quälendere Befürchtungen in uns aus. Im übrigen versagte unsere Fähigkeit zur Anpassung an die englische Lebensform völlig bei den Weihnachtsbräuchen. Das Fest nicht am Abend zu feiern, den Christbaum bei Tageslicht zu entzünden, neben den schönen Christmas Carols nicht auch die eigenen Lieder zu singen, war uns unmöglich. Zu ihrer dritten Weihnacht brachten wir der kleinen Tochter schon »Ihr Kinderlein kommet« bei.

Im Februar darauf wurde eine Operation bei mir nötig. Und bald nachher, viel zu früh nach Meinung des Arztes, erwartete ich mein zweites Kind. Eine mühsame, von Beginn an unheildrohende, gleichwohl nicht abgebrochene Schwangerschaft. Als zu Anfang des folgenden Jahres 1943, in der luxuriösen London Clinic, die Geburt sich tagelang hinzog, trat das in jedem schlichten Krankenhaus vermeidbare Unglück ein. Mein Arzt, eine frühere Leuchte der Berliner Charité, war nicht zur Stelle, als plötzlich alles sich beschleunigte, und die Schwestern wagten nicht einzugreifen, wie jede Hebamme es getan hätte, jeder Famulant. Als die Leuchte eintraf, war das Kind schon erstickt. Ein Mädchen. Ich hatte es Brigid nennen wollen. Die folgenden Tage waren die schlimmsten meines Lebens. Peter wollte von mir getröstet werden. Und mir war, als hätte ich im entscheidenden Augenblick versagt.

Zu dieser Zeit kamen die Geschwader der Luftwaffe wieder jede Nacht. Unlängst hatten sie eine Schule getroffen und vierzig Kindern den Tod gebracht. Um die Ecke von uns wohnte Garda, geborene Gräfin Stollberg, mit ihrem jüdischen Mann und den zwei Kleinen. Ihr Bruder diente im Fliegerkorps. Sie fragte sich, ob er etwa über London eingesetzt war. Als im Jahr darauf das Bündel rund um den Ridgway niederfiel, wurde auch ihr Haus zum Teil zerstört. Im tiefsten Untergrund, auf den Bahnsteigen der »tube«, sammelten sich nun wieder zahllose Familien vor allem aus den Arbeiterbezirken, die ein schlotteriges Kampieren auf Matratzen und Strohsäcken in der dichtgedrängten, dunstigen Nähe ihrer Mitmenschen der Bombengefahr vorzogen. Fuhr man nachts von Victoria Station nach Wimbledon zurück, mußte man über ausgestreckte Beine, unzureichend von rauhen Decken verhüllt, ihren Müttern entwischte, krabbelnde Kinder und schnarchende Greise steigen. Danteske Szenen. Henry Moore hat sie gemalt. Wie sie alle im Donnern der Züge schlafen konnten?

Doch das Heulen und Blitzen der Abwehrgeschütze, das Krachen der Einschläge schreckten sie noch mehr.

Wir lebten in unserem Vorort ohne freundschaftlichen Umgang, es sei denn der, auch nicht eben innige, mit Garda und ihrem Mann. Doch wir waren getragen vom Wohlwollen, von der Rücksichtnahme und Hilfsbereitschaft aller Bewohner, seien es unsere Nachbarn in Wimbledon Close, seien es die Hausfrauen gewesen, die mit mir stundenlang vor dem bulligen Fleischer Higgins und dem quelläugigen Fischhändler Burgess Schlange standen. Gewiß blieb bei aller Verbundenheit, wie sie in Notzeiten auch zwischen Fremden entsteht und in die wir selbstverständlich einbezogen wurden, immer ein Abstand gewahrt. Wenn Großbritannien sich stets als »*of* Europe« aber nicht »*in* Europe« bezeichnet hatte, so waren wir »*in* England«, aber doch nicht »*of* England«, das war uns bewußt. Dennoch überwanden wir nicht anders als unsere Mitbürger, von ihrer Fassung lernend, so standhaft wie möglich die Ängste jedes Tages, nährten mühsam uns und unsere Katzen, gingen unseren Pflichten nach und erhielten Zuspruch aus den Sendungen der BBC.

Wir schöpften Beruhigung aus den sonoren Stimmen der Sprecher, vor allem aus der Stuart Hibberds, der Katastrophen wie Triumphe im gleichen gelassenen Tonfall berichtete; Erheiterung aus der urkomischen, von zeitgemäßen Dickens-Figuren bevölkerten Sendung ITMA (It's that man again), deren Leitsätze ganz England zitierte; Hoffnung aus Trotzliedern gegen Hitler wie »When that man is dead and gone / We'll be dancing down the street / Kissing everyone we meet«, und Erhebung aus den elf Nationalhymnen der alliierten Mächte und ihrer Schützlinge, der in London vertretenen Exilregierungen, die Sonntag vormittags feierlich und rauschend vor den Nachrichten ertönten. Die uns am meisten bewegten, waren das »Niederländische Dankge-

Das englische Königspaar im Krieg

bet«, die »Alexandrow«-Hymne der Russen, ja gewiß,
der Sowjetrussen, und natürlich die »unsre«, »God save
the King«. Wenn sie im Theater vor Aufgehen des Vor-
hangs ertönte, wenn im Kino nach dem Ende der letzten
Vorstellung das Tonband lief und das Bild ihrer Majestä-
ten, des blassen, lächelnden Königs, seiner munteren
rundlichen Königin und der beiden kleinen Prinzessinnen, auf der Leinwand erschien, standen wir ergriffen auf
wie alle anderen, im Gefühl, mit diesem Volk und seinem
humanen Herrscherhaus könne man nicht untergehen.

Überdies: der Winter unseres Mißvergnügens, im Rückblick eine einzige feuchtkalte, düstere und bedrückende Jahreszeit, in der man den Regen oder Nebel noch herbeisehnte, weil er die feindlichen Flieger abhielt, dieser Winter war nicht ohne Erhellungen. »Den Frieden gibts im Krieg auch«, sagt der Feldprediger in Brechts *Mutter Courage*, »er hat seine friedlichen Stelln. Der Krieg befriedigt nämlich alle Bedürfniss, auch die friedlichen darunter, dafür ist gesorgt, sonst möcht er sich nicht halten können.« Unsere friedlichen Stellen waren Einladungen mit bunt gemischten Gästen, etwa ein Empfang bei J. H. Lothar, dem Herausgeber des deutschen Exilblattes *Die Zeitung*, auf dem die kühn hakennasige Lady Oxford and Asquith Peters schöne neue Taschenlampe einsteckte – unverzichtbar auf dem Heimweg im Blackout – und Oskar Kokoschka auf mich zutrat, mich am Kinn packte und sagte: »Du hast a herzig's Gfriesl.« Es waren Segelfahrten auf den Norfolk »rivers and broads« mit John Arrow, einem Kollegen Peters im Ministerium, und dessen Frau Joey, lustige Leute und große Trinker, mit denen man von Pub zu Pub kreuzte und Unmengen von lauten »pints of mild and bitter« trank. Es waren Abende im New Theatre, wo das ausgebombte Ensemble des »Old Vic« – Olivier, Richardson, Peggy Ashcroft – herrlichen Shakespeare, Webster, Congreve, Ibsen spielte.

Und es gab Hochzeiten im Krieg. Ernst Polak, als einstiger Freund Kafkas in London fast selbst eine Kultfigur, verband sich mit der schönen Delphine, Tochter des verstorbenen Baronet Sir James Reynolds. Die kleine dunkle Denise heiratete John Butler, einen blonden Hünen aus Nebraska. Um die vierzig, hatte sie sich in der letzten Zeit von der Liebe gelangweilt gezeigt: »Ça ne vaut pas la peine de se déshabiller.« Dann war, nachdem die Vereinigten Staaten endlich mitzukämpfen begonnen hatten und ihre Truppen herüberschickten – »overfed, oversexed, overdecorated and over here« warfen ihnen die undankbaren Engländer vor –, auch dieser junge Mensch in London eingetroffen. Kulturhungrig, das England seines Landsmannes Henry James und das Frankreich Prousts mit der Seele suchend, war er von der Allüre der Pariserin entzückt. Vier Wochen nach der Befreiung ihrer Stadt kehrte Denise nach Frankreich zurück. »Tu sait bien que les Français sont méchants?« warnte sie ihr Vetter Maurice. »Tant pis!« erwiderte Denise, Momô selbst folgte ihr nach und wurde ein paar Jahre darauf an der Place Pigalle erstochen. Auch John ließ sich nach Paris versetzen, und nach Kriegsende kam ein kleiner Sohn zur Welt. Denise nannte ihn Rémy, nach dem Kind in Peters Roman *The Hours and the Centuries*, den er im »Blitz« geschrieben hatte.

Viel hatte geschehen müssen, bevor Paris im August 1944 befreit werden konnte, und viel zu viel geschah nachher. Im Februar, dem fatalen Monat, war gegen Mitternacht jenes Bündel Bomben auf unser Viertel in Wimbledon gefallen, das Gardas Haus halb zerstörte und uns gegenüber in ein Heim für ältere Menschen einschlug. Fünfundzwanzig starben. Die hellen, spitzen Schreie der Schwerverletzten höre ich bis zum heutigen Tag. Unser kleiner Wohnblock hatte der Vernichtung standgehalten, aber der Luftdruck hatte Innenwände eingedrückt, Holz zersplittert und alles Glas in Scherben gelegt. Peter und ich hatten Helme auf, weil wir zur Feuerwache wollten, sobald die Sirenen aufgeheult hatten. Die Flieger waren schneller als wir. Ich hatte Zeit, nachdem die ersten Bomben eingeschlagen hatten, ins Schlafzimmer unserer Tochter zu laufen und mich über sie zu beugen. Dann die markerschütternde Explosion nebenan. Die Wand neben dem Kinderbett stürzte ein, gottlob in die andere Richtung. Ich hatte eine Verletzung am Bein, Peters Oberlippe war gespalten, er lief blutend zum nächsten Arzt, der die Wunde ohne Betäubung nähte. Alle Einwohner unseres Hauses hockten noch eine Weile beieinander im Flur, bis das »All Clear« ertönte. Das Gefühl, der hautnahen Gefahr entronnen zu sein, entlud sich in hektischer Heiterkeit.

Unseren Kater Ha'penny, der verschwunden war, am anderen Morgen, vorsichtig die Pfötchen über eine See von Glasscherben setzend, rückkehren zu sehen, war ein unvergessener Anblick. Ebenso der meiner neuen erdbeerroten Bluse, die von Splittern, nach Art einer Vogelscheuche ausgebreitet, an die Wand genagelt worden war. Durchlöchert war auch der große Öldruck von Van Goghs Amme mit den Bändern der Kinderwiege in Händen, die bisher, an Stelle der Hauserschen Madonna, schützend über meinem Bett gehangen war. Alle Zimmer bis auf eins waren unbewohnbar. Wir brachten die kleine Tochter fort, wiederum nach Cambridge, unseren Zufluchtsort, in eine kinderreiche Arztfamilie. Den Schock der Bombennacht, des verwundeten Vaters, der Entfernung von den Eltern aus ihrem Seelengrund zu tilgen, gelang ihr vermutlich nie. Am 6. Juni begann die Invasion und elf Tage darauf erschienen die ersten Roboter über London. Hans Habe, in schmucker amerikanischer Uniform, hatte uns zum Abendessen ins Hotel Savoy geladen. Wir blieben allzu lang. Als wir gegen Mitternacht aus der Wimbledon Station auftauchten, tuckerten zahllose Flugkörper über unseren Häupten dahin, ein Geräusch wie aus hundert teuflischen Nähmaschinen. Nicht vor den Bomben, sondern vor dem herabregnenden Metallschauer der Abwehrgeschütze mußten wir uns immer wieder in Haustore flüchten; mit minutenlangen Pausen brachten wir die endlos scheinende Hill Road und den Ridgway bis zu den Downs hinter uns.

Auch ich zog bald darauf nach Cambridge, denn ein drittes Kind war unterwegs: unter Bomben entstanden, um unter Bomben geboren zu werden. Ich wohnte in Eden House, Eden Street bei einer gelehrten deutschen

Dame, Professorenwitwe, Freundin von Adam Trott zu Solz. In ihrer weitläufigen Bibliothek fand und las ich Walter Pater und Meredith. Die kleine Tochter sah ich oft, aber sie befand sich besser unter den Vernon-Kindern; die emigrierte »Miss Gerda« aus Berlin, Hilfe der Hausfrau, nahm sich liebevoll ihrer an. Am 10. September kehrte ich nach London zurück, obwohl Peter mich gewarnt hatte, eine neue Waffe werde gegen uns eingesetzt. In den frühen Morgenstunden nach meiner Ankunft wurden wir von dem ohrenbetäubenden Einschlag der ersten Rakete auf London und dem darauffolgenden Nachhall ihres Durchbrechens der Stratosphäre aus dem Schlaf geweckt. Als unser Sohn Mitte November abends um 10 Uhr zur Welt kam, gab es zweimal rund um die London Clinic Robotangriffe und eine Rakete nahe genug, um die Wände erzittern zu lassen. Das Kind lag um diese Zeit schon unten im Keller. Oben in meinem Zimmer achtete ich der V1 und V2, Hitlers Vergeltungswaffen, nicht sonderlich, meine Freude über das Kind war zu groß. So entsetzlich die Raketen waren mit ihrem doppelten Knall: wir lernten, ihnen gegenüber stoisch zu sein. Da man nicht vorhersagen konnte, wann und wo sie landen würden, und weder Warnung noch Abwehr möglich war, nahm man sie nicht zur Kenntnis. Wie im mildfeuchten englischen Klima möglich und üblich, stellte ich den kleinen Sohn, fest vermummt, auch winters im Kinderwagen an die Luft vor der Haustür, und ging mit der Tochter zum Einkauf. Wir waren alle, ob wir an ihn glaubten oder nicht, »in Gottes Hand«.

Im Dezember wurde Peter, der vor einem Jahr in Lissabon den »Exchange Telegraph« aufgelöst und danach zu SHAEF (den Supreme Headquarters Allied Expeditionary Forces) abkommandiert worden war, in Uniform nach Paris geschickt. Um ein Haar überraschte ihn, in Luxemburg, die Rundstedt-Offensive. Am Tag vor Weihnachten, im dichtesten Nebel, der die Raketen

Beate, Hausmädchen

nicht mehr abhielt, kam er zurück. Er erzählte von den Sensationen dieses Pariser Winters: von Anouilhs *Antigone* und Sartres *Huis Clos*, die schon unter den Deutschen gespielt worden waren, von Claudels »fumisterie«, wie er es nannte, *Le soulier de satin* mit Jean-Louis Barrault, von dem fabulösen Bühnenbildner Christian (Baby) Bérard. Zugleich lagen die alliierten Truppen in bittern Gefechten mit der Wehrmacht in den Ardennen, und London stöhnte unter den »rockets and doodlebugs«. Das Lächerliche lag dem Tragischen so nah wie dem Sublimen. Als Paris gefallen war, hatte der frankophile Schöngeist Raymond Mortimer, so erzählte man sich in Fleet Street, ausgerufen: »I must kiss a Frenchman today!« Bald sollten die literarischen Dandies hüben und drüben sich wieder vereinen.

In den nächsten Monaten, während ich mit Hilfe der kleinen deutsch-jüdischen Beate aus Kupferdreh die Kinder hütete, aber auch häufig ins British Museum fuhr, um

über die Romantiker nachzulesen, wurde Peter immer
wieder nach Frankreich geschickt. Als Ende April ein
erster Vorbote der neuerlichen Verbrüderung, der Sur-
realist und Resistancekämpfer Paul Eluard, im Londoner
Institut Français auftauchte, kam Peter geradewegs vom
Flugfeld dazu. Gemeinsam feierten wir am siebenten
Mai, mit vielen anderen Gästen, die deutsche Kapitula-
tion am Charing Cross in der Wohnung Kingsley Martins, des Herausgebers der Zeitschrift *New Statesman*,
deren Mitarbeiter wir beide geworden waren. Und gemeinsam taumelten wir mit hunderttausenden von Lon-
donern am nächsten Abend durch die Stadt, deren Lich-
ter nach fünfeinhalb Jahren wieder aufflammen durften.
Piccadilly Circus. Trafalgar Square. Der Platz vor dem
Buckingham Palace, auf dessen Balkon der König, die
Königin und die kleinen Prinzessinnen traten – blau blau
oder uniformiert, zuletzt Churchill, der nicht winkte,
kein Siegeszeichen gab, sich nur vor der Menge verbeug-
te: »For he's a jolly good fellow« sangen wir. Nie zuvor,
nie nachher ein solcher kollektiver Glücksrausch! Nie
wieder eine solche Gewißheit, hier und nirgends anders
beheimatet zu sein.

Die Euphorie verebbte. Der Alltag zog wieder ein.
Keine Gefahr mehr aus den Lüften, aber Geldknappheit,
Nahrungsknappheit, Sorgen um die Eltern, wie zuvor.
Peter war bald wieder auf und davon, diesmal schon nach
Deutschland und dem auferstandenen Österreich, um für
die »Information Services Control« von SHAEF erste
Kontakte mit Schriftstellern und Presseleuten herzustel-
len. So spürte er Erich Kästner im tirolischen Mayrhofen
auf, dem langjährigen Sommerwohnsitz meiner väterli-
chen Großeltern. Als er im Juni einmal kurz wiederkehr-
te, brachte er mir einen Jasminzweig aus dem Salzburger
Mirabellgarten mit, der mich sogleich zu Tränen rührte.
Hans Habe, auf den er in Bad Nauheim gestoßen war,
hatte ihm einen riesigen, leicht verschmutzten amerika-

nischen Fallschirm aus Nylonseide für mich mitgegeben, aus dem man Lingerie machen konnte. An Peters dauernde Abwesenheiten mich zu gewöhnen, fiel mir schwer. Einmal fuhr ich für ein paar Tage aufs Land zu Dodo, in ihr Cottage aus dem 17. Jahrhundert, »Mousehall Mill«. Ihre und meine Kinder kutschierten im Pony-Wägelchen umher und badeten im kleinen Mühlenteich. Abends zeigte mir Dodo ihr Schatzkästchen, von der Großmutter geerbt. Elisabethanische Münzen und uralter, leicht vergilbter Schmuck. Die großmütterlichen Vorfahren hatten seit dem dreizehnten Jahrhundert in ein und demselben Haus in Wiltshire gelebt. »Hätte ich nur eine Familie«, schrieb ich in meinen Kalender, »die so in der Erde und in der Geschichte verwurzelt ist.«

Mein armer Vater war wieder einmal, wie so oft in diesem Krieg, brotlos geworden und stand vor dem Ruin. Alles schien sich gegen ihn verschworen zu haben. Nachdem die Weiterreise in die Staaten an seiner Internierung gescheitert war, hatte er nur Enttäuschungen und Demütigungen erlebt. Ein Mann in den besten Jahren, der mit seinem angeborenen oder anerzogenen Mut ins Exil gegangen war, hatte er lange keine angemessene Arbeit gefunden und in quälender Abhängigkeit von seinem Schwiegersohn gelebt. In den schlimmsten Bombenjahren hielt diese enge Wohngemeinschaft, dann zerbrach sie, und das kränkte ihn, der vor allem seine kleine Enkelin über alles liebte, bis zur Verdüsterung. Wir hatten eine kleine Einzimmerwohnung im Broadwalk Court für die Eltern gefunden und sie, so gut es möglich war, weiter unterstützt. Mein Vater schaffte Trümmer weg, bis er endlich vom Ministry of Supply angestellt wurde: weit von den Seinen, als Aufseher eines Laboratoriums in Leeds, dann Forschungsleiter an anderem Ort. Schließlich und endlich wurde man nun doch aufmerksam auf seine Methode zur Erzeugung künstlichen Gummis und verwendete ihn auf diesem Gebiet. Eine Weile lang war er auf dem besten Wege. Der berühmte Professor J.D. Bernal hatte ihn in seinen Schutz genommen, wollte ihn schon zur Mitgliedschaft der Royal Society vorschlagen. Dazu kam es nicht mehr. Die Gummiplantagen im Fernen Osten wurden zurückerobert, man bedurfte seiner nicht mehr und schickte den 58jährigen einfach fort.

In diesem heißen Juni lief er verzweifelt durch London, um irgendwelches Geld zu verdienen, verdingte sich auch wieder als Trümmermann, bis ich davon erfuhr und einschritt. Aber mir selbst gingen häufig die Mittel aus, denn Peter hatte in seiner üblichen Nonchalance nicht ausreichend für uns vorgesorgt und ich, die für einen Schweizer Verlag seinen Roman *The Hours and the Centuries* übertragen mußte, nicht die Möglichkeit, Geld zu verdienen. Nach jedem Strohhalm greifend, hatte mein Vater in diesen Wochen den Einfall, sich ebenfalls als Übersetzer zu versuchen. – *Darkness and the Deep* von Vardis Fisher, ein halb wissenschaftliches, halb poetisches Buch über den prähistorischen Menschen, bot sich ihm in Hinblick auf »die Verherrlichung des Triebhaften in der nationalsozialistischen Irrlehre« für eine deutsche Ausgabe besonders an. Mit Scham und Schmerz lese ich jetzt den Brief, in dem ich ihm abriet, sich der Mühe zu unterziehen, und ihn von oben herab über die ihm fremden »ökonomischen Gesetze« des »Literatentums« belehrte. Daß er am Ende war, daß ihn das Exil nur langsamer und weniger brutal, aber ebenso sicher um's Leben gebracht hatte wie ein deutsches KZ, habe ich, sonst wäre ich behutsamer mit ihm umgegangen, damals nicht begriffen.

An einem Sonntag im Juli wanderte ich mit meinem Vater, den von ihm nun auch geliebten kleinen Sohn im Kinderwagen schiebend, die kleine Tochter an der Hand, eine halbe Stunde lang friedlich den Wimbledon Common entlang, um ihn nahe der Windmill zum Autobus zu bringen. Fünf Tage später war er tot. In der Mittagsschwüle, erschöpft von einer wieder einmal vergeblichen Arbeitssuche in die kleine Wohnung im Broadwalk Court zurückkehrend, hatte er sich, achtlos verwegen wie eh und je, in ein kaltes Bad gestürzt. Dort fand ihn die Mutter leblos. Peter, nicht zur Stelle, um zu helfen, zu trösten – »es ist, als gäbe es ihn nicht« –, erfuhr erst nach Wochen davon. Mimi und Lonny, Frau und Schwester, saßen weinend und hilflos herum. Ich mußte mir Geld borgen, um den Vater einäschern zu lassen. In der zweiten Nacht nach seinem Tod tobte ein Gewitter, »so laut wie der ärgste Luftangriff«. Ich dachte an eine Stelle aus seinem geliebten *Florian Geyer* von Hauptmann: »›Wo ist man die erste Nacht nach dem Tode?‹ –›Bei St. Gertrauden.‹ – ›Wo ist man die zweite Nacht nach dem Tode?‹ – ›Bei St. Michel.‹« Mir war, als nehme mein Vater Abschied von uns in Donner und Blitz.

Am 2. August kam Peter zurück, merklich geschwellt von Erfolgen und Aventüren jeglicher Art, wenig erschüttert von dem, was inzwischen bei uns geschehen war. Am 6. fuhren wir zu Kingsley Martin und seiner Gefährtin Dorothy Woodman in ihr Cottage in Essex. Wir verbrachten dort den Tag. Gegen Abend kam die Nachricht im Rundfunk, Amerika hätte eine Atombombe auf Japan abgeworfen. Wir waren, kein anderes Wort wäre passend, aufgewühlt. Ich dachte an meinen Vater, den die Nachricht als Wissenschaftler entflammt, als Moralisten denn doch entsetzt hätte. Kingsley Martin erklärte: »Damit ist der Krieg nun aus.« Und zu uns: »Ihr werdet wohl jetzt in euer Land zurückkehren?« Da wußten wir, und gestanden's uns doch nicht ein: neun Jahre der Einfügung in die englische Welt waren vergeblich gewesen.

IX.

Der Sprung ins Festland

Aber wohin gehörten wir? Wer waren wir geblieben, was geworden? Nicht im Krieg, als sich halb Europa auf der belagerten Insel zusammendrängte, war das in Frage gestanden, hatten wir daran gezweifelt, zu den Briten, den Alliierten zu zählen, oder befürchtet, von diesen nicht in ihre Gemeinschaft aufgenommen worden zu sein. Jetzt, da das Festland sich uns von neuem auftat, da die Menschen im Exil vor der Wahl standen, an ihre Ursprungsorte zurückzukehren und die mühsam geschlagenen Wurzeln wieder einmal aus der Erde zu reißen oder diese in der zweiten Heimat tiefer einzugraben, bis hinab in die Kindheitsmuster – jetzt wurden wir auf die Probe gestellt. Kingsley Martins selbstverständliche Annahme, wir würden die neugewonnene Identität abstreifen wie ein paar ausgetretene Pantoffel, schien zunächst vernichtend. Aber das Unerwartete, das Überraschende ereignete sich: niemals zuvor oder danach sollten wir so eng mit den Briten verbunden sein wie in den nächsten drei Jahren, nie so sehr uns von ihnen angenommen fühlen wie auf eben jenem Festland, aber im Schoß und Schutz ihrer Armee.

Im Auftrag des gemeinsamen »Obersten Alliierten Hauptquartiers« war Peter zuerst nach Frankreich, dann nach Deutschland gegangen. Es stand unter dem Befehl General Eisenhowers und hatte gemischte Stäbe, die da oder dort beliebig eingesetzt werden konnten. Als Mitte Juli 1945 SHAEF aufgelöst und durch separate Militärregierungen ersetzt wurde, dauerte diese Praxis noch eine

Weile fort. Den Truppen der drei Westmächte, die in der ersten Juliwoche 1945 in Berlin einrückten, waren Informations-Kontroll-Abteilungen mitgegeben. Der Presseoffizier der amerikanischen Sektion war der britische Zivilist Peter de Mendelssohn. Die Briefe, die er mir in diesem Sommer aus Berlin schrieb, trugen als Absenderadresse »Information Control Division / U.S. Forces European Theatre« und den Vermerk »On active service«.

Nur in Uniform konnte man damals in alliierten Diensten stehen, und so war Peter mit dem »assimilated rank« eines Majors und den entsprechenden Insignien ausgestattet worden – wie ich selbst, als ich im Jahr darauf als verspäteter »War correspondent« nach Österreich flog. Vorerst saß ich daheim in Wimbledon und empfing im Verlauf dieses Juli, an dessen dreizehntem Tag mein Vater gestorben war, drei lange Berichte von Peter, aus denen hervorging, daß er, offenbar einem Versehen der Militärpost zufolge, meine eigenen nicht erhalten hatte und über das Vorgefallene gänzlich im unklaren war. Daß sich seine seitenlangen, zum Teil als Gedächtnisstütze abgefaßten Episteln in meiner Lage anders lesen würden, als er angenommen hatte, wußte er freilich nicht.

Indes sind all die Briefe, insgesamt zehn, die er mir bis zur zeitweiligen Rückkehr im August, dann wieder im September, aus Berlin nach London schrieb, von einigem dokumentarischen Wert. Wie es einem geht, der die nach Dresden meistzerstörte deutsche Großstadt, zwölf Jahre nachdem er sie im Taumel der Machtübernahme durch die Nazis verlassen hat, nun in Trümmern und als Angehöriger der Siegermächte wiedersieht, ist ihnen auf das Anschaulichste zu entnehmen. »Berlin kocht in der schwelenden Sommerhitze«, so schilderte er es mir, natürlich auf englisch, zwei Tage nach meines Vaters Tod, »und der Gestank, der aus den Kanälen und Flußarmen der Innenstadt aufsteigt, in denen immer noch tausende verwesender Leichen aufgehäuft sind, dieser süßliche, brechreizerregende Geruch, der alles durchdringt, beginnt einem wirklich Übelkeiten zu bereiten... In ein paar Tagen wird die Stadt sich in eine einzige Kloake verwandelt haben. Und wie in fast allem, was sie betrifft, kann man nur sagen: Niemals hat es so etwas an irgendeinem Ort gegeben.«

In Zehlendorf, wo Peter in einer unversehrten Villa, umgeben von Birken und Kastanienbäumen, auf das Angenehmste untergebracht ist, in seinem Büro in der Milinowskistraße im selben schönen Vorort ist man gleichwohl, zumindest räumlich, von der grauenhaften Realität der übrigen Bezirke entfernt. Von hier fährt man auf eine Einladung hoher russischer Offiziere, die Peters unmittelbarer Vorgesetzter, der amerikanische Oberstleutnant Leonard, auch für ihn angenommen hat, eines Abends in ein schloßähnliches Haus im Grunewald, in dem eine wunderschöne, weißgekleidete Dame mit Rosen im Haar, in langen Zimmerfluchten und auf der weitläufigen Gartenterrasse, eine erstaunlich gemischte Gesellschaft empfängt: »Musiker, Sänger, Theater- und Filmleute, große und kleine, hübsche und sehr hübsche Mädchen, politische Intellektuelle und intellektuelle Politiker, Widerstandskämpfer, weitere russische und amerikanische Offiziere. Alle anderen sind Deutsche, Berliner.« Und bald entdeckt Peter den Regisseur Jürgen Fehling, einen jungen Schauspieler namens Meisel, den er früher schon gekannt hat, und einen Maler, der ihm von seinem Feldzug in Rußland bis Stalingrad und zurück erzählt.

»Ich wurde von Fehling und seinen Freunden mit Fragen über London und New York belagert... Fehling war einmal mit Lucie Mannheim verheiratet gewesen und wollte nun alles wissen über ihr Leben und ihre Karriere... ›Ist Paris schlimm getroffen worden? Überhaupt nicht? Gottseidank‹ – rief der kleine Schauspieler mit glühenden Augen und feuchten Schläfen. ›Das ist *ein* Trost. Ich glaube, die Zerstörung von Paris hätte ich nicht überlebt!‹« Was Zuckmayer macht, wollten sie wissen, wo

Werfel ist und ob Thomas Mann bald zurückkommt, ach, und warum nicht? Schwerer, süßer kaukasischer Rotwein wird serviert, alle Weltsprachen werden gesprochen. Die Dame des Hauses, eine deutsche Musikerin, hat durch die besondere Gunst der Russen dieses Schlößchen als Wohnstatt zugewiesen bekommen, aus dem ein hoher SS-General erst vor wenigen Monaten geflohen ist. Mir trägt Peter in aller Naivität auf, in London Smollett anzurufen und ihm zu bestellen, er sei in Berlin und von Smolletts Freunden, den »Russkies«, fasziniert.

Ich konnte in meiner verzweifelten Stimmung nicht ahnen, daß dieser erste Blick ins frühere Feindesland, diese erste mittelbare Einsicht in eine Lebensform, die einzigartig und unwiederholbar war – die Lebensform der vier Siegermächte im Zentrum der deutschen Niederlage –, für mich zugleich eine Vorschau bedeutete auf die eigene künftige Existenz in Berlin. Wären meine Augen nicht getrübt gewesen vom Schmerz um den Vater, mein Sinn nicht verhärtet gegen die abenteuerlichen Dinge, die Peter mir in allen Einzelheiten, unbekümmert um Lage und Laune der Empfängerin seiner Mitteilungen, in diesen Wochen beschrieb, ich hätte ihre Signifikanz erkannt. Doch vorerst war ich entsetzt über die Leichtigkeit, mit der er sich in jene »erstaunlich gemischte Gesellschaft« eingefügt und sogleich wieder mit den Berliner Künstlern, die offenbar unbeschadet aus dem »Dritten Reich« aufgetaucht waren, angefreundet zu haben schien.

»Vieles von dem, was du mir schilderst«, schrieb ich in meiner Antwort auf seinen ersten Brief, »ekelt mich an – so wie der kleine Schauspieler, der die Zerstörung von Paris nicht überlebt hätte... Du weißt, wie tolerant ich bin, wie kompromißbereit, wie ungern ich hasse. Ich verstehe auch, daß es schwierig ist, Menschen zu widerstehen, die immer noch in kulturellen Dingen dieselbe Sprache sprechen – aber ich finde es unerträglich, ganz unerträglich, daß so viel Leid und Qual, die finsteren Jahre, all die

Martern, der Hunger, die Vernichtung, einfach vergessen sein sollen, weil man auf einem gewissen Niveau keine Rachegelüste mehr hegt, oder weil niemand, den man trifft, erkennbar schuldig ist... Wenn ich daran denke, wie ich jahrelang Ch. einen Gutenacht-Kuß gab und nicht wußte, ob ich sie am nächsten Morgen lebendig oder in Stücke gerissen wiedersehen würde, oder an die Nacht, in der A. geboren wurde, oder an die Hilflosigkeit der alten Emigranten, oder wenn ich nur in die Gesichter der einfachen Leute in der Untergrundbahn schaue, verhärmt und zerfurcht vor lauter Sorgen und Plagen, dann wehrt sich etwas in mir gegen diese Verbrüderungen bei kaukasischem Wein.« Ich gab zu: »Vielleicht geht es nicht anders. Aber dann ist die Welt zum Erbrechen, ein Ort ohne Sinn und Wert, wo unsagbarer Schmerz und Mut einfach in den Rinnstein geschüttet werden wie ein Eimer stinkendes Wasser, damit die Luft rein wird. Ich weiß nicht, aber irgendwie bin ich froh, daß ich noch keinen Deutschen begegnen muß. Die Folgen sind zu verheerend.«

Einsam und abgeschieden in meinem Londoner Vorort, in tiefer Trauer und noch nicht erholt von den Härten des Krieges, konnte ich kaum anders empfinden, sah ich die Dinge so streng und einseitig, wie sie nun einmal in Wirklichkeit nicht sind. Peter in Berlin war dagegen den verwirrendsten Gefühlen ausgesetzt. Jetzt erst, da ich seine Briefe wieder zur Hand nehme, frappieren mich die krassen Widersprüche in der Haltung eines einstigen Deutschen, der sich ohne Bedenken der amerikanischen Spottwörter für seine früheren Landsleute, der Bezeichnungen »Krauts« und »Heinis« bedient, zugleich aber ehrfürchtig von Fehling als »einem der größten und talentiertesten Theaterleute Deutschlands« spricht, auch offenkundig brennender an den Problemen dieses Volkes interessiert ist als jeder Engländer oder gebürtige US-Bürger zu irgendeiner Zeit.

Seinen vor Jahren liebsten Freund Joachim Barckhausen, der ihn besucht, vormals ein stolzer pommerscher Junker, jetzt ein körperlich und seelisch gebrochener Mann, fertigt er dennoch schnöde ab, als dieser nicht versteht, daß Peter nicht die Absicht hat, sich wieder hier niederzulassen. »Aber Jochen, ich habe in diesen zwölf Jahren ein ganzes Leben gelebt, ein Leben, das nicht das geringste mit deinem und dem Leben Deutschlands zu tun hat. Meine Zuneigungen, meine Loyalitäten sind anderswo. Kannst du wirklich erwarten, daß ich das alles verwerfe?« Jochen fragt: »Aber wozu bist du denn hergekommen, wenn nicht, um mitzuhelfen, Deutschland wieder aufzubauen?« Peter antwortet: »Ich bin hergekommen, weil meine Regierung es mir aufgetragen hat. Auch deshalb, weil ich ganz kalt am Zustand dieses Landes interessiert bin. Und vor allem, um mein eigenes kleines Teil zu der Gewißheit beizutragen, daß dieses Volk, das meine Freunde ermordet, meine Familie ins Unglück getrieben, die von mir geliebte Welt verwüstet, die Zivilisation, für die ich lebe, zerstört und ohne Grund meine Fenster und Wohnungswände eingeschlagen hat, mich und meine Leute von jetzt an und für alle Zeit in Frieden läßt, und damit basta.«

Den Freund, der noch gebrochener wegging, als er schon gewesen war, hat er nur zweimal und dann nie wieder gesehen. Am schlimmsten fand er, daß Jochen ihn belog. Daß der antibritische Film *Ohm Krüger* mit Emil Jannings nach seinem gleichnamigen Buch gedreht wurde, hatte Jochen ins Gegenteil verkehrt und behauptet, er habe es hinterher geschrieben, um die historischen Mängel des Films »vorsichtig zu korrigieren«. Aber Peter hatte sein Buch gelesen – »die ärgste opportunistische, schamlose, freche und gemeine Beschmutzung Englands, die es geben kann« – und den Film erst kürzlich in privatem Rahmen gesehen. Solche Begegnungen waren nicht geeignet, sein Zugehörigkeitsgefühl zur zweiten Heimat ins Wanken zu bringen. Auch ein Ausflug in die russische Zone, gemeinsam mit den amerikanischen, aber des Russischen mächtigen Leutnants Michael Josselson und Shura Baer, bescherte ihm keinen Konflikt.

In dem hübschen kleinen Ort Strausberg nicht allzu weit von Berlin war, an einem See, das Schulinternat gelegen, in dem Peter, Seite an Seite mit Heinrich Ledig (Rowohlt) die letzten Jahre vor dem Abitur zugebracht hatte. Walther von Mendelssohn, ein Bruder seines Vaters, der seinerseits im Krieg, in Frankreich durch alle möglichen Lager und Gefängnisse hat gehen müssen, war hier Studienrat für Mathematik und Physik gewesen und hat die Hitlerzeit heil überlebt. Sein einziger Sohn aber war, vermutlich an seinem neunzehnten Geburtstag, auf dem Rückzug von Woronesch gefallen. Peter sieht mit seltsamen Gefühlen die Photographien des netten jungen Wehrmachtssoldaten, den er als Erwachsenen nicht gekannt hat, überall im Wohnzimmer stehen. Doch Tante Grete beklagt nicht nur ihr Kind, sie jammert über die Russen, »diese schrecklichen Barbaren, die im ganzen Land stehlen und rauben und morden und verwüsten«. Und diese – westlichen – »Terror-Angriffe« aus der Luft!

Ihr, nicht dem erst später eintreffenden Onkel, sagt Peter denn, es sei nicht minder schrecklich gewesen, was die Deutschen den Russen, Polen, Holländern, Belgiern und Griechen angetan hätten, nicht minder schrecklich, Nacht für Nacht von den eigenen Landsleuten mit Bomben belegt zu werden, sein »unschuldiges Kind um zwei Uhr früh an einem eisigen Februarmorgen aus einem Berg von Glas und Schutt hervorzuziehen«. Wenn der Onkel schließlich hilflos fragt, »wie es denn möglich war, daß es hierzu kommen konnte«, ist Peter erschüttert von der äußersten Naivität dieses Mannes und empfindet maßloses Mitleid mit ihm, der nicht einmal begriffen hat, weshalb er so leiden mußte. »Mir wurde klar, daß Hitler diese Menschen wirklich physisch und moralisch zerrieben hat.«

Was Peter aufgetragen ist, in dieser seiner ersten Phase in Berlin, was er vielmehr in einem nahezu hundert Seiten langen Memorandum an seinen obersten Chef General McClure nach seinen eigenen Wünschen durchsetzen konnte, ist die Errichtung der ersten, von einem westlichen Alliierten lizensierten Zeitung in dieser Stadt, in der bisher nur die Sowjetmacht Lizenzen vergeben hat. Eines der Dinge, die er sich in seinem früheren Leben auf das Heftigste ersehnt hat, »ein Blatt nach meinem Herzen in Berlin zu gründen«, hat sich für den einstigen kleinen Mitarbeiter der *Vossischen* und des *Berliner Tageblatts* erfüllt. Er hat die halbzerstörte Druckerei dieser Blätter in Tempelhof mit größter Anstrengung wieder in Betrieb gesetzt und dort sogar noch den alten Botenmeister des *Tageblatts* angetroffen: ein seltsames Omen für ihn. Und er hat in mühevoller Suche die ihm ideal scheinenden Lizenzträger des *Tagesspiegel* gefunden: Erik Reger, Walther Karsch, den »Reichskunstwart« der Weimarer Republik Edwin Redslob – »einer von Deutschlands charmantesten und reizendsten alten Männern, ein uralter Freund meines Vaters« – und Heinrich von Schweinichen, Papiergroßhändler und Original. Am 27. September erscheint die Zeitung zum ersten Mal. Sie wechselt anfangs noch dreimal in der Woche ab mit dem offiziellen Organ der amerikanischen Militärregierung im selben Haus, der *Allgemeinen Zeitung*, die der bald zum Freund gewordene Hans Wallenberg redigiert. Erst im November kommt der *Tagesspiegel* täglich heraus, und Wallenberg nimmt Abschied, um in München Hans Habe als Chefredakteur der *Neuen Zeitung* abzulösen. An diesem wichtigsten Blatt der Amerikaner in Deutschland leitet inzwischen Erich Kästner, von Peter in Mayrhofen aufgespürt, das Feuilleton.

Auch im September ist Beachtliches aus Berlin zu berichten. »Freitag vormittag gingen wir alle zur großen Siegesparade... Ich fand mich in eine Menge britischer, amerikanischer und russischer Soldaten eingezwängt, gerade gegenüber der Festtribüne, und sah alles ganz genau.« Es spielen alle Armeekapellen, dicht vor Peter die französische, »es war ein Höllenlärm und ganz wunderbar«. Dann zieht die Infanterie der vier Alliierten vorbei, tausend Leute von jeder Nation, aber die Briten, das geben alle zu, machen den stärksten Eindruck. »Es waren die Desert Rats, die da vorbeimarschierten, unglaublich feierlich, bescheiden, zurückhaltend, und doch mit einer Disziplin, die von innen kam, das merkte man, nicht von außen aufgezwungen.« Die Franzosen »hatten gar keine Tanks, nur ein paar lausige Panzerwagen und ein paar Laster, die sie von den Briten ausgeborgt hatten«, dann kamen die Amerikaner, und »als Höhepunkt die russischen Stalintanks, fünfzig Stück. Es sind absolute Monstren… wirklich angsteinflößend, weil sie völlig eingeschlossen sind, man sieht kein einziges Gesicht, sie waren total unmenschlich, nur riesige, dunkelgrün angemalte Stahlhäuser, die da vorbeirollten mit diesen ungeheuren vorstoßenden Kanonenrohren«.

Auf der Tribüne steht Schukow, »ein untersetzter kleiner Mann mit einem Bäuchlein und einem netten, freundlichen Lächeln«. Er ist mit Orden bedeckt – »Göring hat ihn nicht übertrumpft, nicht im geringsten«. Kein Eisenhower, dafür General Patton, auch kein Montgomery, dafür zehn französische Generäle, die sich überall wichtig machen und allen die Hand schütteln, als hätten sie den Krieg gewonnen und sonst niemand. Schukow hält eine Rede, und ein nervöser kleiner britischer Offizier übersetzt sie, hoffnungslos stotternd. »Stottern alle britischen Offiziere? Gibt es keinen, der's nicht tut?« Und dann erscheint »ein sehr gelackter Franzose, der übersetzt die Rede ins schönste Französisch mit lauter *gloire* und *victoire*, das geht den Leuten ein wie Zuckerwasser. Und das war die Parade. Ein denkwürdiger Tag.«

Bald darauf erhält Peter den Befehl, den amerikanischen Brigadegeneral McClure in die Oper zu begleiten – die alte Berliner Staatsoper, die nun im Admiralspalast im russischen Sektor untergebracht ist. Zu viert fahren sie vor im Cadillac des Generals und hören eine überirdische Aufführung von *Orpheus und Eurydike*, während der man vergessen kann, wo und mit wem man hier ist. Nachher will der General zum Glück in keinen Night Club gehen, sondern nimmt die drei Begleiter in sein Haus in Wannsee mit – »die Villa am Seeufer hat früher Heinz Rühmann gehört, dem Filmschauspieler, der ein großer Nazi ist«, so einfach sagt sich das damals! Sie trinken Whisky auf der Terrasse, während es jetzt erst dunkel wird, essen nachher fulminant zu Abend, mit einem erlesenen Rheinwein aus dem Jahr 1933, und reden bis halb zwölf Uhr nachts über die Schwierigkeiten der Alliierten miteinander. »Wir sitzen auf allen Ebenen mit den Russen fest.« Der General will Peter nicht gehen lassen, doch die Briten finden es langsam verdächtig, daß er sich mit den Amerikanern so gut verträgt und so nützliche Arbeit für sie tut. Die Briten erscheinen Peter nun als »die falsche Mannschaft hier. Was für ein Durcheinander sie anrichten, diese eingebildeten kleinen Majore mit ihren blonden Schnurrbärten und ihrem Cambridge-Akzent«.

So Peter, der Wandelbare. In England kämpfe ich indessen nicht nur mit Kummer und Geldsorgen, sondern auch mit einer wachsenden inneren Unruhe, weil mir das Leben davonzulaufen, die neue Zeit sich mir zu verweigern droht. Als Peter zu kurzem Aufenthalt zurückkehrt, merke ich an seiner Kühle, seiner Zerstreutheit und mangelnden Teilnahme an unseren Bedrängnissen, daß er in Gedanken weit weg ist, trotz der geliebten Kinder gern rasch wieder zurück auf dem Festland wäre, wo Geschichte gemacht und die Zukunft Europas, ja der Welt, ausgehandelt wird. Gleich ihm den Sprung dorthin zu tun, wenn auch nur für kurze Zeit, ist jetzt mein heftigster Wunsch. Er ist schon wieder fort, als unser kleiner Sohn getauft wird – als Pate fungiert Flesch und nimmt so das Amt eines Ersatzvaters, das er noch oft ausüben wird, zum ersten Mal auf sich.

Irgendeinmal zu dieser Zeit meldet sich ein alter Bekannter, der mir bemerkenswerte Aufschlüsse über das Leben in Frankreich unter der deutschen Besatzung gibt. Es ist André Chamson, dem ich einst in Paris die einzigen guten Mahlzeiten verdankte und der jetzt in London aufgetaucht ist – ein Held, wie er nach und nach verrät, des Widerstands. »Ich hatte ihn im Gedächtnis als einen ausnehmend hübschen, gutgewachsenen Franzosen«, schreibe ich an Peter, »ganz der Typ eines Beamten im Außenministerium. Vielleicht hatte ich ihn idealisiert oder sind meine Vorstellungen von männlicher Schönheit andere geworden, aber nun kommt er mir ein wenig unansehnlich vor.« Chamson lädt mich in die »Speranza« in der Brompton Road ein, und ich schenke ihm einen Kleidercoupon, damit er sich eine Krawatte bei Harrods kaufen kann, die ihm in die Augen sticht.

»Er hat südlich von Paris gekämpft und sich dann mit den besten Bildern und Kunstgegenständen des Petit Palais, dessen Kurator er war, in ein kleines Schloß in der unbesetzten Zone zurückgezogen. Als die Deutschen das restliche Frankreich besetzten, ging er in den Widerstand. Er stellte ein Bataillon auf, Malraux zwei weitere, und Seite an Seite mit Malraux hat er dann im Maquis, in der berühmten Brigade Alsace-Lorraine gefochten... Als er vom Tod ihres Gefährten Jean Prévost erfuhr, sagte er zu Malraux: Gib mir die ersten deutschen Gefangenen, die wir machen, und ich lasse sie erschießen für Jean Prévost. Malraux sagte: Du sollst sie haben. Aber als sie dann ankamen, hatte er nicht das Herz dazu.«

Ich frage Chamson, was er von Jean Bruller halte, dessen Buch des schweigenden Widerstands, *Le silence*

de la mer, mit ungeheurem Aufsehen unter dem Decknamen Vercors herausgekommen war. Chamson: »Wir alle
kannten Bruller vor dem Krieg, und immer wieder sagten
wir, geben wir Bruller eine Chance. Wann immer ein
neues Literaturblatt gegründet wurde, sagten wir, geben
wir Bruller eine Chance. Dann, als der Widerstand über
einen Verlag und Zeitschriften verfügte, wollten alle, die
dazu beitrugen, Pseudonyme annehmen. Da sagte jemand: Was werden die Deutschen machen? Sie werden
zu Curtius gehen und ihn fragen, wer hat das hier geschrieben? Und Curtius wird sagen: Debû-Bridel, Mi-
chaux, Emmanuel, Paulhan. Was wird es dann helfen,
sich hinter falschen Namen zu verstecken oder anonym
zu schreiben? Aber Bruller, der Unbekannte, nützte seine Chance und hatte endlich seinen Erfolg.«

Der Sommer ist vorbei. Mit der kleinen Tochter, den
Buben unter der Obhut der treuen Beate zurücklassend,
fahre ich im September wieder nach Potter Higham. Die
Freunde John und Joey Arrow nehmen uns in ihrem
Häuschen am Fluß, auf den Booten »Bird« und »Forre-
ster«, liebevoll auf, wir spielen Darts in den Pubs und
segeln mit in einer Regatta. Einmal kracht mir der bre-
chende Hauptmast an den Kopf, und ich werde gelobt,
weil ich mich nicht wehleidig zeige. Auf der Rückfahrt,
in Cambridge, sehen wir das Wahrzeichen des alten Imperiums, die Königinmutter Mary, mit ihrer berühmten
Toque und dem knöchellangen Prunkgewand, die Stufen
des Fitzwilliam Museum herunterschreiten. Eingebunden in das englische Gesellschaftsgefüge bin ich auch bei
Dodo und ihrer Familie, bei Henrietta und im P.E.N.
Die Aussicht aber, in nicht allzu ferner Zukunft selbst auf
den Kontinent zu kommen, zeichnet sich in Gesprächen
mit Kingsley Martin immer deutlicher ab.

Hier ist etwas nachzutragen. Jenes Anrecht auf dauernde Ansässigkeit in seinem Land, das uns der Herausgeber des *New Statesman* ohne nachzudenken abgespro-

chen hat, war uns gerade in seinem eigenen Wochenblatt zugestanden worden. Peter hatte seit längerem politische Beiträge zu diesem damals und noch Jahrzehnte danach führenden Leibblatt der englischen Intelligentsia verfaßt, und mir war mit der Veröffentlichung eines Essays über Alain-Fourniers Roman *Le grand Meaulnes* der Einzug in ihre wichtigsten literarischen Spalten gelungen. »Ich habe die Seite ›Books in General‹ noch nie geschafft«, hatte Kingsley im August 1944 scherzhaft zu mir gesagt. Von nun an, und eine Weile lang, empfing ich Lobesworte von vielen angesehenen Literaten, die mich über meine heutige Nichtbeachtung durch die Londoner Geisteswelt immer noch zu trösten imstande sind. Und so unenglisch es sein mag, »ins eigene Horn zu stoßen«, möchte ich doch zitieren, was mir nach den endlosen Lehrjahren als Akkolade einer in die Sprache eingewanderten Schriftstellerin erschien.

G. W. Stonier, dessen kleinen Band *Shaving through the Blitz* ich liebte und der jetzt im Feuilleton des *Statesman* tätig war, hatte mir für die Einsendung des Alain-Fournier-Aufsatzes gedankt, »den Mortimer und ich mit großem Genuß gelesen haben«. Wenn ich noch etwas über den Briefwechsel des Autors mit Rivière hinzufügen wollte, würden sie ihn »mit Freuden auf einer Mittelseite oder unter der Rubrik ›Books in General‹ drucken« – was denn alsbald geschah. Im Jahr darauf schrieb mir Cyril Connolly, Herausgeber des *Horizon*, in dem er sich einen Bericht über die Künste in Wien von mir wünschte: »Ich las Ihre Rezension des ›Grand Meaulnes‹ bei ihrem Erscheinen mit großem Interesse und fragte mich, wer Sie wohl seien. Ich möchte Ihnen sagen, daß ich sie für eine ausgezeichnete Arbeit gehalten habe.«

Wenige Monate später, im Januar 1946, versicherte mir V. S. Pritchett, der große Erzähler und Essayist, der *New Statesman* würde meinen Artikel über Marie Bashkirtseff, »der uns sehr gefällt, mit Vergnügen drucken«, und bat mich nur, ein paar Hinweise auf Übersetzungen ihres Tagebuches ins Englische zu geben. Für die Ergänzungen bedankte er sich sodann und meinte, der Aufsatz sei nun »delightful« und in jeder Hinsicht komplett. Er wollte nur noch die Reihenfolge von Maries Bewunderern ändern dürfen und den von mir genannten Barbey d'Aurévilly an deren Spitze setzen – »Ich zögere, Ihnen diesen pedantischen Vorschlag zu machen. Der Artikel ist bewundernswert«. Und um die Liste unserer damaligen Auguren abzuschließen, sei noch Philip Toynbee genannt, der sich im *New Statesman* eine Woche nach dem Abdruck des *Grand Meaulnes*-Essays auf meinen »admirable criticism« berief.

Die Weichen für eine Aufnahme in die Reihen der literarischen Publizisten schienen gestellt. Doch es kam anders. Als dritten »Frühvollendeten« – diesmal im übertragenen Sinn – hatte ich mir die erste Inkarnation Hugo von Hofmannsthals, den »Loris«, erwählt und einen Aufsatz über ihn geschrieben, der bei den Kulturredakteuren des *Statesman* keine Gnade fand. Ihr Bedauern, ihn nicht drucken zu können, bezog sich auf den Gegenstand, nicht die Form; Hofmannsthal war als Librettist der Strauss-Opern bekannt, den Dichter hatte bisher niemand in England zur Kenntnis genommen, und auch jetzt war man dazu nicht gewillt. Ich beschloß, eine erste Ausgabe seiner Prosaschriften zuwegezubringen, erwirkte eine Zusage des Verlags Methuen und nahm Fühlung mit der Familie auf. Ihre Zustimmung war erfolgt, aber jeder Übersetzer, den ich fand und vorschlug, wurde von den Freunden Gerty von Hofmannsthals, die in Oxford lebte, als der sprachlichen Finesse des Dichters unwürdig abgelehnt. Methuen verlor schließlich die Geduld, und trotz aller Bemühungen kam diese frühe Einführung Hofmannsthals in das literarische Bewußtsein Englands nicht zustande.

Die letzten Monate dieses Jahres 1945 ziehen sich

qualvoll und endlos hin. Ich zittere vor Ungeduld, Europa wiederzusehen. Im September fährt Smollett als Korrespondent des *Daily Express* nach Wien. Er, dem nach Abschluß seiner Tätigkeit als Leiter der russischen Abteilung im Ministerium ein hoher Orden verliehen wurde, gibt zu meinem Staunen den unentwegten und, wie er meint, aussichtslosen Kampf um Zuerkennung der erstrebten englischen Identität auf und beschließt, mit seiner Familie für immer nach Österreich zurückzukehren. Politische Motive erkenne ich nicht in diesem Entschluß. Und vielleicht kann ich ihn sogar verstehen, wenn meine geliebte Dodo mir mit reizender Malice beschreibt, wie Smollett zu einer Einladung ihres Mannes in den »Junior Carlton Club« in Gamaschen erschienen ist. »Gamaschen, ich bitte dich!« Als hätte er sich damit rettungslos als »Dago«, »Frog« oder »Jerry« erwiesen – dies letztere die vergleichsweise sanfte, fast respektvolle Bezeichnung der Briten für den deutschen Feind. Für mich, für uns, erhoffe ich mir, vielleicht von neuem irregeleitet und verführt von den publizistischen Erfolgen, eine gnädigere Akzeptanz.

Sollte denn auch alles vergeblich gewesen sein – die längst hergestellte Vertrautheit mit dem Londoner Geistesleben, die engen Freundschaften, der Umgang, auf du und du, mit so vielen Schriftstellern im und außerhalb des P.E.N., mit Stevie Smith und ihrer zeitweiligen Gefährtin Inez Holden, mit Eleanor Farjeon, Margaret Storm Jameson, Philip Hope-Wallace und anderen mehr? Das war doch meine Welt, eine andere hatte ich nicht mehr. In diesen Wochen sah ich einmal, in einer vorderen Reihe des Balkons im New Theatre, wo Peggy Ashcroft als Herzogin von Malfi auf der Bühne stand, ein zweites, privates Drama sich entwickeln. Dort saßen der von mir zutiefst verehrte Cecil Day-Lewis, ein so attraktiver Mann, auf zarte Weise, wie guter Poet, und die wunderschöne Romanschriftstellerin Rosamond Lehmann, und führten, ohne der Vorgänge auf der Bühne zu achten, ein höchst emotionelles Gespräch. Schließlich wurde ich gewahr, zwischen der blutrünstigen und der verhaltenen empfindsamen Tragödie schwankend, wie Rosamond Lehmann in Tränen ausbrach und sich erhob, worauf das Paar mitten in der Vorstellung den Balkon verließ. Wer wird begreifen, daß mich solche Zeugenschaft, solche Einsicht in die privaten Verstrickungen auf der literarischen Szene Londons eine engere Verbundenheit mit ihr beanspruchen ließ, als sie mir von ihren Akteuren jemals zugestanden werden mochte?

Nachdem Peter, der seine Arbeit in Berlin vorerst beendet hat, im November zur Berichterstattung über den Kriegsverbrecherprozeß nach Nürnberg aufgebrochen ist, betreibe ich mit Nachdruck meine eigene Entsendung nach Wien. Kingsley, der mich nun als Kritikerin kennt, aber nicht weiß, ob ich brauchbare Reportagen über soziale und politische Zustände im befreiten Österreich liefern kann, ist nur halbherzig bemüht, mir die Reiseerlaubnis der Militärregierung zu verschaffen. Doch Peters Kollegen helfen mit, und im neuen Jahr, Ende Januar, kann ich, vom *New Statesman* akkreditiert, in Khaki eingekleidet, das Streifband mit der nicht mehr zutreffenden Bezeichnung »War Correspondent« an der Schulter, in Croydon eine zerbeulte Dakota besteigen, die mich über Brüssel und Frankfurt nach Wien bringen wird. Ich fliege, nein, ich springe mitten ins Festland hinein, fünf Jahre Winter sind jetzt, im sechsten, mit diesem Flug, diesem Sprung, endlich zu Ende. Der Vogelflug macht mich frei, führt mich aus der Enge der Insel dorthin, wo meinesgleichen vogelfrei war und nicht mehr ist.

Vieles, nicht alles habe ich später beschrieben von dieser ersten Rückkehr nach Wien, zu wenig, wie liebreich umfangen, wie behütet und wohlversorgt von der britischen Militärmaschinerie ich mich von nun an und noch einige Jahre fühlen werde. Hier, in meiner Vaterstadt, im Herzen des dritten Bezirks, in dem ich die zweite Hälfte meines Lebens vor der Auswanderung verbrachte, in einem kleinen barocken Adelsschlößchen trete ich ein in die Lebensform der Middle East Force, die einen langen und blutigen Krieg hinter sich hat und jetzt entschlossen ist, die Zwischenzeit bis zum ersehnten, gefürchteten Wiedereintritt in die zivile Gesellschaft so bequem wie möglich zu verbringen. Sie haben sich's verdient. Es sind kaum Berufsoffiziere unter diesen jungen Leuten, die man zu den Wiener Public Relations, ins Pressequartier im Salmschlößl, abkommandiert hat. Manche sind selbst von Adel oder Söhne großer Familien so wie Robin Muir, der mit einer Tochter des Herzogs von Marlborough verlobt ist. Sehr rasch haben sie sich denn auch mit den österreichischen »Aristos« verbrüdert, und täglich sieht man hungrige Prinzen wie Tassilo F. oder Prinzessinnen aus ähnlich großen Häusern als Mittagsgäste der *table d'hôte*. Aus gehobenen Sphären stammt auch der augenblickliche Herr im Haus, Oberstleutnant David Heneker, der überdies als Komponist leichter Musik und reizender Singspiele bekannt war, ehe die Armee ihn einberief. Alle haben vortreffliche Manieren und die erleichterte Gelassenheit von Menschen, die eine übermenschliche Anstrengung hinter sich gebracht haben und mit deren Ausgang, ja mit sich selbst, zufrieden sind.

Ich lerne Wörter. »Admin« – Verwaltung des Alltags, vom Quartier bis zur Verpflegung und Vorsorge jeglicher Art innerhalb der Armee. »Movement Control« – das Reisebüro des Militärs, mit dessen Hilfe man ganz Europa, besonders das britisch besetzte, durchschweifen kann. »To wangle a travel order« – das nötige Papier zu ergattern. »To swan around« – umherzureisen, wenn dies gelungen ist. »Bumf« – all die lästigen Formulare, die man ausfüllen, die Stöße schriftlicher Anweisungen, die man befolgen muß. »NAAFI«, der Laden und die Kantine, in denen man alles Verfügbare, vom Eipulver und heißen, gesüßten Milchtee bis zu hauchdünnen, in einem Karton geschichteten Papiertüchlein kaufen kann. »Kleenex« heißen diese Tüchlein, für alles und jedes gebrauchbar, eine sensationelle Erfindung der Amerikaner, die zumindest den gleichsprachigen Alliierten großzügig überlassen wird, so daß man ihretwegen nicht eigens den PX-Laden der US-Truppen aufsuchen muß. Und schließlich das »old boy-network«, eine Kameraderie, auf die man in Triest und Klagenfurt wie im dritten und dreizehnten Wiener Gemeindebezirk zählen kann, nicht zu reden von dem gesamten britischen Weltreich.

Wie in einer Taucherglocke schwebt man im Schutz der Armee in der grauen Trostlosigkeit, der elenden Trümmerlandschaft der besiegten Stadt. Als befreit kann sie sich nicht empfinden, denn die vier Besatzungsmächte lasten mehr oder weniger schwer, allezeit aber wahrnehmbar auf ihr, und die vier verschiedenen Uniformierten in den Jeeps, die dauernd durch die Straßen rattern, tragen ein fremdes, kein freundliches Gesicht. Mir, die ich bei diesem Wiedersehen nach acht Jahren in den widersprüchlichsten Gefühlen vergehe, ist der Anblick eine beruhigende Gewähr, daß mir hier zumindest kein physisches Leid angetan werden kann. Wie sehr ich später im Leben wieder in die österreichische Umgebung hineinwachsen werde – diese Ausgangslage nach dem verlorenen, gewonnenen Krieg wird eine Kluft zwischen mir und den anderen Bürgern bilden, die sich nie wieder schließt.

In der Taucherglocke bin ich Mrs. de Mendelssohn, dann Hilda – denn der Endvokal meines Namens ist unaussprechbar für meine jetzigen Kompatrioten, wird dereinst auch für meine englische Enkelin unaussprechbar sein –, und daß ich vom *New Statesman* hierher gesandt wurde, macht Eindruck auf die »press officers«

Meine Freundin Gwenol (Heneker)

wie die anderen Korrespondenten. Die Nähe zu Sam B., dem netten und gebildeten Waliser, der während der nächsten Wochen mein häufiger Begleiter sein wird, zu David und seiner schönen, sanften Frau Gwenol und Eric und John und »Chalky« White wappnet mich für den täglich neuen, erschütternden und verwirrenden Wiedereintritt in die Wiener Wirklichkeit.

Nicht noch einmal kann ich schildern, was ich im Jahr nach dieser Rückkehr, mit Hilfe meiner Tagebuchnotizen, der unmittelbare Eindruck noch abrufbar, in englischer Sprache zu Papier gebracht habe. *The Streets of Vineta* sollte das zunächst heißen – kein originelles Gleichnis, seither oft gewählt. Das Buch ist in England nie erschienen, erst als es eines Tages auf deutsch vorlag, verstieg sich das *Times Literary Supplement* zu der Aussage, hier habe man es mit einem »female Proust of Vienna« zu tun. Gleichviel. Nur in Stichworten mag denn an meinen schizophrenen Seelenzustand dieser Wochen erinnert werden, an die Ankunft in Schwechat, in Nässe, Schlamm und schwarzem Schnee, an die Fahrt entlang der vier Friedhöfe, dieser Geistermetropole einer vom Tod besessenen Stadt, bald dann vorbei an der von mir vormals bewohnten Stanislausgasse, an der Salesianerkirche mit ihrer wunderbaren, unvergessenen Kontur.

Welche Orte der Vergangenheit in den nächsten Tagen aufgesucht werden, bis hin zum topographisch genau bestimmbaren Ursprung meiner Einheit mit Wien, dem Pfarrplatz in Heiligenstadt, mag ich nicht noch einmal in allen Einzelheiten heraufbeschwören. Welche Menschen ich wiedersah – auch diese Reminiszenzen schmerzen nach all der inzwischen verstrichenen Zeit. Die beiden treuen, vertrauten Hausgehilfinnen, Hausgenossinnen, Anna und Marie, in ihren armen Dienstbotenwohnungen von unverwandter, immerwährender Anhänglichkeit an die »Herrschaft«, die zu ihrer wahren Familie geworden war. Behaglich eingerichtet und von emigrierten Freunden mit Lebensmittelpaketen reichlich versorgt, dann der selbsternannte Widerständler mit dem wieder abgelegten Parteiabzeichen, lachend, immer lachend über Leichen hinweg, auch über die Leiche meiner hingerichteten Freundin Annie Gadol, der Frau des ermordeten Manjo Peczenik, die er im Café Herrenhof vielleicht sogar gekannt hat. Merkwürdig, daß der Abscheu vor jenen, die sich's in der Unheilszeit »gerichtet« haben, viele Jahrzehnte später heftiger spürbar ist als der vor den tumben Schergen des schauerlichen Regimes.

Dagegen aber: der Aufbruch in den Künsten, die Zukunftsfreude, inmitten hungerleidender Menschen, im Rathaus, wo der katholisch-kommunistische Kulturstadtrat Matejka im Zeichen seines Freundes Kokoschka die »Entarteten« zumindest im Geist zurückruft und junge Maler zur Abkehr vom nationalsozialistischen Realismus ermutigt, Stipendien und Stellungen für Kriegsteilnehmer und entlassene Lagerinsassen beschafft. Die Versammlungen bei Peter Smollett, der hier noch ohne Familie lebt und bei dem man die »Kulturoffiziere« aller Besatzungsmächte, durchwegs einstige Wiener, sowie den alten Freund Hans Weigel trifft. Die Premiere des ideologischen Dramas *Barabbas* von eben diesem Weigel, bald nach meiner Ankunft. Die Redaktionskonferenzen der Zeitschrift *Der Plan*, auf denen Otto Basil den Schriftstellern von morgen Kafka und den Surrealismus erklärt. Das Theater in der Josefstadt, von Heinz Hilpert – der hier ein »KZ auf Urlaub« geleitet haben soll wie Gründgens in Berlin – verlassen und von zwei Männern unbescholtener Haltung weitergeführt, mit deren einem, dem stattlichen und überaus sympathischen Alfred Ibach, einem Deutschen nebenbei, nicht sogleich Freundschaft zu schließen sich als unmöglich erweist. Seine Frau ist ein Ebenbild der Schauspielerin Grete Mosheim, die er geliebt, aber in die Emigration hat

Alfred Ibach

entlassen müssen. Zwei Jahre später werde ich Alfreds Tod beweinen, ja beweinen! Und doch wird mir eines Tages nahegelegt werden, er sei der »Ariseur« des E. P. Tal Verlages gewesen, in dem F.-B.s erste Bücher erschienen sind. Oh Wildnis! Eine Wildnis, die nie ganz durchforstet wird.

In der Politik bin ich bald auf Ernst Fischer gestoßen und wurde, als mein Wien-Bericht im *New Statesman* erschienen war, von dessen Vorkriegskorrespondenten in Österreich G.E.R. Gedye, auch von Oscar Pollak, meiner Anerkennung von Fischers Wirken wegen heftig gerügt. Im nachhinein sieht das alles aus wie eine einzige Konspiration, denn Smollett hatte mir geraten, zu dem kommunistischen Staatssekretär für Unterricht und Kunst zu gehen und ihn über seine Tätigkeit zu befragen. Jetzt, da ziemlich überzeugend nachgewiesen worden ist, mein Jugendfreund und unsere wichtigste Stütze im Exil, Smollett, habe während seiner Tätigkeit im Ministerium geheime Informationen an die Russen weitergegeben, scheinen meine Unvoreingenommenheit, meine Unschuld in Frage gestellt. Doch es war damals nichts als mein Qualitätsgefühl, das mich den Denker und Poeten Fischer, der seine ärgste Entgleisung, das Anti-Tito-Stück, noch vor sich hatte, als interessanteste Figur der damals amtierenden Regierung empfinden ließ.

Mit Sam, der sich im zivilen Leben dem Kunsthandel zuwenden will, gehe ich in die Galerie Würthle. Dort sind Schiele-Zeichnungen für zwanzig Schilling zu haben, ein für mich mit einiger Mühe erschwinglicher Betrag. Wer begreift, daß ich, selbst längst der Bedeutung des Künstlers gewahr, keines seiner Blätter erwerbe, aber Sam zum Kauf eines Ölgemäldes von Schiele rate, das er mit 2000 Schilling für teuer, aber dann doch nicht für zu teuer hält? Heute frage ich mich, ob er es wieder veräußert hat oder noch besitzt. Von Josef Dobrowksy, meinem Vorkriegskumpan, der darauf besteht, mich sogleich zweimal in Pastell zu porträtieren, kauft Sam ebenfalls ein Bild, dem der astronomische Wertzuwachs Schieles freilich versagt bleiben wird. Gemeinsam verbringen wir Abende in der Wohnung des Baßbaritons Paul Schöffler, dessen hübsche kleine Freundin Hannerl sich von den Offizieren der Salmgasse hofieren läßt, um für den angebeteten Kammersänger Orangen und Kaffee zu beschaffen. Bei ihm geht es lustig zu: Erich Kunz, der beste Figaro, Papageno, Leporello der Wiener Operngeschichte, treibt mit dem Baß Manowarda Späße auf dem Klavier, und Schöfflers samtene, dunkle Stimme kann selbst im Sprechton faszinieren. Im Theater an der Wien, wo das Staatsopernensemble allabendlich zu hören ist, erleben wir die vermutlich vollendetsten Mozartaufführungen aller Zeiten.

Und dann bricht, während ich schon an meinem Bericht für den *Statesman* sitze, dessen Mitherausgeber Richard Crossmann über mich herein. Gegen Mitternacht bei Smollett mit einer Sekretärin aufgetaucht, versucht er mich sogleich vom Schreiben einer allgemeinen Wien-Reportage abzubringen. Nach Kärnten solle ich gehen, wo für England brisante Dinge sich ereignen: jener unterirdische Flüchtlingsstrom der aus polnischen Todeslagern geretteten Juden nach Palästina, den die britischen Mandatsherren des Landes mit allen Mitteln verhindern wollen. Crossman haßt den Außenminister Ernest Bevin, der die 1938 ausgehandelte Einschränkung einer zu errichtenden Wohnstatt für die heimatlosen Juden auch nach dem Genozid ihrer Mehrheit strikt, ja grausam verteidigt, und will die Gründe für deren Widerruf in seinem Blatt erörtert sehen. So fahre ich denn nach Süden, ins Land der Kindheitssommer, nun der DP-Lager nahe von Villach, wo mir ein Jossel »die Reste« seines Volkes zeigt und klarmacht, daß sie Europa verlassen müssen, weil es für sie eine einzige Begräbnisstätte ist. Ihren »Treck nach Palästina« werde ich im *New Statesman* in einem Beitrag schildern, der ihre verzweifelten Bemühungen rechtfertigt, ohne zu enthüllen, worin diese im einzelnen bestehen.

Nicht nur im Lager der Juden, auch in den nicht weit entfernten der anderen DPs – displaced persons – herrschen verzweifelte Zustände, denen kaum abzuhelfen ist. Diese armen verschleppten Menschen, ob dem Tod oder der Zwangsarbeit entronnen, sind in vielen Fällen zu demoralisiert, um mit ihrer bei Kriegsende gewonnenen Freiheit etwas anfangen zu können. Gewiß bemühen sich die britischen Kommandanten, sie zur Reinlichkeit anzuhalten und mit Unterstützung der UNRRA ausreichend zu ernähren, aber da sie wissen, daß ihre Zukunft unsicher ist, und – wie etwa die Ukrainer, deren Anführer sie an die Seite der deutschen Truppen geleitet haben – mit Recht befürchten, diese könnte verhängnisvoll für sie sein, haben sie wenig Lebenswillen. In welchem Gegensatz zu diesen Niederlassungen der Entwurzelten der Komfort im Kärntner Pressequartier! Hier wie allerorten haben die Besatzer die schönsten Villen requiriert, und so wohne ich in Dellach am Wörther See im geräumigen

Haus des Volkswagenerbauers Ferdinand Porsche, wie später einmal in München in dem des Verlegers der NS-Fachliteratur und meines eigenen zukünftigen Verlegers Heinrich Beck.

Die Idylle der Federbetten, Bauernmöbel, Kachelöfen und gestickten Kissen verlasse ich für einen Tag, um mit dem Koch zum Einkauf nach Udine zu fahren. In der Villa Porsche speist man exquisit. Während im Salmschlößl die Tafel, nicht sehr einfallsreich aus den kargen Beständen der NAAFI und einigen wenigen Schwarzmarktquellen bestellt, immerhin so nahrhaft ist, daß hier auch der Hochadel, wie mir längst aufgefallen war, sich gern und häufig einladen läßt, hat das Kärntner Press Camp kulinarische Ambitionen. Mehrmals im Monat stellt die Movement control dem kleinen italienischen Chef eine *travel order* in die friaulische Marktstadt aus, und er holt im Jeep die wunderbarsten Käse, Schinken und frischen Viktualien ein, die er dann in Dellach aufs Erlesenste zubereitet. Für mich ist dieser Reisetag mehr als ein Ausflug in eine Region der simplen, aber reichlichen Gaumenfreuden, wie sie uns seit Kriegsbegin verwehrt sind. Ich sehe wieder das schönste, das mir wie so vielen nördlichen Europäern liebste Land, das Land, dessen Erde, Sonne, Menschen und Monumente ich, wie Flesch zeit seines Lebens, als den Göttern geweiht empfinden werde.

Die letzten zwei Wochen in Wien verbringe ich in großer Zerrissenheit. In meinen Briefen an Peter – auf den Umschlägen steht nun »From Mrs. de Mendelssohn / British Press Camp / British Public Relations H. Q. / Vienna / C.M.F.« – tritt sie zutage. Zu Anfang schon habe ich ihm zu erklären versucht, was diese Rückkehr für mich bedeutet: »Samstag nachmittag ging ich in Heiligenstadt herum, im schmelzenden Schnee gegen halb fünf, in der Dämmerung, und es war hundertmal herzzerreißender, als ich je erwartet hatte. Ich ging in die kleine Pfarrkapelle und heulte einfach. Lies das lieber nicht der Mimi vor. Aber die Engländer hier sind ein himmlisches Antidotum, und am Tag darauf, gestern, an einem strahlenden sonnigen Nachmittag, fuhr ich mit einem reizenden Major nach Grinzing und auf den Kahlenberg und wir redeten viel über englische Literatur und Sitwell und Bowen auf dem Weg zum Leopoldsberg, vorbei an den Ausflüglern und den skifahrenden Amerikanern auf den Hängen im Wienerwald, und das hat alles auf angenehme Weise wieder ausgeglichen.«

Nicht nur das Schwanken zwischen Vergangenheit und Gegenwart, auch das schlechte Gewissen plagt mich, weil ich Peter mit den Kindern, wenn auch mit ausreichender Hilfe, allein gelassen habe und diese aufregenden Wochen, das Doppelleben zwischen dem politischen und kulturellen Erwachen Wiens – den Pressekonferenzen von Ministern, den Theater- und Opernabenden, den Philharmonischen Konzerten, den privaten Geselligkeiten und, auf der anderen Seite, den Parties im Salmschlößl, den Diners mit Sam, David, Gwenol im Sacher oder Palais Kinsky – auch noch so genieße. »Ist das sehr schlimm von mir? Ich war so ausgehungert danach, und hab doch so gern getanzt und getrunken und mich außer Haus vergnügt, bevor wir uns festsetzten und bourgeois wurden. Kann man nicht versuchen, das wieder ein bißchen zu lockern? Alles ist so einfach, wenn man einmal aus England draußen ist. Aber nur *mit* den Engländern, ich kann's nicht oft genug sagen. Die Netten sind wirklich so unendlich nett und charmant, und ich sehe sie so gern, und lebe so gern unter ihnen, diesen sauberen, manierlichen, lustigen, witzigen Leuten.« Und dann, am Ende des Briefes: »Ohne die schweren Jahre wäre dieses triumphale Auftauchen aus dem Krieg nicht möglich gewesen. Es war eine bloody time, aber jetzt zeigt sich, daß es der Mühe wert war, nicht? Versäumen wir doch nicht, die Vorteile auszukosten. Das Leben ist so kurz, laß uns doch auch etwas Spaß haben, neben der harten Arbeit.«

Peters Briefe kreuzen sich mit den meinen, und beide sind so lange unterwegs, daß ein Dialog nicht zustandekommen kann. Seinem ersten hat er ein Blatt mit den rührend ungelenken Schriftzügen unserer kleinen Tochter beigelegt, die so beginnen: »Dear Mummy, when are you going to come back from Vienna? I would so like to know.« Wenn einen das nicht zur Heimkehr mahnt? Er selbst aber ist großzügig: »Ich hoffe so sehr, daß Du gute und interessante Tage verlebst und all das in Dir wieder entdeckst, was in diesen Jahren begraben oder sogar verloren geglaubt war. Hier zuhause ist alles in Ordnung und bester Verfassung.«

Und dann erzählt Peter von einer großen Einladung des *New Statesman* und den vielen Menschen, die er dort getroffen hat, Hugh Gaitskell und Victor Gollancz und »Dick« Crossman, der ihm ausführlich zu seinen Berichten im *Observer* aus Nürnberg gratuliert. Auch Dorothy Woodman, Kingsley Martins Lebensgefährtin, und »ein junger Mann namens Denis Healey«, Vorsitzender der Auslandsabteilung der Labour Party, machen ihm Elogen und fordern ihn auf, einem Komitee beizutreten, das der Regierung vorschlagen soll, was man mit den »Nürnberger Dokumenten« anfangen soll. »Ich sagte zu, und Woodman sagte, ach, aber Sie sind kein Mitglied der Labour Party. Worauf ich sagte, ja doch, natürlich, damit war alles erledigt.« Und Peter offenbar, zum ersten Mal im Leben, zum Eintritt in eine Partei bereit.

Dann geht er gleich, wie er mir schreibt, zum nächsten Treffen der Labour Party von Wimbledon, und es gefällt ihm sehr. »Jetzt endlich, und allmählich, habe ich das Gefühl, daß wir in etwas hineingeraten, nämlich in die Gemeinschaft, und ein Bestandteil davon werden. Das ist die wahre Sache. Ich glaube, ich könnte nirgendwo auch nur halb so glücklich und halbwegs zufrieden sein. England paßt mir wie angegossen. Ich würde nie mehr dran denken, für immer mit euch in irgendein anderes Land zu gehen. Es wäre Selbstmord. Laß uns noch ein paar Jahre durchhalten, dann werden wir so tief in den Kreisen verwurzelt sein, zu denen wir gehören, daß alles verflogen sein wird, was zu unseren Emigrantenproblemen gehört hat. Hier wird es uns gut gehen.«

So Peter am 2. Februar 1946. Wäre es nur so einfach verlaufen! Damals mußte er dran glauben. Und wenige Tage darauf teilte er mir mit, die Kontrollkommission für Deutschland habe ihm nun wieder eine Stellung angeboten, die er wohl annehmen werde, obwohl ihm die ganze Idee zuwider sei, weil er aus London nicht weg wollte und am liebsten absagen würde, wenn er nur wüßte, wie er da noch herauskäme und was er statt dessen machen sollte. Mir scheint im Rückblick, daß dies eine Schaltstelle des Schicksals war, eine jener existentiellen Schwellen, die zu überschreiten oder nicht bestimmend für das ganze weitere Dasein ist. In den Entschluß, sich jetzt nicht an Ort und Stelle durchzubeißen und den Integrationsprozeß zu Ende zu führen, sondern – wenn auch diesmal für die Briten – nach Deutschland zu gehen, war die endgültige Rückkehr Jahrzehnte später schon eingebaut. Der schicksalhafte Augenblick war versäumt. Denn nach unseren drei Jahren saß die gesamte heimgekehrte Kriegsgeneration der eingeborenen Engländer schon auf allen Stühlen, wir aber waren von der deutschen Sprache, ja der deutschen Welt wieder vereinnahmt, ob wir's wollten oder nicht, und fanden in die britische nie mehr ganz zurück, obschon wir noch lange, lange weiter englisch schreiben und in unserem Londoner Vorort dahinvegetieren sollten.

Aber auch ich war schuld. Ich wollte die Fesseln sprengen. Am 7. Februar schrieb ich Peter, ich sei fest davon überzeugt, daß es zur Zeit kein »volleres, anregenderes, unterhaltenderes Leben« geben könne als unter den Fittichen der Militärregierung und es mir schon jetzt als trostlos erscheine, zurück nach England zu gehen, wo eben, wie ich läse, die Fettration von neuem eingeschränkt und sogar Brot rationiert werden sollte, »zurück zu einem Dasein der Langeweile und Unlust, während auch ich auf diese oder jene Weise etwas zuwegebringen und arbeiten könnte, nicht nur Du... Jetzt wirst Du sicher bedauern, daß Du mich hast herüberfahren lassen, weil ich gesehen habe, wie das Leben sein kann, wenn man seine Tage mit wirklichen Dingen verbringt, nicht nur mit dem Planen von Mahlzeiten, aber das war ja wohl unvermeidlich. Ich hab es satt, satt, dieses Hausfrauenleben! Das soll nicht heißen, daß ich nicht wieder dazu zurückkehre, weil es meine Pflicht ist und ich es so gewollt habe. Aber es ist ein schreckliches Opfer«.

Nichts jedoch, setzte ich sogleich hinzu, liege mir ferner, als zu bedauern, daß ich emigrieren mußte. Und dann kommt eine Briefstelle, die mir heute den Unglauben und wohl auch das Mißfallen meiner österreichischen Landsleute eintragen mag: »Ich bin sicher, daß ich um nichts in der Welt eine Wienerin sein möchte. Das mag für jemanden wie meine Mutter hingehen, die sich mit den unendlichen Reizen der wohlbekannten und geliebten Atmosphäre begnügt, mit den vertrauten Straßen und dem Wienerwald und den wunderschönen Kirchen und dem herrlichen Wetter. Aber für jemanden, der ein bißchen mehr braucht als das, fürs erste schon einmal die westliche Art zu denken, wäre es unerträglich. Mir wäre ein Aufenthalt in Wien vollkommen unmöglich, wenn es nicht im Verein mit den Briten wäre, zu denen man gehört und mit denen man umgeht. Alles ist hier liebenswert außer der Haltung der Wiener, die entweder Nazis sind (denen der Stachel freilich völlig genommen wurde), oder reizende, politisch unsinnige Volksparteiler, oder prosaische, bourgeoise Sozialdemokraten, oder doktrinäre Kommunisten, oder reizende, aber unsinnige Kommunisten. Das ist so ungefähr der Aufriß. Sie sind entweder korrupt oder ausgelaugt oder politisch verdummt oder fanatisch, aber etwas spricht für sie: ihre große Liebe zur Kunst... Ich bin überzeugt, daß die einzige Chance der Österreicher in ihrem ungeheuren Talent für alle Künste liegt, ihrem außerordentlich guten Geschmack und ihrer künstlerischen Sensitivität. Wenn sie lernen, sich zurückzuhalten und die Politik anderen zu überlassen, haben sie eine Zukunft in Europa.«

Überheblich, arrogant, ja, beschämend zu lesen! Aber zu der Zeit, in der ich dies schreibe, zweiundvierzig Jahre danach, nicht ohne einige Körnchen Wahrheit. Gewiß, in der Außenpolitik, wie in manchen Bereichen der Innenpolitik, sollte sich Österreich sehr bald auf eine Weise bewähren, die mich Lügen strafte. Der Staatsvertrag, durch Bauernschläue wie überaus geschickte Nutzung günstiger Umstände erreicht. Die Paritätische Kommission zur laufenden Einigung von Arbeitgebern und Arbeitnehmern. Der lange Burgfriede der beiden zwischen den Kriegen so haßerfüllt entzweiten Lager. Eine manchmal fragwürdige, aber doch funktionierende erste Koalition, während der Wirtschaftsaufschwung beginnt. Dann so viele Jahre einer vergleichsweise ruhigen und besonnenen sozialistischen Alleinregierung. In dieser Periode auch der Volksentscheid gegen Zwentendorf und die Atomkraft. Alles vorzügliche Beweise einer gesunden Demokratie. Erst im letzten Jahrzehnt – für mich freilich schon seit den frühen Siebzigerjahren – scheinen manche der Anlagen virulent geworden zu sein, die ich 1946 bei den Wienern festzustellen meinte und so unnachsichtig beschrieb.

An das Umfeld des Salmschlößls klammere ich mich denn in den Tagen vor dem Heimflug, an die harten, abgebrühten, trinkfesten Kriegs- und Auslandskorrespondenten, die hier wohnen oder aus und eingehen, an die Offiziersfreunde von Sammy bis »Chalky«, den ein-

stigen Reporter der *Windsor and Slough Gazette*. Mit
Sam, dem treuesten Begleiter, kommt es zu einem kleinen Kammerspiel der Gefühle, denn er liebt Damen nicht
und ist nun widersprüchlichen Empfindungen ausgesetzt. Im hochgespannten Klima dieser Nachkriegszeit
wird alles leicht ein wenig theatralisch. Und dann bläst
eines Abends »Popski« herein, Oberstleutnant Vladimir
Peniakoff, D.S.O., M.C., der größte Haudegen in der
britischen Armee, der in Ägypten zunächst eine libysch-
arabische Kompagnie von Senussis kommandierte, sich
mit ihr dem britischen Hauptquartier Nahost unterwarf
und schließlich seine eigene Streitmacht aufstellte,
»Popski's Private Army«, die auf Kamelen beritten und
mit schwer bewaffneten Jeeps hinter den feindlichen Li-
nien des Afrikacorps für die Alliierten focht.

Popski, einarmig, verwegen, ein kosmopolitischer
Abenteurer, der T. E. Lawrence an Mut und Wirksam-
keit noch übertrifft, ist das letzte Erlebnis dieses ersten
Wien-Aufenthaltes. Von ihm nachts im eisigen Winter,
an ein vor dem Salmschlößl geparktes Militärauto ge-
lehnt, auf dessen Motorhaube Flaschen und Gläser stehen, eine Geschichte nach der anderen aus dem Wüsten-
feldzug zu hören, steht an einem Ende des Spektrums.
An dem anderen ein Besuch, mit Wiener Freunden, beim
Heurigen Hengl, um dort den Pfarrer von Grinzing dazu
zu bewegen, der Asche meines Vaters eine Ruhestätte auf
seinem Friedhof einzuräumen. Leichter erbeten als gewährt! Denn noch immer, obschon auch den Hinterblie-
benen von KZ-Opfern oder hingerichteten Widerständ-
lern nicht mehr als ein Säckchen Staub zugeschickt worden war, hält die Kirche an ihrem Verbot der Verbren-
nung fest.

Pfeilwerfen in der Kellerbar des Salmschlößls, »Hon-
ky-Tonk« genannt, mein Onkel Leo Siebert zum Mittag-
essen an der Tafel im Pressequartier, ein letzter Besuch
bei Schöffler, ein letzter Abend mit David, Gwenol,

John, Robin und Nigel – »wir lachten immerfort« –, dann am Morgen des 7. März der Heimflug nach London. Im Flugzeug überlegte ich mir, was ich denn an Torberg in New York über meine Wiener Begegnungen schreiben sollte. Vor der Abreise hatte er mir aufgetragen – sein Brief ist nicht erhalten, es sei denn, er hätte schon damals vorsorglich Kopien für die Nachwelt hergestellt –, ihm mitzuteilen, »wem man dort noch die Hand geben kann«. Der Prüfstein, meinte ich, könnte sein, was mit jemand geschehen wäre und wie er sich verhalten hätte, wenn Hitler siegreich gewesen wäre und Österreich für immer einem deutsch dominierten Europa einverleibt. So gedachte ich's ihm vorzulegen. Aber nicht alle, denen Torberg nach der Rückkehr 1951 die Hand gab, ja, die er umarmte, hielten diesem Kriterium stand.

In London erwartete mich Peter am Flugfeld, er sah blaß und überanstrengt aus, seine Laune war schlecht. Das Wetter war trüb und grau, ich fand alles häßlich und deprimierend. Das Wiedersehen mit den Kindern war beglückend, doch ich konnte nicht zur Ruhe kommen. Ich wollte gleich wieder ausschwärmen. Mit Peter gab es Streit. Tags darauf, am 11. März, flog er nach Berlin, um dort mit der neuen Arbeit zu beginnen. Ich fügte mich wohl oder übel wieder in die Hauswirtschaft in Wimbledon ein, mußte sie jetzt eine Weile lang allein verrichten, weil meine gute Beate nach den Wochen meiner Abwesenheit auf einen längeren Urlaub ging, und schrieb zwischendurch meine Berichte für den *Statesman*. Flesch tauchte auf und lud mich ins Theater ein, zur Premiere von Sean O'Caseys *Red Roses for Me*. Außer ihm und meiner Mutter kamen keine Besucher in die Vorstadt. Zu Ende des Monats schrieb Peter, es sei höchst lustig in Berlin und er habe sich in ein »petite, very pretty girl« verliebt, das »delightfully silly« sei. Ich weinte vor Zorn.

Briefe heiterten mich auf. Wie Friedenstauben flogen sie in diesen Monaten nach der Sintflut aus allen Windrichtungen heran. Zu Ende des vergangenen Jahres hatte sich f.th. aus Nizza gemeldet: »Schon vor einiger Zeit hat mir jemand mitgeteilt, daß Du gut aus dem Wirbel herausgekommen bist und in London, aber erst gestern fand ich in alten Papieren ein blaues Briefeckchen mit Deiner 1939er Adresse. Da die Post vielleicht einmal im guten Sinne unberechenbar sein kann, schreibe ich Dir also, um Dir mitzuteilen, daß es mich noch gibt, und ich denke, es wird Dir Freude machen. Ich bin seit 6 Monaten zurück nach 20 Monaten in den Piemonter Bergen – als italienischer Partisan verkleidet, mit langer, unmoderner Flinte und überhaupt grauslich anzuschauen – bin mit einer wienerischen Französin oder französisierten Wienerin verheiratet und arbeite vorläufig als Interpret bei der UNRRA.« Und wie sehr freute ich mich!

Auf dem Briefpapier der Metro-Goldwyn-Mayer Pictures hatte mir zuvor schon der Musiker Erich Zeisl aus Los Angeles in rührendem Englisch mitgeteilt, er sei jetzt ein »movie composer – wie entsetzlich«, und verfasse die Begleitmusik zu verschiedenen Filmen und zu »Fitzpatrick's Travelogues«. Das Monte Carlo Ballett wollte ihm einen Auftrag geben, aber er habe keine Idee dazu, ob wir ihm nicht eine geben könnten? Die Fronarbeit für das Studio lasse ihm freilich ohnehin keine Zeit, kein Fünkchen Energie, für eigene Kompositionen. Dennoch habe er ein Requiem geschrieben, später nannte er es ein *Requiem ebraico*, das »merkwürdigerweise bis jetzt in zwei der größten Kirchen für 3000 Personen aufgeführt wurde. Ich glaube, es ist sehr schön. Strawinsky rief mich an und sagte ›I am deeply touched, it is a wonderful work‹. Wie du weißt, habe ich ja meinen Vater drüben verloren«.

Ida Schreiber, einst Cheflektorin im Zsolnay Verlag, die mein erstes Buch betreut hatte, war von ihrem damaligen Mann, einem Mitglied der Wiener Philharmoniker, nach dem Anschluß verstoßen worden und ließ mich nun aus Jerusalem wissen, daß sie mit ihrem zweiten, einem Augenarzt namens Landau, nach vielen Leiden und Schrecken »durch ein Wunder Gottes gerettet« worden und in Palästina gelandet sei. Ihr kleiner Sohn, noch in Europa geboren, gehe dort schon in die Schule und spreche Hebräisch – »und ich verstehe ihn nicht«. Aus Prag hörte ich von Dr. Lotka Elsnerová-Reiterová, meiner Studienkollegin Lotte Reiter, die in Theresienstadt gewesen war, dort einen Gefährten gefunden und mit ihm überlebt hat. Meine Adresse hatte sie über den *New Statesman* festgestellt.

Mein alter Magus war, nach sieben Jahren als Mönch in einem belgischen Trappistenkloster, wieder in Wien und von den russischen Besatzern in seinen ehemaligen Kinderzimmern im Oberstock des elterlichen Strnad-Hauses im 4. Bezirk geduldet. Die Malerin Lisel Salzer wohnte nach vielen Wanderungen mit ihrem Mann, einem Laryngologen, jetzt nahe von San Francisco. Und schließlich berichtete meine liebste Schulfreundin, aus dem salzburgischen Werfen, über die Erlebnisse einer aufrechten Gegnerin des Regimes in dieser »Schauerzeit«: »Als ich die ersten alliierten Soldaten unter meinen Fenster erblickte, ich glaubte, das Herz müßte mir vor Freude zerspringen.«

Der Frühling kommt, die graue Dunstglocke über London hebt sich, auch das Leben erhellt sich, obwohl ich mich in meinem Taschenkalender immer wieder undankbar und ungeduldig beklage über diese »verdammte Hausfrauenexistenz«. Dodo lädt mich und die Kinder wieder einmal nach Mousehall Mill ein, wo die Kleinen zu reiten beginnen. Flesch führt mich zu Sheekey, das irische Austernlokal, aus. Mit einigen großen, oder auch nur signifikanten Figuren des Exils treffe ich in diesen Wochen zusammen: mit Ernst Polak, der mich über den Aufenthalt in Wien befragt, mit Oskar Kokoschka, den ich während des Krieges zuweilen gesehen und in seinem

Atelier in der Park Lane aufgesucht habe und der mir jetzt, hinter dem Rücken seiner Frau Olda, ein Original-Litho seines Christus schenkt, der die hungernden Kinder von Wien tröstet – die Drucke dieses Blattes hängen zur Zeit in vielen Untergrundstationen. Er widmet es dem Frl. Spiel, und als ich ihn daran erinnere, daß ich Kinder habe, ruft er: »Des is do net möglich, so a jungs Madl!« Einmal kommt Elias Canetti zu mir nach Wimbledon zum Tee, bringt mir eines seiner Lieblingsbücher mit, den Schelmenroman von Diego de Torres Villarroel, und die englische Ausgabe seiner *Blendung*, »Auto-da-fé«. Ein anderes Mal, am 6. Juli – »ein großer Kulturtag«, vermerke ich – gehe ich nach dem Lunch mit Canetti mit ihm zu seiner Freundin, der Malerin Marie-Louise von Motesitzky, von ihm »Floritzl« genannt, und danach wieder zu Kokoschka. Zwischendurch lädt mich Sammy, der auf Urlaub in London ist, mit seiner Mama in die Teestube von Harrods ein.

Von einer Episode, vor dem Sommer, will ich noch berichten. Smollett hat seine Familie bereits nach Wien verfrachtet, aber die gemeinsame Freundin Litzy Philby ist noch hier, jetzt verheiratet mit Georg Honigmann, den wir aus seiner früheren Ehe und als einstigen Mitarbeiter im Exchange Telegraph kennen. Während der Internierungen hatte man ihn unsinnigerweise nach Australien verschifft und dadurch wohl seine Loyalität zum Exilland erschüttert. Auf seine Bitte hat Peter dem nach England Zurückgekehrten eine Anstellung bei der Militärregierung in Deutschland verschafft, doch Georg muß, da er keinen britischen Paß besitzt, auf dem Land- und Seeweg nach Hamburg reisen. Dort kommt Honigmann nicht an. Peter schickt verzweifelte Kabel, seine Londoner Behörde ruft mich an und will, daß ich von Litzy den Grund erfahre, doch sie selbst scheint ahnungslos. Dann meldet sie sich eines Tages bei mir und sagt erleichtert, ich solle mir keine Sorgen machen, Georg sei nichts passiert. Und kurz darauf wird offenbar, daß Honigmann, statt nach Hamburg, auf irgendeine Weise nach Berlin gelangt und dort in den russischen Sektor übergelaufen ist. Peter ist außer sich, denn er hat für ihn gebürgt. Meine Freundschaft mit Litzy hat der Vorgang nicht erschüttert.

In der Woche nach dem »Kulturtag« mit Canetti und Kokoschka ist er mir zum zweiten Mal vergönnt: der Sprung ins Festland. Mit einer mir selbst unsympathischen Zielstrebigkeit, vielleicht sogar Herzlosigkeit gegenüber meiner doch geliebten Tochter, habe ich sie in einer Sommerschule untergebracht, wo ich sie freilich gut aufgehoben wähne, habe den kleinen Buben bei Beate unter der ständig abrufbaren Oberaufsicht meiner Mutter zurückgelassen und mich wieder in das Abenteuer dieses Nachkriegseuropa gestürzt. Erst ein Tag in Paris, wo Denise mich sogleich ins Café Flore mitnimmt und mit Colette bekanntmacht. Und so geblendet bin ich von dem Wiedersehen mit der »übernatürlich schönen Stadt« – dies meine aufgezeichneten Worte –, daß mir die Begegnung mit der übernatürlich großen Schriftstellerin – einer kaustischen älteren Dame mit Wuschelhaar – bei weitem nicht den angemessenen Eindruck macht. Dann, in einem Schlafwagen des Orient Expreß, nach Linz, wo der elegante Zug abgeleitet wird und ich eine Albtraumfahrt durch die Sowjetzone erlebe: in Enns, der Zonengrenze, haben wir dreieinhalb Stunden Aufenthalt. In Wien empfangen mich die nun schon alten Freunde im Pressequartier, auch meine süße blonde Gwennie, deren Mann David vor der Versetzung nach Kärnten steht.

Ein gleißender Juli. Wir gehen zum Rennen in der Freudenau im Prater, begleitet von dem *Times*-Korrespondenten Michael Burn und einem eleganten arabischen Journalisten, für die Zeitung *Fat-el-Arab* in Wien tätig und von den Briten scherzhaft »the fatal Arab« genannt. Er wird sich in diesen Tagen an meine Fersen heften. Aber vorerst fliege ich, die Movement Order ist leicht zu erreichen, nach Budapest, steige ab in der Pension von Margit Schlachta, der Vorsteherin eines Laienordens, die gemeinsam mit dem Kardinal Mindszenty vorsichtige Politik gegen die sowjetischen Besatzer treibt, und besuche die so lieben Cousins meiner Mutter. Tante Stella, die Klimtfigur, im Geist der deutschen Klassik aufgewachsen, trauert um ihren Sohn, der den Deutschen zum Opfer gefallen ist. Ihn, meinen Vetter Hans, der mir Petöfi und Ady vordeklamierte, kann seine kleine Schwester nicht ersetzen, doch sie tröstet die Mutter, so gut sie kann, über den Verlust hinweg.

Es ist die Woche des Währungswechsels vom Pengö zum Forint. Niemand hat Bargeld. Onkel Paul bringt aus seinem Amt jeden Abend ein Einkaufsnetz mit Obst, Gemüse oder Geflügel als Bezahlung heim. Meinen Bericht an die amerikanische Zeitschrift *The Nation* werde ich »Hungarian Holocaust« nennen – so leichtfertig verwendete man damals dieses noch nicht durch den Mord an den Juden besetzte Wort. Ein russischer Soldat, ein naives Kind, will mir meine Armbanduhr abnehmen, ich deute kopfschüttelnd auf meine Uniform und sage »Britannski!«, da läßt er von mir ab. Abends sitze ich fast allein im »Allied Officers' Park Club« (»A Szövetséyes Tisztek Park Clubjának Alapszabályai« in dieser unsäglichen Sprache) und lausche dem besten Zigeunerprimas von Ungarn, der mir stundenlang ins Ohr geigt, weil niemand sonst seine Kunst versteht. Und vor dem Rückflug nach Wien suche ich noch Bela Balázs auf, den großen Filmmann – sein Buch habe ich in meiner Dissertation zitiert.

Was erlebe ich nicht alles in diesem heißen Sommer! Ende Juli fahre ich nach Kärnten zu Gwenol, die in Dellach angenehm etabliert ist, und mit ihr für zwei Tage nach Udine, wo sie viele Italiener in den umliegenden Villen kennt. Im Haus Porsche noch ein Fest, vom Roten

Kreuz gegeben, voll Tanzlust und Übermut. Und dann taucht in Wien plötzlich Peter auf und überfällt mich mit der furchtbaren Nachricht von Henriettas Tod. Ich kann sie nicht fassen. Aber die Umstände sind in allen Einzelheiten belegt. Henrietta war bei einem Besuch in Bern erkrankt und ist nicht lange darauf im dortigen Krankenhaus gestorben. Ihr Mann, der sanfte, weichherzige Gelehrte, der an ihr wie an einer Mutter hing, hat sich aus Verzweiflung von der Brücke in den Bärengraben gestürzt; auch ihn werden wir nicht wiedersehen. Ein London ohne diese beiden, ohne die tröstliche Heimat des Glebe House, ist mir unvorstellbar. Später erfahren wir, Henrietta habe unserer Tochter, ihrem Patenkind, tausend Pfund vermacht, die mündelsicher angelegt sind. Wie gut hat sie unsere leichtsinnigen Finanzen gekannt.

Peters Einzug in meinen Wiener Kreis, in ein Doppelzimmer im Salmschlößl, ist nicht problemlos. Aber bald fahren wir gemeinsam nach Salzburg, zu den zweiten Festspielen nach dem Krieg. Im amerikanisch besetzten Hotel Gablerbräu uniformiert zu wohnen, verstärkt wieder einmal die Schizophrenie. Aber so wie Gwenol mir im Februar einmal ein Abendkleid und einen Pelz geborgt hat, damit ich zu Brigadier Verneys Party in »civvies« gehen kann, borgt mir nun eine Freundin Hans Weigels, die österreichisch verheiratete Frankfurterin »Bobbie« Löcker, eines ihrer Dirndl, und ich schlüpfe wieder in die altvertraute Haut. Salzburg ist in jeder Weise ungewöhnlich und erregend. Im Café Posthof, das erstaunlich gute Mahlzeiten servieren kann, treffen sich die prominenten Festspielgäste rund um Oscar Fritz Schuh, den »Oberspielleiter« der Wiener Oper, hier Regisseur von *Figaros Hochzeit* mit Maria Cebotari, Irmgard Seefried, Erich Kunz. Der Dirigent Felix Prohaska, so erfahren wir, ist nur ein Strohmann, in Wahrheit hat Herbert von Karajan, noch nicht denazifiziert, die Aufführung bis zum Premierentag musikalisch einstudiert.

Ehepaar Weigel und Peter im Café Posthof, Salzburg 1946

Oscar Fritz Schuh im Café Posthof, Salzburg

Achtmal in zehn Tagen schwelgen wir in Opern, Theatervorstellungen, Konzerten. Es gibt einen wunderbaren *Don Giovanni* mit Hotter, Dermota, Ljuba Welitsch und Hilde Güden, und einen *Rosenkavalier* mit Hans Swarowsky am Pult: wie eh und je ereignet sich die tränenreiche Einswerdung mit dem Hofmannsthalschen Wien. Es gibt seinen *Jedermann* und Goldonis *Diener zweier Herren*, beide in den alten Inszenierungen Max Reinhardts. Mit dessen Witwe, der heimgekehrten Helene Thimig, nun wieder in der Rolle des Glaubens zu sehen – welcher Spötter hatte in den Dreißigerjahren das böse Wort »gotische Nocken« geprägt? –, mit ihrem Bruder Hermann, dem reizenden Truffaldino, und dem unverändert selbstbewußten Schriftsteller und Theatermann Ernst Lothar werden wir alsbald im »Österreichischen Hof« bekanntgemacht. Wir hören Edwin Fischer zwei Mozartsche Klavierkonzerte mit den Wiener Philharmonikern zelebrieren, wir hören Haydn, Beethoven, Brahms und Bruckner von diesem herrlichen Orchester, und an einem einzigartigen Sonntag, dem 11. August, den wir gleich dreimal im Festspielhaus verbringen, abends auch noch die neuentdeckte Grace Moore – sie singt Debussy, Tschaikowsky, ein Negro Spiritual und das schottische Volkslied »Annie Laurie«, das nun wieder Heimweh nach den britischen Inseln in uns weckt. Wieviele hunderte von solchen Kunsterlebnissen haben wir schon hinter uns gebracht und werden sie noch erfahren! Nur wenige sind so tief in meiner Erinnerung eingegraben wie diese ersten Wiederbegegnungen mit der Musik, mit dem Theater im Herzen Europas kaum ein Jahr nach dem siebenjährigen Exil, nach dem dunklen Winter unserer Welt.

Noch mitten in den Salzburger Festtagen fahren wir, beide in Sommeruniform, nach Mattsee, wo ein Jahrzehnt zuvor diese eheliche Verbindung beschlossen worden ist. Und dann, kurz darauf, trennen sich wieder

Peter und ich in Mattsee, 1946

unsere Wege. Peter muß nach Berlin zurück, ich aber, nach all der Kultur wieder brennend an Politik interessiert, mache mich auf nach Innsbruck und dem Brenner, wo ich für den *New Statesman* die aktuelle Südtirolfrage erforschen will. Fast zwei Monate habe ich meine Kinder schon allein gelassen, aber ich kann nicht genug kriegen von diesem schweifenden Leben, diesen Streifzügen durch einen Bereich, dessen Grenzen verschwimmen und für jemand wie mich zur Zeit allein durch die *movement orders* der britischen Armee abgesteckt sind.

Im Pressequartier von Igls hoch über Innsbruck beginnt und endet diese unendlich bewegende Woche, in der ich, liebreich untergebracht bei der Familie Heiss in deren Hotel »Elefant« von Brixen, dem Zentrum der Bestrebungen zur Rückgabe der Region an Österreich, all die patriotischen Verschwörer und deren Helfer kennenlerne. Eine seltsame Partisanin ist die Irin Vera Dockrell, die diese Sache der Südtiroler zu ihrer eigenen gemacht hat und eifrig mitkonspiriert. Mir schenkt sie in diesen wenigen Tagen gleichfalls ihre Neigung und nimmt weinend Abschied, als ich abreise, um in Igls meinen Bericht zu schreiben. Auch der Klerus hat mich in meinem Wunsch, in England für eine Wiedervereinigung der beiden Tirol zu plädieren, heftig bestärkt. Ich bin vom Bischof von Brixen empfangen worden, der mein Vorhaben gesegnet hat. In seiner Sommerresidenz hoch in den Bergen hat mir der Fürst-Erzbischof – ja, so nennen ihn die archaischen Tiroler – Johannes Geisler eine huldvolle Audienz gewährt. Sein Vertrauter, ein wunderbar altösterreichischer Baron Sternbach, erklärt mir auf der Stelle und später noch in einem langen, von mir bewahrten Brief die gesamte Vorgeschichte der Freiheitsbewegung. Er empfiehlt mich darin auch an unseren einstigen Gesandten Franckenstein, mit dem er »seinerzeit in Saint Germain beisammen war« und den ich ja längst kenne. Daß »ein Eintreten eines so wichtigen Blattes wie des *New Statesman* von ungeheurem Vorteil für uns wäre«, betont Baron Sternbach in seinem heute bereits historischen Schreiben. Aus Gründen der Vorsicht hat er es durch den früheren Bezirkshauptmann von Innsbruck Ernst Mumelter aus dem nördlichen Tirol an mich nach London geschickt, wo es in der Redaktion des *Statesman* am 11. September eintrifft und ein paar Tage darauf bei mir.

Um diese Zeit war alles vorbei. Und beinahe wäre es auch mit mir vorbei gewesen. In Igls hatte ich am 25. Au-

Mit Vera Dockrell, Brixen 1946

gust begonnen, meine Recherchen zu Papier zu bringen. Im Pressequartier stieß ich auf Michael Burn und seine wunderschöne, damals schon fünfzigjährige Frau Mary – sie war während des »Battle of Britain« die Freundin des legendären Fliegers Richard Hillary gewesen, Englands Gegenfigur zu Antoine de Saint-Exupéry. Gemeinsam verliebten wir uns in ein winziges Füchslein, das der Wirt des requirierten Nobelhotels im Wald gefunden hatte und aufzog. Die Burns, »upper class radicals«, hätten daheim wohl kaum daran gedacht, ein solches Füchslein vor der Jagd zu retten. Zwei klare, stille Tage in der Tiroler Gebirgsluft. Ich schrieb fünf Seiten und reiste ab, das Manuskript im Seesack. Erst in München konnte ich es auf den Weg nach England bringen. In der Redaktion der *Neuen Zeitung* wurde ich herzlich willkommen geheißen, lernte Hans Wallenberg kennen und traf Ali Ghito, die deutsche Schauspielerin, um derentwillen Hans Habe sich von seiner amerikanischen Frau Eleanor trennen wollte. Am 29. August sollte ich nach Berlin fliegen, wo Peter mich mit meinem künftigen Wohnsitz, mit seinen Freunden und seiner Arbeit vertraut machen wollte. Die *travel order* kam zu spät. Anderntags regnete es. Nachmittags um halb vier flog die Dakotamaschine ab, in der man mir erst nach einigem Drängen einen Platz zugewiesen hatte.

Um halb fünf gerieten wir in einen Luftwirbel zwischen zwei Wolkenschichten und stürzten aus einer Höhe von 4000 Fuß auf hundert – etwa dreißig Meter – ab. Der Pilot war durch den Druckabfall, der uns allen die Brust zusammenpreßte, ohnmächtig geworden. Als wir nach einer halben Sekunde schon die Baumwipfel von Nürnberg sahen, riß der Kopilot im letzten Augenblick das Flugzeug wieder hoch. Kurz darauf bewirkte er, obschon ein Flügel zur Hälfte abgetrennt war, eine sichere Landung. In der Maschine befanden sich außer mir eine amerikanische Armeehelferin, sieben US-Offiziere und drei jüdische Herren aus Palästina. Die Schlickschülerin hatte während des Sturzes auf englisch gebetet: »O God, get me out of this!« Nach der Landung, wir saßen noch im Zustand des Schocks auf den *bucket seats* entlang der Flanken der DC 3 – angeschnallt zum Glück, das hinaufgewirbelte Gepäck nun wild um uns verstreut –, scherzte ein amerikanischer Major, er hätte schon gemeint, eine Harfe in der Hand zu halten. Ich erwiderte mit britischem Sangfroid: »It's all in the game«.

Wir wurden gefragt, wer am nächsten Morgen eine andere Maschine nehmen wolle, wer den Zug nach Berlin vorziehe. Sämtliche US-Offiziere entschieden sich für die sichere Bahn, die beiden Frauen und die drei jüdischen Palästinenser für einen neuerlichen Flug. In Nürnberg tagte das Kriegsverbrechergericht, kein Bett war frei, so mußten wir zwei Stunden lang in einem kalten, zugigen Transporter in das kleine Rückertsdorf fahren, um dort zu übernachten. Am nächsten Tag holte mich ein erschütterter Peter am Flugfeld von Tempelhof ab und brachte mich in die Stadt seiner Jugend, ins Hotel am Zoo. Fünf Tage lang fuhren wir in dem Volkswagen, der ihm zugewiesen worden war, kreuz und quer durch Berlin, durch die endlosen Trümmerwüsten wie in die kaum versehrten Vororte Dahlem, Zehlendorf und Grunewald.

Ich traf Peters Vorgesetzte und Mitarbeiter, ich besichtigte sein Büro im »Lancaster House« – es gab auch ein »York House« und ein »Cumberland House« – am Fehrbelliner Platz und die Redaktion des britisch lizensierten *Telegraf*, dessen tägliche Ausgabe er bewirkt hatte und weiter verantwortete, ich ging in die Oper und die Clubs, den »Embassy« und den »Blue-White«. Ein einziger Rausch und Wirbel, in dem ich vorerst meinen klaren Kopf behielt. Ich reiste im Nord-Expreß ab, wechselte den Zug in Hannover und fuhr im Schlafwagen nach Calais. Eine stürmische Überfahrt. Am späten Nachmittag des 5. September kam ich in Wimbledon an. An diesem Tag war in Paris von dem österreichischen Außenminister Karl Gruber und dem italienischen Ministerpräsidenten de Gasperi ein Abkommen unterzeichnet worden, in dem Südtirol die Rückkehr nach Österreich abermals verweigert wurde, der italienische Staat ihm jedoch eine sehr begrenzte Autonomie zugestand.

Meine wunderbare, aufregende Woche am Brenner war vergeblich gewesen, mein so kenntnisreicher Bericht für den *New Statesman* hinfällig – nun wurde er freilich nicht mehr gedruckt. Zwei entrüsteten Briefe erreichten mich noch, neben dem des Baron Sternbach, aus Brixen. Vera Dockrell beschrieb, in so entrüsteten wie verschlüsselten Worten, ihre blinde Wut: »Rage at the folly of man – to throw away a game as good as won!« Und der reizende alte Gastwirt Wolfgang Heiss klagte ebenso gleichnishaft: »Das Bräutlein ist verliebt, möchte wohl gern nach Norden ausreisen.« Jetzt füge es sich in das Unvermeidliche: »Aber – so erklärt es – aufgeben tät es diese Ehe nie und nimmer!« Und zuletzt: »Vergessen Sie uns Brixner doch nicht ganz! So bitten wir die gnädige Frau, die uns soviel Liebes und Gutes erwiesen hat.« Rührende Worte! Sie drangen zu mir in einem schwierigen Augenblick. Denn auch die Kaltblütigkeit, mit der ich über den lebensbedrohenden Zwischenfall hinweggekommen zu sein glaubte, hatte sich als trügerisch erwiesen. Nachdem ich am Tag nach der Ankunft die kleine Tochter aus East Grinstead geholt und den Abend mit meiner Mutter verbracht hatte, wachte ich nachts mit einem wilden Schwindelgefühl und rasendem Herzklopfen auf. Der Kosmos kreiste um mich. Ich dachte, jetzt erst dachte ich, meine letzte Stunde habe geschlagen. Der Schwindel hielt viele Tage lang an, ich lag im Bett und mußte Mimi den Haushalt überlassen. »Delayed shock« nannte es die Hausärztin Dr. Wilkins. Erst um die Mitte des Monats hörten die Anfälle langsam auf.

Die kleine Tochter vor Wimbledon Close (Garten), 1946

Meine letzten Wochen in England. Peter meldet aus Berlin, er habe eine wunderbare Wohnung gefunden, zweistöckig, im Grunewald. Unsere Übersiedlung wird eingeleitet. Ich schreibe Beiträge zu *La France Libre* und zu der deutschen Wochenschrift *sie*, noch für die Amerikaner lizensiert von Peter, gemeinsam mit Heinz Ullstein herausgegeben und redigiert von Helmut Kindler. Ich

Der kleine Sohn vor Wimbledon Close, 1946

treffe mich mit meinen Wiener englischen Freunden, die auf Urlaub nach London kommen, mit Sammy und den Henekers. Von neuem ereignet sich ein »Kulturtag«, an dem ich erst das Ehepaar Canetti mit der Adeptin des Schriftstellers Anna Sebastian – der früheren Friedl Benedikt – besuche, abends dann in dem fabelhaften Haus des Malers Isepp mit Kokoschka eingeladen bin, der wieder einmal seine Levitation auf dem Wiener Stephansplatz schildert. Ich esse zu Mittag bei Santo Romano mit Flesch, abends bei Kingsley Martin, gehe zwischendurch zum Cocktail des reizend flamboyanten Mitarbeiters des *Observer* Lajos Lederer, begleite den Bildhauer Georg Ehrlich und seine Frau Bettina zu einem Vortragsabend von Benjamin Britten und Peter Pears in der Chelsea Town Hall. An meinem Geburtstag am 19. Oktober weine ich und weiß heute nicht mehr, warum.

Und dann, eines nebligen Novembertags, nehmen die Kinder und ich an der Liverpool Street Station Abschied von unseren Freunden Hans und Tetta Flesch-Brunningen, um in den Boat train nach Tilbury zu steigen. Der geliebte Kater Ha'penny ist in der Obhut der Putzfrau Mrs. Stenhouse zurückgeblieben. Nie habe ich mir verziehen, ihn im Stich gelassen zu haben. Denn bald entlief er der Mrs. Stenhouse, versuchte wohl, nach Wimbledon heimzufinden, und wurde nie wieder gesehen. Noch im hohen Alter trauere ich um ihn wie um einen verlorenen Menschen.

Das Vorhaben der British Army on the Rhine, das eigene Personal sowie das der Kontrollkommission in Deutschland mit seinen Familien zu vereinen, trug den Namen »Operation Henpeck« – Aktion Pantoffelhelden. Vielleicht wurde es auch nur in den Kasinos und Kantinen, nicht in den offiziellen Ankündigungen, so genannt. Als ich mit meiner Tochter und meinem kleinen Sohn das Schiff nach Cuxhaven bestieg, trat ich ein in die Welt der »B.A.O.R. wives«, der ich im Guten und Bösen fast zwei Jahre lang angehören sollte. Über diese Welt aber schob sich in Bälde eine zweite, die Welt der deutschen Publizistik, der deutschen Literatur, des deutschen Theaters und der deutschen Musik, aus der je wieder heraus und zurück in die englische Kultur, Politik und Gesellschaft zu finden immer offenkundiger unmöglich war.

Namenregister

BILDNACHWEIS

Für die freundliche Genehmigung zur Veröffentlichung des Bildmaterials danken wir:
Franz Hubmann, Wien: S. 68
Erica Loos, Pforzheim: S.143
Bildarchiv der österreichischen Nationalbibliothek: S. 76, 87
Schiller-National-Museeum, Marbach a. M.: S. 154
Bilderdienst Süddeutscher Verlag, München: S. 55, 66, 88, 89, 101, 152, 197
Bilderdienst Ullstein, Berlin: S. 43, 57
Alle übrigen Aufnahmen hat die Autorin aus ihren eigenen Beständen zur Verfügung gestellt.